陈嘉庚创业管理之道

木志荣 等 编著

厦门大学出版社 国家一级出版社
XIAMEN UNIVERSITY PRESS 全国百佳图书出版单位

图书在版编目(CIP)数据

陈嘉庚创业管理之道 / 木志荣等编著. -- 厦门：厦门大学出版社，2022.8(2024.11 重印)
ISBN 978-7-5615-8673-0

Ⅰ. ①陈… Ⅱ. ①木… Ⅲ. ①陈嘉庚(1874—1961)-企业管理-经验 Ⅳ. ①F279.23

中国版本图书馆CIP数据核字(2022)第119058号

责任编辑　江珏玛
美术编辑　李嘉彬
技术编辑　许克华

出版发行　厦门大学出版社
社　　址　厦门市软件园二期望海路39号
邮政编码　361008
总　　机　0592-2181111　0592-2181406(传真)
营销中心　0592-2184458　0592-2181365
网　　址　http://www.xmupress.com
邮　　箱　xmup@xmupress.com
印　　刷　厦门市竞成印刷有限公司

开本　787 mm×1 092 mm　1/16
印张　21
插页　2
字数　385 千字
版次　2022 年 8 月第 1 版
印次　2024 年 11 月第 3 次印刷
定价　58.00 元

本书如有印装质量问题请直接寄承印厂调换

What I learnt from Grandfather's Business Leadership Talents

By Peggy Tan[①]

There are a lot of differences, some very basic, in the structure, ethos and approach between conducting business 100 years ago, and today.

The opportunities available yesterday, are certainly denied to us today. What was obvious, do-able and relatively easy three generations ago, is not so today. On the other hand, the tools available for us today — such as advances in technology, human resource planning, complex financing, etc, would be unheard of in the early 20th C.

Yet, grandfather TKK demonstrated certain human traits that would never change – not till the end of time, really. And what is human progress if it doesn't rely on man's resourcefulness, sharp wits, and universally acknowledged behaviour that brings out the best in everyone?

His talents were many, but very briefly, they were as follows:

1. An innate ability to spot opportunities, and act on them.

2. High moral standing, and ability to exercise moral authority without fear or retribution.

3. Quick to spot talent in people, persuasive in getting them to join him, whether in business or in his humanitarian causes.

4. Amazing talent for tinkering, devising/designing production processes from the ground up. In other words, "cheaper and better" whilst saving money and resources along the way.

---

① 本文作者为陈嘉庚孙女陈佩仪(Peggy Tan)。陈佩仪,其父亲为陈嘉庚第六子,陈元凯。陈佩仪女士目前担任新加坡陈嘉庚基金名誉秘书长一职,不仅负责基金的管理工作,而且还负责相关奖学金的遴选工作,同时也积极为基金募款,以支持教育事业、鼓励青少年科技创新。作为陈嘉庚第三代后裔,她在弘扬嘉庚精神及相关公益事业中尽心尽力。

5. Possessing courage in vast amounts, from taking the plunge with growing a crop that few ventured, to challenging the Japanese invaders even if he knew his own life was in danger.

He also had a personality that supported these capabilities. He valued time as a precious commodity, never wasted a moment of it with social activities, even when eating meals with his family, he would eat alone. In fact, he cut a solitary figure, taking long walks alone..no doubt deep in thought. He read voraciously, possessing a substantial library. His thriftiness was legendary — especially to himself & his family.

My grandfather's work was conducted on a gigantic canvas — to be an industry leader, break new grounds, earn huge profits, provide for the future — like all clever, far-sighted and strong-willed businessmen throughout the ages. But grandfather's ultimate ambition was a bit different, in the sense that his aim was to utilise the profits he generated solely for the common good. And not just for his village, province or even country, but for the entire race; even for mankind, if he could manage that. In today's parlance, he wanted to "move the needle" big time. That was the extent of his ambition, his great plan, executed on a grand scale, a step at a time. And by a stroke of extremely good luck, helped by his vast and all-encompassing talents, he was able to achieve much of what he sought out to do right from the start.

My own business pursuit, if you can call it that, is also of a different type. Grandfather TKK's was all about turning a dollar, legitimately and in a big way. Mine was to develop a profession, acquire some skill sets, and hope to live comfortably off those skills, whilst carving out a profession that would be well-respected. My contribution to society at large would be, if you can call it that, to improve the audio-visual content related to marketing programmes, as well as to help make the audience experience meaningful and effective — a very niche area. It is an important part of the A&P (advertising and promotion) industry and essentially service-based. Nowadays much of the contents have changed quite substantially, but the objective is the same.

I think I learnt, or maybe sub-consciously absorbed, from him some traits, or instincts, which are never obvious until you reflect on them. Such as how to stay focused, thoroughly explore & understand well the subject on which your business depends on, learn to express the ideas to the people that matter, and don't waste time doing things that are not relevant. On issues of principles and behavior, how you develop and maintain a good relationship with staff, clients, suppliers and the whole ecosystem in which you operate is also fundamental. This is a multi-faceted sort of relationship where there should be as much give as take, enhanced by mutual respect, and an earnest desire to learn from each other. Honesty and integrity is everything. The motto "do unto others what you would like done to yourself" is self-obvious but you would be surprised how few people practise this.

My instincts tell me that whatever integrity I have expressed, even quietly, would usually be paid back in many other ways. In other words, good karma does not go unrecognized, though its rewards may come in ways not directly obvious, and at a time when least expected.

TKK's motto *Chengyi* (诚毅) is deeply moving and powerful. Usually translated as "sincerity and perseverance", I believe there is far more to it than these two English words can convey. Chengyi stands for complete integrity, for returning what is not yours, for paying back what has been loaned to you. For an expression of utter honesty that lets you sleep well at night, and not be pricked by bad conscience. It's an inner strength that has helped my grandfather overcome adversity, and fears of the unknown.

It is also not enough to be honest and sincere. Even and especially in the face of adversity, *chengyi* has to be observed. The term also places emphasis on not being afraid of hard work and setbacks, and to constantly search for ways of overcoming problems, and not give up half way. Incorporated here too is having a deep sense of selflessness, and of helping your fellowmen during periods of hardships. Being thrifty is also a by-product of all these traits, and grandfather went one up here, for his self-sacrificing ways is legendary.

PT
23 March 2020

2019 年 10 月，本书作者木志荣与陈嘉庚孙女陈佩仪在新加坡怡和轩俱乐部合影

我从祖父的商业领导才能中学到了什么[①]

Peggy Tan

100年前的商业运作和今天具有巨大差异,有些差异是根本性的,如做生意的结构、理念和方法已经今非昔比了。

一方面,昨天可利用的商机,今天肯定荡然无存了。三代人以前显而易见、切实可行而又相对容易的事情,今天情况也大不相同。另一方面,如今我们可以利用的工具——如技术进步、人力资源规划、复杂的金融等,在20世纪初是闻所未闻的。

然而,祖父陈嘉庚表现出了某些永远不会改变的人类特征。如果人类的进步不依赖于人类的足智多谋、聪明绝顶和公认的激发每个人最大潜能的行为,那它是什么?

他有众多才能,但简而言之,主要包括以下方面:

1. 具有发现机会并付诸行动的天赋。

2. 道德高尚,能够毫无畏惧和无偿地行使道德权威。

3. 能够迅速发现人们的才能,并说服他们加入他的企业或人道主义事业。

4. 具有从头开始调整、发明/设计生产流程的惊人天赋。换句话说,在节省资金和资源的同时,能实现"更好更便宜"。

5. 胆识过人,冒险尝试种植别人不敢的作物,即便知道自己的生命处于危险之中也要挑战日本侵略者。

他身上具有发挥这些能力的性格特质。他把时间视为珍贵的东西,从不把时间浪费在社交活动上,即使跟家人在一起吃饭,他也会独自一人吃。事实上,他

[①] 原文为英文,中文由厦门大学管理学院企业管理系2020级硕士生王路加初次翻译,木志荣修改定稿,并经过陈佩仪女士审阅同意。

塑造了一个惯于独处的形象，经常独自一人散长步，且必定陷入深思之中。他酷爱阅读，并拥有一个藏书丰富的图书馆。他的勤俭精神负有盛名，尤其是他自己和他的家庭更是厉行节约。

我祖父的工作是在一块巨大的画布上进行的——成为行业领导者，开拓新领域，赚取巨额利润，为未来做准备——就像历代出现的具有聪明智慧、远见卓识和意志坚强的商人一样。但祖父的终极抱负有点不同，从某种意义上说，他的目标是将自己创造的利润完全用于公益事业。如果他能做到，他所做的公益事业不仅仅是为了他的村庄、省份和国家，而是为了整个族群，甚至是为了整个人类。按照今天的说法，他想大展拳脚。他具有雄心壮志、宏伟蓝图，雷厉风行，脚踏实地。他凭借运气和才华，一开始就成功地实现了许多他想做的事情。

我自己的商业追求（如果可以这么称呼的话），则不同于祖父的商业追求。祖父陈嘉庚的商业追求是合法地赚大钱。我的目标是发展一个职业，获得一套技能，并希望靠这些技能过上舒适的生活，同时创立一个备受尊重的职业。可以这么说，我对社会的最大贡献是改善了与营销项目相关的视听内容，帮助观众获得丰富有效的体验——这是一个非常小众的细分领域。它是广告和促销行业的重要组成部分，本质上属于服务行业。如今，许多内容已经发生巨变，但目标仍然是相同的。

我想我已经从他身上学习了，也许是潜移默化地吸收了一些特质或天性。如果没有进行反思，这些特质永远不会突显。比如，如何保持专注，缜密地思考和理解你的生意所依赖的主题，学会向关键的人表达想法，不要把时间浪费在不相关的事情上。在原则和行为问题上，你如何与员工、客户、供应商，以及你运营的整个生态系统发展和保持良好关系，这是至关重要的。这是一种多方面的关系，在这种关系中，应该有同样多的付出和收获，通过相互尊重和相互学习的真诚愿望得到加强。诚实和正直是一切。格言"己所不欲，勿施于人"不言而喻，但你会惊讶很少有人能够践行它。

我的直觉告诉我，只要我正直地去做事情，即使是静悄悄地做，通常也会以许多其他方式得到回报。换句话说，好的因果报应不会被忽视，尽管它的回报可能会以不直接明显的方式出现，而且会在最意想不到的时候出现。

祖父陈嘉庚的格言"诚毅"感人至深，充满力量。"诚毅"通常翻译成"诚信和果毅"，我相信它的含义远不是这两个词能传达的。"诚毅"代表完全的诚实守信，意味着要归还不属于你的东西，意味着要偿还借给你的东西。这是一种绝对诚实的表达，可以让人晚上睡个好觉，不会被良心刺痛。这种内在的力量，帮助我的祖父克服了对逆境和未知的恐惧。

这个词仅理解为诚实和真诚是不够的。尤其是面对逆境的时候，更需要遵守"诚毅"精神。这个词还强调不要畏惧吃苦和挫折，要不断寻找克服困难的方法，不要半途而废。这里还包含了一种深厚的无私之情，以及在艰难时刻帮助你的同胞。节俭也是所有这些性格特征中的伴随品，祖父也曾有过这样的经历，因为他舍己为人、自我牺牲的精神已成为传奇。

陈佩仪

2020 年 3 月 23 日

目录

第一篇　陈嘉庚创业之路

第一章　20世纪早期新加坡的营商环境 … 003
一、经济形势和政策分析 … 008
二、政治环境 … 013
三、新加坡华人社会结构 … 020
四、文化教育 … 028
五、行业发展状况 … 036
六、华侨的抗战运动 … 041

第二章　陈嘉庚的经商创业历程 … 045
一、学习经商阶段：从米店学徒到成功经理
　　（1890—1903年） … 048
二、创业起步和发展阶段：从"负二代"到百万富翁
　　（1904—1913年） … 055
三、企业辉煌阶段：从商人到大实业家
　　（1914—1925年） … 071
四、企业衰落和退出阶段：经济危机中传奇商业生涯的
　　悲壮落幕（1926—1934年） … 094

第三章　陈嘉庚的创业精神与能力 … 109
一、敢为人先的创新精神 … 112
二、敏锐的商业洞察力 … 116
三、量力而行的资源拼凑行为 … 128

四、以小博大的财务杠杆意识和资本运作能力 ……… 132
　　五、循环经济产业链布局能力 ……… 136
　　六、超强的执行能力 ……… 140

第二篇　陈嘉庚经营管理之道

第四章　陈嘉庚的经营哲学观 ……… 145
　　一、尽忠报国的价值观 ……… 147
　　二、爱拼会赢的奋斗观 ……… 154
　　三、诚实守信的信用观 ……… 160
　　四、重义轻利的金钱观 ……… 163
　　五、放眼全球的国际观 ……… 167
　　六、乡情浓厚的本土观 ……… 171

第五章　陈嘉庚的企业管理思想 ……… 175
　　一、《陈嘉庚公司分行章程》管理思想 ……… 177
　　二、《陈嘉庚公司分行章程》眉头警语管理思想 ……… 238
　　三、陈嘉庚企业商号名称解读 ……… 244

第六章　陈嘉庚的企业社会责任思想 ……… 251
　　一、企业社会责任概述 ……… 253
　　二、陈嘉庚的企业社会责任思想 ……… 255
　　三、陈嘉庚企业社会责任思想的形成 ……… 273

第七章　陈嘉庚公司清盘：从企业家走向社会领袖 ……… 279
　　一、外部日渐恶劣的经营环境 ……… 282

二、内部不断积累的经营风险 ·········· 289
　　三、从企业家走向社会领袖 ·········· 297

参考文献 ·········· 300
附　录 ·········· 301
　　附录一　陈嘉庚战略管理的传奇影响 ·········· 303
　　附录二　陈嘉庚大事年表 ·········· 312
　　附录三　陈嘉庚遗教二十则 ·········· 319

后　记 ·········· 320

第一篇

陈嘉庚创业之路

1890年，17岁的陈嘉庚奉父命告别故乡集美渔村，远渡重洋来到新加坡，在其父的米店当学徒，开始了其经商职业生涯。

1904年，由于父亲商号倒闭破产，31岁的陈嘉庚开始独立创业，直到1934年，陈嘉庚61岁当年公司收盘歇业。

在这长达44年的经商创业生涯里，陈嘉庚演绎了精彩的创业奋斗故事，跻身"千万富翁"俱乐部，被誉为"马来西亚的亨利·福特""橡胶大王"。

本篇将介绍陈嘉庚经商创业的时代背景，从米店学徒到大实业家，再到传奇商业生涯悲壮落幕的过程，总结陈嘉庚令人惊叹的卓越创业精神和能力。

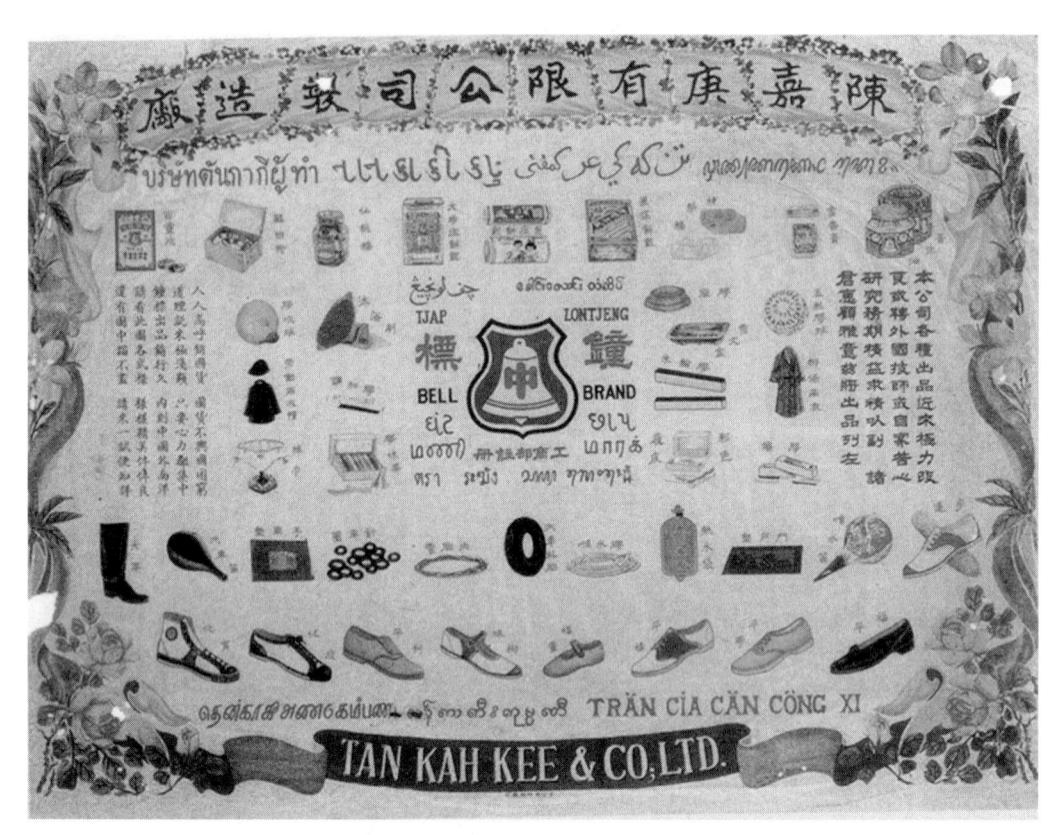

陈嘉庚有限公司生产的各种产品广告

第一章
20世纪早期新加坡的营商环境[1]

[1] 本章由刘潇肖和张䶮执笔撰写，经木志荣统稿修改。刘潇肖，现任厦门大学管理学院副教授。研究方向为组织文化、本土管理现象。张䶮，厦门大学管理学院2020级硕士研究生。

1819年1月28日，为了寻找马六甲海峡南端的优良地点以设置通往中国的商栈，英国不列颠东印度公司雇员托马斯·斯坦福德·莱佛士爵士来到了新加坡，用五百块葡萄牙银圆买下这个岛城①。新加坡成为英国殖民地，受英国政府直接统治。莱佛士认为位于印度和中国航线上的新加坡有利于发展转口贸易，于是决定在新加坡设置贸易基地，他被后人称为"新加坡之父"②。

新加坡在开埠后短短的5年内，迅速发展为东南亚贸易商港，成为船只取得供应品补给和维修服务的首选停泊站、中国工业制成品及华工的集散中心。莱佛士占领新加坡后奉行自由贸易政策，大大推动了商业发展。蒸汽船的出现，苏伊士运河的开通，使得扼守马六甲海峡的新加坡成为连接欧亚贸易的重要港口。为了促进日趋繁荣的商业社会，政府必须发展商业社区，兴建商业大厦、医院民宅等配套设施，急需劳动力，而吃苦耐劳、勤奋的中国人深受殖民政府欢迎。新加坡的经济环境和政府的青睐形成强大的"拉力"，吸引了大量中国南部华人移居新加坡③。

当时，清政府统治下的中国华南地区生活环境恶劣，山多平地少、耕地不足，例如福建，境内山地、丘陵面积就占全省总面积的80%以上，仅有其间分布的狭长河谷、盆地及冲积平原才可供开垦为农田，素有"八山一水一分田"之称。再者由于经济作物种植面积扩大，使得粮食作物的面积萎缩，土地集中在少数地主手里，降低了农民生产的积极性，人口又大量增加，缺粮现象日益严重。人民食不果腹，难以维生。不仅如此，清朝时期时常发生苦旱与水患，暴政又使人民揭竿起义，内乱不断，社会动荡不安。在生活环境恶劣、天灾人祸肆虐的多重因素下，很多人无处安居，

---

① 新加坡：旧称新嘉坡、星洲或星岛、淡马锡，别称为狮城，北隔柔佛海峡与马来西亚为邻，南隔新加坡海峡与印度尼西亚相望，毗邻马六甲海峡南端，国土除新加坡岛之外，还包括周围63个小岛。8世纪属室利佛逝；14世纪始属于拜里米苏拉建立的马甲王朝；18—19世纪属柔佛王国；19世纪初沦为英国殖民地；1942年2月15日，新加坡被日本占领；1963年加入马来西亚；1965年8月9日，马来西亚国会将新加坡驱逐出联邦，隔日，新加坡独立建国，新加坡共和国正式成立。
② 林远辉、张应龙：《新加坡马来西亚华侨史》，广东高等教育出版社2008年版，第91页。
③ 柯木林：《新加坡华人通史》，福建人民出版社2017年版，第48～50页。

纷纷走上背井离乡之路[1]。

从厦门到新加坡的帆船（1821年2月）

在人口迁移中，迁出地的推力与迁入地的拉力的双重作用，吸引着不少华人远渡重洋前往新加坡经商务工，建造华人社区，开启了新加坡华人历史的新篇章。在陈嘉庚出生地福建省同安县集美村，人们也加入了下南洋的大军，陈嘉庚的两个伯父陈缨忠和陈缨斠，以及他的父亲陈缨杞（又名杞柏），都远涉重洋至新加坡谋生创业，并颇有成就[2]。1890年夏天，17岁的陈嘉庚远渡重洋来到新加坡，在他父亲的米店当学徒，开始了其职业生涯，最终在新加坡经商创业，成为一位功绩彪炳的传奇人物。

---

[1] 柯木林：《新加坡华人通史》，福建人民出版社2017年版，第48～50页。
[2] 公元1330年前后，一个名叫汪大渊的闽南人最早来到蛮荒的新加坡，把这里称为"龙头"。机缘巧合，"龙头"之称恰恰与几百年后来到新加坡的陈缨忠、陈缨斠、陈缨杞、陈嘉庚的故乡一样。见朱水涌：《陈嘉庚传》，厦门大学出版社2021年版，第31页。

1902年从厦门乘船出国的华工

　　以下将从经济环境、政治环境、社会结构、文化教育、主要行业分析、华侨参与抗日战争等六个方面分析新加坡当时的营商环境。

一、经济形势和政策分析

在以英国为首的殖民统治下,东南亚成为殖民者和外国资本掠夺廉价原料的基地、倾销本国商品的市场,这使东南亚长期处于典型的殖民地经济结构之中,影响了新加坡的商业活动[①]。殖民地经济结构有两种不同类型的经济,一种是原住民以农业、渔业为生计的传统经济,这种自然经济在西方资本的冲击下逐渐遭到破坏[②];另一种是殖民主义统治者带来的近代资本主义经济,外国资本主义的入侵刺激了东南亚各国商品经济的发展,使其与资本主义世界市场发生了联系,这种商品经济包括了单一种植制下的出口原料和出口粮食的生产、收购、加工、输出,西方国家商品的进口和分配、销售,以及围绕这些经济活动的金融、服务以及派生出来的各种产业活动等。

1. 新加坡开埠至 19 世纪 60 年代

开埠后不久,莱佛士宣布新加坡为自由港,除了征收低微的入港税外[③],入口货物免税。当时在东南亚,荷兰、西班牙等大部分殖民主义者皆实行保护主义,对外来商船征收重税[④],新加坡的自由港政策可谓是划时代的,很快地吸引了马来群岛及中国的商船前来贸易。1823 年,莱佛士与苏丹及天猛公签订条约,规定由英国东印度公司每月支付 1500 元给苏丹,每月支付 800 元给天猛公,而他们放弃向船只征收财物的权利,这正式确定了新加坡自由港的地位[⑤]。1824 年,英国与荷兰签订条约(史称《英荷条约》),划定两国在东南亚的势力范围,更使得新加坡走向繁荣的轨道[⑥]。

除此之外,莱佛士还奉行商人至上的政策,商人阶级是新加坡社会的中坚分子,利益处处受到保护并享受特殊待遇。他大力推行市区发展计划,以新加坡河为中心,沿着河流的西南岸,供商人开设仓库及商铺,还

[①] 郭梁:《东南亚华侨华人经济简史》,经济科学出版社 1998 年版,第 83 页。
[②] 郭梁:《东南亚华侨华人经济简史》,经济科学出版社 1998 年版,第 84 页。
[③] 1820 年 5 月,对帆船征收 5 元入港税,超过 400 吨的船只则征收 10 元。
[④] 柯木林:《新加坡华人通史》,福建人民出版社 2017 年版,第 67 页。
[⑤] 柯木林:《新加坡华人通史》,福建人民出版社 2017 年版,第 69 页。
[⑥] 柯木林:《新加坡华人通史》,福建人民出版社 2017 年版,第 70 页。

特意分配地段给从厦门港来新加坡的漳泉商人旅居。他不仅积极与中国帆船商队建立良好的商贸关系，还鼓励马六甲的华人前来经商，并为来自马六甲的漳泉集团来新加坡投资做好铺垫①。

新加坡驳船码头的船只

2. 1870—1900 年：资本主义迅速发展

19 世纪最后 30 年是垄断资本主义在西方国家迅速成长并向帝国主义过渡的时期，外国资本大举涌向东南亚，东南亚各国的国内外市场迅速扩大，商品生产得到快速发展，但生产规模小且分散。经济形势的变化影响着华侨的经济活动②，华侨移民充当起连接近代资本主义经济部门的劳工和"桥梁"。由于西方大贸易商不熟悉当地语言和市场情况，不可能触及当地广大的生产者和消费者，需依靠华侨商人（包括零售商、中介商、批发商）将传统经济部门的农民小生产者生产的原料、初级产品收购、运输，然

---
① 柯木林：《新加坡华人通史》，福建人民出版社 2017 年版，第 7 页。
② 郭梁：《东南亚华侨华人经济简史》，经济科学出版社 1998 年版，第 83 页。

后销售给近代经济部门用以加工和出口,并将来自西方资本主义国家的工业品和消费品赊发给华侨零售商和肩挑小贩,然后出售给当地各民族的消费者[①]。

这一时期,英国殖民者对华侨的殖民统治政策也开始发生变化。马来亚输入英国的锡从19世纪40年代的800吨猛增到5800多吨,增加了6倍多,丰富锡矿的发现和开采对英国工业的发展越来越重要。见此状况,美国等其他国家企图染指马来亚,英国的商业霸权受到挑战[②]。为了排斥其他国家的争夺,英国开始放弃自由贸易政策,转而大规模掠夺和扩张,加强对马来亚的殖民统治,尤其是对华侨的殖民统治[③]。殖民国对华侨的经济活动进行多重限制,例如把东南亚各地的进口贸易大权垄断起来,从事大规模的贸易活动,限制和压制华侨从事大规模批发商活动等,逼迫华侨向西方资本主义不愿从事的经济领域发展。

3. 第一次世界大战前后

19世纪末20世纪初,随着西方资本主义过渡到帝国主义阶段,欧美殖民者也不断扩大在东南亚殖民统治的范围,同时加紧了对殖民地的掠夺和输出。他们不仅把殖民地当成自己的商品市场和原料产地,并且把大量资本输出到东南亚,开设工厂、矿山,发展种植园,造成了有利于资本主义发展的环境,使东南亚经济与资本主义市场的联系更加密切。在这样的经济环境中,华侨的商业(包括零售业、中介业)、贸易业(包括进出口贸易)、工业(采矿业、加工业、制糖业、木材、纺织等)、种植业(橡胶、椰树、胡椒、菠萝等经济作物)、交通运输业(主要是航运业)、金融业等等都得到一定程度的发展,尤其是华侨经营的企业、工厂得到很大发展[④]。

在第一次世界大战中,欧洲资本无力东顾,对东南亚的投资减少,但同时对那些与战争有关的原料和商品需求大增,致使与战争密切关联的经济部门得以迅速发展,如马来亚华侨的橡胶业和轻工业、航运业,以及生产消费需要的水泥、建材、酿酒、五金、小型机械、肥皂、家具制造等行业都发展到了一定规模[⑤]。

第一次世界大战后,世界经济迅速恢复,对东南亚原料和农产品等的需求大幅度

---

① 郭梁:《东南亚华侨华人经济简史》,经济科学出版社1998年版,第83页。
② 林远辉、张应龙:《新加坡马来西亚华侨史》,广东高等教育出版社2008年版,第213页。
③ 林远辉、张应龙:《新加坡马来西亚华侨史》,广东高等教育出版社2008年版,第213页。
④ 郭梁:《东南亚华侨华人经济简史》,经济科学出版社1998年版,第98页。
⑤ 郭梁:《东南亚华侨华人经济简史》,经济科学出版社1998年版,第98页。

增加，使东南亚华侨有更多的机会参与初级产品的生产、加工和供应。一些华人企业家经营进出口业，或利用当地原料进行加工，制成初级产品或消费品，行销本国和外国市场，获得巨大利润。

在1929—1933年世界经济危机前，出现了华侨经济繁荣发展的"黄金时期"[1]。在20世纪30年代世界经济危机之前，马来亚华侨占其总人口的1/4，在锡矿业、橡胶业中分别占有30%～50%左右的产量，在国内贸易和农产品加工业中则占有优势支配地位。

4. 经济大萧条时期

东南亚各国不仅向殖民地宗主国和西方市场提供原料，同时又是世界资本主义大国倾销工业制品的场所，完全受到世界资本主义市场供求关系和价格政策的制约[2]。当时，新加坡主要为殖民地宗主国提供资源产品的生产，主要包括锡、橡胶、石油等消费品，在本地区并没有像样的工业，必需的工业制品几乎全部从资本主义国家进口。

1929年经济危机爆发后，帝国主义国家之间的经济斗争空前加剧，同时向殖民地、半殖民地等落后国家转嫁危机。他们一方面提高进口税率，高筑关税壁垒，限制外国商品输入；另一方面实行货币贬值，廉价倾销本国产品，加紧争夺国外市场。在这种情况下，西方市场从东南亚进口的工业原料和消费品资源急剧减少，直接打击了新加坡的经济。国际贸易的急剧萎缩，造成东南亚市场的萧条，使国家经济状况恶化；同时，经济危机使东南亚各国人民购买力大为降低，商品库存激增，价格下跌，资金周转不灵。从1932年至1933年，东南亚各国的出口额锐减到只有1928年的50%左右。经济危机还使企业倒闭破产，从业人员大量失业，物价飞涨，人民生活更加困苦，整个东南亚社会动荡不安[3]。

另外，华侨经济是以中国移民为主体经营的经济事业，因为身份的特殊性，受到殖民政府的多方限制和排斥，不仅苛捐杂税比较多，负担比较重，而且在政治上、经济上、文化教育上都受到限制。经济危机期间，殖民政府为了保护西方垄断资本的利

---

[1] 郭梁：《东南亚华侨华人经济简史》，经济科学出版社1998年版，第99页。
[2] 郭梁：《1929—33年世界经济危机对东南亚华侨经济的影响》，《南洋问题研究》，1989年第1期，1～10。
[3] 郭梁：《1929—33年世界经济危机对东南亚华侨经济的影响》，《南洋问题研究》，1989年第1期，1～10。

益，对华侨的限制愈来愈苛刻。

英国殖民当局把大批失业的华工遣送回国，对华侨主要依赖进口的粮食大米实行征收进口税，采取了一系列有利于英国资本的政策和措施，转嫁危机，加紧排斥华侨资本。英国在1931年签订了限制产量和规定出口限额的国际协定，通过协定吞并华侨的锡矿业，故意压低小矿的生产能力，把出口限额转嫁到小矿身上，让华侨矿场更加难以维持，被迫停产。

在经济大萧条期间，华侨受到经济危机和殖民政府政策的双重打击。1931年8月，陈嘉庚先生的公司因为拖欠银行100多万元，被迫接受银行条件改组为有限公司，陈嘉庚也从企业主变成受英国金融资本支配下的股份有限公司的一名股东。随后汇丰银行的经理公然威胁陈嘉庚，偏袒英商，不顾陈嘉庚的极力反对，擅自允许英商以贱价垄断收购陈嘉庚有限公司胶制厂的靴鞋，使陈嘉庚有限公司蒙受巨大损失。关于经济大萧条期间，陈嘉庚公司所遭受的冲击和影响，我们会在后面的章节中具体介绍和分析。

5．日本侵略政策

第一次世界大战时期，日本已开始向南洋发展势力。一战结束后，日本向南洋扩张的势头越来越猛。经济危机爆发后，日本通过日元贬值等手段，利用日本国内廉价劳动力的优势，大肆向东南亚倾销日货。当其他西方国家与东南亚之间的贸易日渐萎缩之时，日本与东南亚的贸易却大幅度增长。

日本对抗新加坡华商并不是纯粹的商业竞争，还暗含着政治对抗。由于新加坡华商是援华筹赈会的骨干，击垮华商是日本侵略中国大计的一部分。日本人趁华侨声援祖国抗日、掀起抵制日货运动之时，增设日本商店销售日货，建立起自己的销售网。日本在东南亚的扩张，排挤了华侨的经营，使华侨在经济危机中的处境更加困难[①]。

---

① 郭梁：《1929—33年世界经济危机对东南亚华侨经济的影响》，《南洋问题研究》，1989年第1期，1～10。

二、政治环境

1. 清政府的影响

（1）第一阶段：1877—1895 年

18 世纪清朝实施闭关锁国的政策后，一直沉溺于"泱泱大国"的梦幻中，鲜少与外界交流。直至鸦片战争，西方各国强行打开中国大门，清政府才开始重新和外界建立联系，但此时只有西方各国在中国设领事馆，清政府并没有在外设领事馆的意识。

1875 年，华工在古巴、秘鲁等地受到虐待的消息传回北京，清政府开始意识到在外设立领事馆的迫切性[1]。同年，郭嵩焘在出使英国期间，看到许多华人在新加坡、马六甲等地居住，于是在 1876 年向清政府提议在新加坡设立领事馆，并很快被接纳。与英国进行洽谈协商后，清政府于 1877 年在新加坡设立领事馆，1891 年将其升级为总领事馆，在其余各地设副领事统辖于新加坡总领事[2]。

最初，清政府在新加坡设领事馆主要是为了保护华工权益，包括解决华工贩卖和娼妓问题。那时各殖民政府通过设在中国各地的劳工中介公司买卖大量的中国农民，输送到殖民地以掠夺殖民地资源。华人成为廉价劳工，并不断遭受非人的待遇。运输华工的船被称为"浮动地狱"，船上往往超载、拥挤不堪、卫生条件恶劣，很多劳工在运输过程中死亡；到达殖民地后，华工在工厂、矿场等地也经常被虐待；还有大量的华南妇女被贩卖至东南亚沦为娼妓。清政府设领事馆后，领事左秉隆[3]向英政府设立的护华司交涉，提出禁止华工买卖，但由于触及英国的经济利益，该项提议未被采纳；他又令闽南的官员重点治理，从源头禁止贩卖华工和拐卖妇女，并设立"保良局"收容被拐卖的娼妓妇孺。黄遵宪[4]上任后请求清政府开海禁，促使清政府颁布条例，将华侨回国合法化。

清政府领事馆还起到宣传作用，提升海外侨民对清政府的认同感。当

---

[1] 柯木林：《新加坡华人通史》，福建人民出版社 2017 年版，第 182 页。
[2] 柯木林：《新加坡华人通史》，福建人民出版社 2017 年版，第 183 页。
[3] 清政府领事馆第二任领事，任期 1881 年 9 月—1891 年 5 月。
[4] 清政府领事馆第三任领事，任期 1891 年 5 月—1894 年 7 月。

中国发生天灾人祸时，领事馆会在华社发动募捐，获得马来亚侨民热烈响应，清政府还给募捐数额较多的人封虚衔，以资奖励。在每年皇帝和太后的寿辰时，连同当地的华侨共同庆祝，邀请华商和侨领到领事府参加庆典；被授予官衔的绅商列队，向象征皇权的龙牌行叩跪大礼以及朗读诵文①。

领事馆也积极展开华文教育，加强侨生对中国文化的认同。左秉隆上任不久后，就展开兴学运动，设立各种书室；创立会贤社，让知识分子按题作文，佳作有赏，后来改会贤社为图南社，致力于提升南洋华侨的学术文化发展②；主办英语雄辩会，公开辩论政治、社会文化等问题，受到侨生热烈欢迎。左秉隆的各项措施巩固了华社上层对中华传统文化的认同。加之当时清政府卖官鬻爵的政策，为当局培养了一批文化与政治的支持者，也促进了马来亚华族民族主义③。

（2）第二阶段：1895—1911 年

左秉隆和黄遵宪在任期间治理卓有成效，是清政府领事馆发展的黄金时期。1895 年，甲午战争的战败促使一系列政治改良运动的发生。康有为发动维新运动实施政治改革，紧接着是戊戌政变和保皇运动；1900 年义和团反抗外国侵略者，八国联军侵华，随后是辛亥革命的兴起。清政府内忧外患，分崩离析，政局十分混乱。新加坡华社也由于不同的政治立场分裂成不同的派别。彼时，新加坡领事馆面对的是动荡的时局和分裂的华社，重点任务转变成支援赈灾鬻官团和招商团、获得华商的捐助，以支撑国库空虚的清政府。

19 世纪末，清廷频频发动华侨募捐赈灾、防务经费、建海军军费和国家基金，为了回报捐献的华侨，清廷赐予虚衔，逐渐形成一个卖官鬻爵的制度④。大约在 1889 年以前，马来亚华社已经有卖官鬻爵的现象。当中国发生天灾人祸时，总领事会呼吁华商捐助，当捐助达到不同数额时，会得到不同官衔的嘉奖。但此时的卖官较为隐蔽，自从 1889 年以后，卖官鬻爵直接公开化，官衔的价格表被普遍刊载，以吸引可能捐官的华侨。除了总领事和当地的代理人会继续维持卖官的途径，清朝的一些省政府也成为

---

① 柯木林：《新加坡华人通史》，福建人民出版社 2017 年版，第 183～193 页。
② 柯木林：《新加坡华人通史》，福建人民出版社 2017 年版，第 183～193 页。
③ 柯木林：《新加坡华人通史》，福建人民出版社 2017 年版，第 747 页。
④ 中国第一历史档案馆：《清代中国与东南亚各国关系档案史料汇编》第 1 册，国际文化出版公司 1998 年版，第 265、276 页。

积极的推销者①。他们会派出本省的代表团到海外开展鬻官事宜。代表团会在当地报纸上发表谈话，以阐明职权和目的，同时呼吁当地华侨，慷慨捐输，并在报纸上发表官衔的价格表和捐官条件②。有兴趣的捐官者会和代理人接触，付款后名字还将刊登在当地的华文报纸上。随后，有关部门会向清政府推荐，赐予适当的官衔。清政府这一制度一方面是为了获得更多的资金以扩充国库，另一方面为了扩大当局在新加坡华人社会的影响力，获得当地华侨对政府的支持和认同感。

绝大多数华侨获得的官衔都是购买取得，只有极少数是通过常规途径取得的。华侨购买官衔有多方面的原因。华侨大多是从闽南等地迁至马来亚，思想深受中华传统价值观影响，追求"官职、财富、声望"，要"光宗耀祖"。在旧时的中国社会，一个人想要光宗耀祖，往往是通过科举考试担任官员向上升迁，但在与中国隔海相望的马来亚，这种方式无法实现。所以他们是在拥有了财富，解决了自己的生存问题后，再利用财富来取得声望和权势。大多数华侨都是白手起家，来自较低的社会阶层，对官衔所代表的身份、地位和生活充满了向往。当拥有了财富后可以选择购买官衔来完成儿时的梦想。

华侨购买官衔后，不同的官衔会用不同的特殊服饰加以区分，官衔持有者的父母、妻子、儿女也可以穿同样的服装，代表他们所具有的官衔，而且他们的名字和官衔也会出现在家祠、宗祠的神主牌上，在很长的一段时间内受到亲朋好友的夸赞，这无疑是"光宗耀祖"的一种极好的方式③。

拥有官衔的人，也能受到这个华族社会的尊重，当他们购买官衔后，华文报纸上不仅会刊登他们的名字，还会用长篇将他们介绍给读者，大力赞扬他们的捐款义举和爱国精神。清朝政府在殖民地驻扎的领事和其他官员与拥有官衔的人来往较多，也表达了当局对拥有官衔的人的认可和尊重。官衔还能加强富商争取领导者的地位，确认领袖者的地位。

在清政府举办的各种活动，例如皇帝诞辰等官方场合，拥有官衔的华商可以在仪式上向皇帝效忠，而官衔的等级决定了谁先叩头、谁宣读效忠献词，体现了等级和地

---

① 颜清湟：《清朝鬻官制度与星马华族领导层》（1877—1912），载《海外华人史研究》，新加坡亚洲研究学会1992年7月，第6页。
② 颜清湟：《清朝鬻官制度与星马华族领导层》（1877—1912），载《海外华人史研究》，新加坡亚洲研究学会1992年7月，第6页。
③ 颜清湟：《清朝鬻官制度与星马华族领导层》（1877—1912），载《海外华人史研究》，新加坡亚洲研究学会1992年7月，第7～14页。

位。也有富商不仅自己购买官爵，还为儿子和祖先购买官爵，不但要确定自己的领导地位，也希望将这种地位传递给子孙后代[①]。

除了发展卖官鬻爵的制度，为清政府填补空虚的国库外，领事馆的另一个重要任务是监控保皇派和同盟会在马来亚的反清活动。戊戌政变发生后，光绪帝被软禁。百日维新失败后，梁启超、康有为逃亡海外。孙中山领导的辛亥革命在海外展开，1906年同盟会在新加坡成立分会。清政府政局的动荡导致新加坡华社分裂成亲清政府的当权派、亲康有为的保皇派和亲孙中山的革命派。清政府担心海外的反清活动，下令清领事要严密监控，及时向朝廷报告。孙士鼎在任期间数次报告孙中山的反清活动，左秉隆在任期间也一直严密监控，为此受到革命党报章《中兴日报》和《星洲晨报》的多次攻击[②]。在清朝末年，领事馆出现行政不当、管理松弛的末世乱象。1911年辛亥革命爆发。1912年1月1日孙中山宣誓就职，中华民国正式成立，推翻了清王朝200多年的统治。

2. 维新派和革命派的影响

在清政府在新加坡设领事馆之前，华南移民一直被视为天朝弃民，因为清政府认为出逃海外的人并不能对国家做出任何贡献，所以华侨很少能够插手政治。19世纪末20世纪初，维新派和革命派人士先后来到新加坡，让原本远离政治中心的新加坡成为保皇派和革命派的海外基地，引发了当地华人对中国政治的关注，也让海外华人有机会参与到祖国的政治发展进程中。特别是两股对立的政治力量的相互竞争，促使新加坡华人群体政治化，对马来亚华社的政治思潮产生了深刻影响[③]。

（1）维新派和革命派的政治活动

百日维新失败后，康有为流亡日本，在加拿大、英国等地宣传维新，成立保皇会。1900年1月27日，康有为乘船南下，2月2日抵达新加坡，开始了其在南洋的流亡岁月。从1900年至1911年的12年间，康有为前后7次来到新加坡。新加坡华社本地最早的报纸《叻报》（1881年）和《星报》（1890年）最初都倾向于支持清政府，后来清政府签订《马关条约》后，两报基于民族存亡的危机感主张变法图强，支持康有为的维

[①] 颜清湟：《清朝鬻官制度与星马华族领导层》（1877—1912），载《海外华人史研究》，新加坡亚洲研究学会1992年7月，第7～14页。
[②] 柯木林：《新加坡华人通史》，福建人民出版社2017年版，第198～202页。
[③] 柯木林：《新加坡华人通史》，福建人民出版社2017年版，第239～250页。

新运动。1898年，邱菽园创办《天南新报》，力挺康有为的政治主张。

在报章的宣传下，新加坡华社对维新派的改革主张多有同情。在1900年康有为到来时，维新派的力量更加茁壮。他在新加坡期间，经常受邀去各个学校演讲，还创办了中华女子学堂，倡导儒教复兴运动，通过报章宣传儒教的重要性。一时间，新加坡成为保皇派在海外的宣传中心。

1900年，孙中山第一次来到新加坡，本欲与康有为见面，共商合作之事。但在会面前，孙中山的友人被康有为误以为是刺客而被逮捕，孙中山被驱逐出境，五年内不得再进入新加坡。五年后孙中山再次来到新加坡，于1906年底在晚晴园成立同盟会新加坡分会[1]。孙中山在新加坡期间，四次入住晚晴园，并在此策划过三次起义[2]。同盟会成员也踊跃捐助起义、接济革命军、营救失败的革命领袖，并通过各种方式宣传革命。

1906年4月6日，同盟会新加坡分会在晚晴园成立（前排左四为孙中山）

1907年，同盟会创办《中兴日报》，用以抗衡保皇派的《南洋总汇报》，很快成为南洋地区最具影响力的报纸之一。此外，同盟会成员也通过书报社的形式，让不识字的

---

[1] 柯木林：《新加坡华人通史》，福建人民出版社2017年版，第239～250页。
[2] 分别是1907年5月潮州黄岗起义，1907年7月广西镇南关起义，1908年4月云南河口之役。

民众有机会学习和接触革命的思想。新加坡成为革命派宣传、指挥、筹款中心，以及革命志士的庇护所。

（2）新加坡华社的反应

在中国陷入被列强瓜分的困境时，革命派和维新派的目的都是拯救中国，但其政治主张和支持群体却存在很大差异。维新派认为可以效仿日本明治维新的制度改革，采取君主立宪制，以和平的方式改变中国。维新派的支持者是以康有为代表的忧国忧民的传统读书人。康有为考中进士，是少数看到结构性问题必须从制度层面改革的知识分子，主张变法。当他流亡新加坡时，支持者也大多是有类似背景的人，例如科举出身的邱菽园和曾向朝廷买官或捐官的上层富商[①]。

革命派则推崇现代民族国家的理想，深信只有武力推翻清政府和帝制，中国才能成为一个现代化的民主国家。革命派的支持者大多来自中下阶层，或多或少接触过新式教育或西方文化，具有较为开明或激进的思想。孙中山出生农家，早年在夏威夷和香港的生活经验，让他有机会认识不同国家的政治和社会制度，西方教育背景也让他免于背负传统士大夫的包袱，因此他认为只有推翻帝制建立新的共和体制，才是中国唯一的出路[②]。

新加坡华社对革命派的反应与其阶级利益以及和清政府的关系紧密相关，不同的阶层对革命的反应有很大差异。华人富商绝大多数不愿意支持革命，因为他们的财富以及与清政府间的政治联系使他们满足现状，不愿意响应革命。那些积极响应革命的极少数富商主要因为与政府没有政治上的关联，关心祖国的命运超过关心自己的利益。中产阶级的成员，例如店主、小商人等，对革命的反应比富商热烈得多，他们大多数既无恒产，和清政府也没有政治关系，可以不顾个人利益地自由活动。而且中产阶级这一群体多数受过教育，比底层阶级更能体会中国衰乱和被瓜分的危机，对革命讯息的感受敏锐。他们多半加入同盟会，并形成一定的领导层，在革命运动中扮演极具意义的角色，也成为支持中国沿海起义活动的经费筹措者。底层阶级包括矿工、园丁等，由于缺乏教育，他们无感于中国所面临的危机，对革命的反应也比中产阶级慢。但他们与清政府没有政治或经济的利益，由于移民不久，与祖国的感情牵连紧密，具有被腐败的清朝官员和欧洲殖民官员迫害的痛苦经历，深感需要一个更加富强的国家保护

---

① 柯木林：《新加坡华人通史》，福建人民出版社2017年版，第239～250页。
② 柯木林：《新加坡华人通史》，福建人民出版社2017年版，第239～250页。

他们。受到同盟会的宣传，他们中有许多人对革命响应极其热烈，投身革命阵营，[①]。

两股革命力量来到新加坡，从文化和政治两个层面对新加坡华社产生了冲击。两派人士在此组织保皇会和同盟会分会的政治团体，通过办报和演讲等形式宣传政治思想，让不同阶层的人士得以思考个人和国家的关系，重新连接并强化海外华人和中国的关系，并使海外华人有机会参与到祖国的政治发展进程中。

在文化方面，维新派在当地创建新式学堂、女子学校，也发起孔教复兴运动，凡此种种都冲击着新加坡的华人社会。两派人士在报纸上发文论战，使新加坡瞬间成为两大阵营的论战中心，大大提升了新加坡华人社会讨论和认识中国政治改革的深度，也在无意间促进了本地教育和文化水平的发展。两个层面的力量促使本地华人经历政治化的过程，同时也牵动了海外华人的民族主义情感，使他们对辛亥革命后的共和、北伐、抗战、国共斗争等祖国局事都有所回应[②]。

革命派和维新派具有不同的政治主张，但都是谋求中国富强，这一点影响了陈嘉庚潜意识里的排满情绪[③]。1910年，陈嘉庚与胞弟陈敬贤一起在晚晴园加入同盟会。在辛亥革命之前，陈嘉庚与孙中山谋面三次。第一次是1909年，经同盟会新加坡分会重要领袖林义顺介绍，陈嘉庚认识了孙中山，并被孙中山的革命必定成功信念和屡败屡战精神所鼓舞。第二次是1909年5月某夜，陈嘉庚受邀参加了孙中山在晚晴园组织的一场重要的同盟会会议，该次会议确立了党旗。第三次是在1911年12月15日，即辛亥革命发生不久，孙中山从欧洲返回上海，途径新加坡，陈嘉庚和同盟会许多会员在码头与孙中山小聚。此次见面，陈嘉庚亲口答应孙中山，如果需要，他将给孙中山捐款5万元。第二年，孙中山通电催款，陈嘉庚履约汇去5万元。

---

① 颜清湟：《辛亥革命与南洋华人》，载《海外华人史研究》，新加坡亚洲研究学会1992年7月，第114～115页。
② 柯木林：《新加坡华人通史》，福建人民出版社2017年版，第249～250页。
③ 杨进发著，李发沉译：《华侨传奇人物陈嘉庚》，陈嘉庚纪念馆2012年版，第155页。

三、新加坡华人社会结构

1. 帮的形成

早期华人出洋,经常有互相提携、彼此牵引的现象。基于血缘与地缘的关系,小至一个家族,大至同一村或一乡,由一个或少部分人先出洋,奠定了经济基础后,便把家人、同村或同乡的族人提携牵引进来,凝聚成一股力量[①]。移居新加坡的华人也不例外。

在殖民地时代,南来谋生的华人身在异乡,又得不到殖民地政府的丝毫照顾,就业没有保障,也无任何社会福利。于是,下南洋的先辈便本着乡情和亲情的联结,自发地结社以求自保,并为同宗和同乡的乡亲提供基本的福利和安全保障,协助他们寻求工作、解决生老病死等问题。乡土籍贯成为早期华人结社最基本的纽带,催生了"帮"或方言群体的认同,移民群体的社会结构基本上建立在"帮"的基础上[②]。

刚漂洋过海的移民,面临的首要问题是找到栖身之地,解决生计问题,因而来自同一地区、讲共同方言的移民便凝聚在一起,产生了基于地缘的组织,多以"会馆"命名。不管是在建立坟山和庙宇、成立会馆、互助会及慈善医社,还是在接引新移民,安置住宿、工作,提供救济,照顾老移民的身体健康,甚至兴学办校教育移民的下一代、办集团结婚到保留传统发扬中华文化,宗乡会馆都扮演着非常重要的角色[③]。规模较大的地缘组织分化出同姓宗亲的血缘组织,是来自同姓、说同样方言群体的移民凝聚而成的小集团,其宗旨是会员间患难与共、彼此扶持、恤贫济急,每年定期举行春秋两祭,崇祀宗姓始祖。此外,在19世纪之际,从事同行同业的人为了增进感情及共同利益,发起了行业公会,即业缘性组织。

社会内部结社自保的动力促使成立地缘的会馆、血缘的宗亲会、业缘的行会、秘密会社甚至义山,最终形成了一个称为"帮"的方言社群网络[④]。

[①] 柯木林:《新加坡华人通史》,福建人民出版社2017年版,第58页。
[②] 崔贵强:《新加坡华人——从开埠到建国》,教育出版私营有限公司1994年版,第57页。
[③] 柯木林:《新加坡华人通史》,福建人民出版社2017年版,第87~88页。
[④] 柯木林:《新加坡华人通史》,福建人民出版社2017年版,第87~88页。

2. 帮权结构

地缘与方言缘的会馆是华社的主流，也是主导的帮权组织。籍贯加方言界定了会馆的界限。新加坡华社的帮权结构主要由财雄势大的五大方言群组成，即福建、潮州、广府、海南和客家人[1]。

（1）帮派简介

19世纪的福建帮是以闽南语系的漳州府、泉州府、永春州的闽南人为代表，以商人阶级为主，在人数和财富规模上超过其他帮。因此，福建帮自新加坡开埠以来就领导华社[2]。天福宫是历史最悠久的福帮组织之一，1916年至1929年间，改称天福宫福建馆，1929年取名为福建会馆。1847年陈金声领导福建帮，之后亭主职位由陈家世袭，直到1915年亭主制被废除[3]。1916年至1929年，薛中华担任福建会馆总理。

此时正值辛亥革命成功之后，国民党在海外华人社会的声誉日渐高涨，陈嘉庚很赞赏国民政府高效率的责任委员会制度，每个委员都有特定职责。反观福建会馆帮权组织沿袭下来的僵化的董事会制度，董事推诿责任、阻碍会务发展。所以，1927年，以陈嘉庚为首的帮内人士，呼吁改革福建会馆，加强组织内部建设。1929年，陈嘉庚等改组福建会馆，实行委员会制度，由35名执行委员会和5名监察委员会组成[4]。陈嘉庚当选为福建会馆执行委员会主席，此次选举意义重大，福建会馆进入一个新纪元。陈嘉庚长期蝉联主席职位，一直到1950年5月回国定居为止。

福建帮因为人多与财富雄厚领导华社，但在帮际关系和活动中表现得比较保守和封闭，很少与外帮互动。然而，领导人的很多社会行为产生的效应却是超越帮派的，例如漳州籍的陈笃生设立贫民医院，惠及各帮群[5]。

潮帮代表广东潮州府潮汕语系的八县邑人，19世纪时的主要职业是种植胡椒与甘蜜。大部分潮籍人士多分布在种植园，过着群居生活。他们个人的存在和工作维系在和同籍贯的工头及其背后的帮会关系上，从被雇佣为园丘工人的第一天开始，就依附在秘密会社的网络里。生活在市区的潮商人数相对较少，结社也相对单一[6]。

---

[1] 柯木林：《新加坡华人通史》，福建人民出版社2017年版，第88页。
[2] 柯木林：《新加坡华人通史》，福建人民出版社2017年版，第88页。
[3] 柯木林：《新加坡华人通史》，福建人民出版社2017年版，第90页。
[4] 柯木林：《新加坡华人通史》，福建人民出版社2017年版，第92页。
[5] 柯木林：《新加坡华人通史》，福建人民出版社2017年版，第90页。
[6] 柯木林：《新加坡华人通史》，福建人民出版社2017年版，第90页。

20 世纪初的新加坡福建街

广帮具有冒险精神,是华社移入刚开埠的新加坡的先头部队,分四邑和五邑两派系。四邑指珠江上游的新会、新宁、开平与恩平。五邑则指珠江三角洲以广州为中心的南海、顺德、东莞、番禺和香山。四邑人的职业多为建筑与木工,以及和这两个行业有密切关系的烧砖业与木材业,五邑人多从事商业、药行、客栈及茶楼。这种高度分裂局面使得广帮在19世纪缺乏一个总机构,但两派系邑人具有强烈的认同感,曾一起合建广福古庙。

客帮的客家人主要来自广东、福建两省,数量虽少,帮内派系复杂,分为跨地缘结合体的丰永大集团、广东嘉应州五属集团、广东惠州十县三大派系,成员职业主要有技工、劳工、打铁业、当店、药行、布及裁缝业。

琼帮人数也较少,但很团结,成员职业主要是餐饮业、咖啡店和家庭工作等,参与帮际关系运作的积极性不高。其他比较后期移民新加坡的方言群由于人数不多,鲜少参与帮际活动。

(2)帮派关系与帮权结构

帮派关系是华侨从事经济活动的基础之一,华侨的商业活动受到帮派关系的制约和影响。移民时代帮权特征在行业表现在两个层面:其一,移民由于生活在陌生的多元种族环境,往往靠语言相同的同乡引荐进入同乡从事的职业,造成某帮群多数从事某种行业的现象,如潮商独霸胡椒甘蜜种植业,广客商分别垄断酱油与当铺业等;其二,各帮分享同个行业但根据帮权结构占据各自地盘,例如汇兑或民信业就有闽、潮、广、客及海南帮群的汇庄,但当企业发展到成熟阶段必然跨越帮界,甚至国界。

这种行业的帮权结构是一把双刃剑。一方面,帮派关系与华侨资本的结合使华侨经营流通能建立在社会组织的网络上,初期有助于华侨经营者协作、华商企业建立商业网络,发挥抵抗西方垄断资本压迫的作用,增强华侨资本的自我发展能力,使其能顽强地、缓慢地发展壮大;另一方面,帮派组织存在着浓厚的前资本主义的各种封建关系,对华侨经济的经营也采取前资本主义的落后管理办法,因而这一时期的华侨资本基本上都处于"同族经营"状态,这对于资本的集中和经营管理的现代化产生了不利影响[①]。

除了商业方面,帮权结构也影响华侨的社会和政治活动。英国殖民地政府巧妙地利用华社的帮权结构来间接控制华社,例如通过帮会头目负责其势力范围内的治安,

---

① 郭梁:《东南亚华侨华人经济简史》,经济科学出版社1998年版,第93页。

当区内发生事故，头目须交出涉案人员给警方，否则头目有被驱逐出境之忧。1889年，英国殖民政府成立华人参事局作为政府与华社之间沟通的桥梁，也让各帮代表集议有关华人事务，并按各帮人口比例委任闽、潮、广、琼、客帮侨领为各帮代表，这也是官方对华社帮权结构的承认。1877年，清朝政府和英国殖民政府不约而同在新加坡分别设立领事馆及华民护卫署，对帮权结构和帮权政治影响深远。清朝领事馆及华民护卫署相互竞争对新加坡华人的控制权，并在华社宣扬亲中和亲英的政治思想，将帮派认同提升到国家意识形态层面①。

3. 帮际关系和活动

新加坡开埠初期，华社本身因强烈的帮群意识充满矛盾。面对人众财雄势大的福建帮，各小帮结合成一个超帮集团，试图在帮权政治和帮际互动中维持一个势力均衡的格局，出现强大的福建帮面对各小帮联合阵线的两极格局。这种两极化的帮权政治终于酿成悲剧，例如1854年5月5日爆发了新加坡开埠以来最严重的暴动，福建帮和潮帮发生正面冲突，跨帮组合的广客帮也加入战围，与潮帮一同战斗，一连12天，从市区到乡村胡椒甘蜜园丘，双方互斗、抢掠、杀劫、烧毁房屋②。

到了19世纪80年代，帮权结构开始松懈，帮与帮之间开始转向合作关系。福建帮创立的保赤宫陈氏宗祠在成立五年后，于1883年开放，允许潮帮陈姓族人加入为会员。1885年同济医院的成立更是帮权政治的重要里程碑，医院的设立得到各帮各阶层的鼎力合作。各帮领导层之间在业务和公共服务方面也有一些密切联系，例如闽帮的陈金钟、陈金声，潮帮的余有进，广帮的胡亚基都积极资助陈笃生贫民医院发展并参与管理。基于此，到了19世纪末，关于两极化帮权政治的势力均衡理论不再适用，取而代之的新帮权政治指导原则是在照顾本帮利益的前提下，与外帮开展交往与合作③。

在19世纪与20世纪交替前夕，新加坡出现了一个高度政治化的华社。清廷驻新领事的护侨宣教，捐官买爵措施拉拢了不少华商归附清廷；维新派康有为于1900年到新加坡寻求华人的支持；随后是革命派孙中山于1906年在晚晴园成立同盟会新加坡分会，作为新马革命据点。

---

① 柯木林：《新加坡华人通史》，福建人民出版社2017年版，第97页。
② 柯木林：《新加坡华人通史》，福建人民出版社2017年版，第94页。
③ 柯木林：《新加坡华人通史》，福建人民出版社2017年版，第97页。

各方的势力争夺造成了华社的分裂，而这一分裂不再依循帮群意识，而是亲中和亲英的政治思潮，这为帮权政治增添了国家政治与文化元素。清领事、保皇维新运动、同盟会的革命运动以及中国领事、国民党的活动，将帮群意识提升到族群意识的"华人"认同。因此，华社虽然帮派林立，却开始有一个统一的族群共识，此时的"华人"认同属于侨居性质的"海外华人"或"华侨"认同[1]。这种认同感和族群意识也让广大华侨认识到合作和团结的重要性，基于地缘的帮派观念进一步淡化。尽管如此，后来的政治和社会活动基本上还是基于帮权结构在运作，例如历年来的赈灾活动、卢沟桥事件后南洋华人自发的抗日救亡运动等。

4. 华人社团

在20世纪初成立的社团组织大多是以县为单位，大多由来自不同县的移民聚集形成。进入20世纪，尤其是在20年代与30年代，华人社团组织如雨后春笋蓬勃发展，不仅数量大大增加，类型也更为多元。1929年出现了三个以府为单位的组织，1939年省属的广东会馆也正式成立。可见，社团组织呈现以县为单位到以府、省为单位，从小团结走向大团结的趋势，成员更多，规模更大[2]。除原有的地缘、血缘与业缘的组织外，更有文化教育、休闲娱乐、宗教慈善以及代表广大工人利益的工会。

那一时期的华人社团在很多社会和政治活动中发挥了重要作用，例如20世纪上半叶展开了一系列救国救乡运动。20世纪20至30年代，日本加速了对中国的侵略，先有"济南惨案"的发生，接着是"九一八事变"与"一·二八淞沪抗战"，最后是"七七事变"，日本全面侵略，中国内忧外患，濒临国破家亡，激起了新加坡华人的愤慨与密切关注。面对外侮侵凌，新加坡社团同仇敌忾，发起了一系列爱国救国运动，掀起了民族主义的浪潮。

除了外敌入侵，中国的内战也引起华侨社团的关注，人们担心内部分裂将加速国家危亡，因而设法呼吁停止内战、促进团结、共御外侮[3]。每当有外敌入侵或爆发内战之际，新加坡华社侨团都展现出爱国姿态，领导的社团主要是中华总商会、怡和轩与福建会馆。当外侮来临时，新加坡华侨社团团结一致，群策群力，筹款赈灾，抵制日货；当内战爆发时，便以电文通达有关当局，吁请各方以大局为重，一致对外。虽然

---
[1] 柯木林：《新加坡华人通史》，福建人民出版社2017年版，第100页。
[2] 崔贵强：《新加坡华人——从开埠到建国》，教育出版私营有限公司1994年版，第67页。
[3] 崔贵强：《新加坡华人——从开埠到建国》，教育出版私营有限公司1994年版，第69页。

这一纸电文不能制止利欲熏心的军政内争,却能形成舆论压力,使滋事者有所顾忌①。

华侨社团也关注国内发展教育、济贫救困与改良社会的问题。家乡吏治不良,贪官污吏鱼肉乡民、苛捐杂税,人民苦不堪言;海关官员盛气凌人,对出入境侨民诸多压榨,有不归顺者,甚至闹出人命。侨团大表不满,多次上书当局,要求改善。社团也资助华校与华社的发展,他们重视子女的教育,不忍目睹后代失学,总要想方设法、筹建学校,让子女有机会受教育、做个知书识礼的人。

(1)新加坡中华商务总会

新加坡中华商务总会(1915年改名新加坡中华总商会)创立于1906年,是华商和华社的最高组织,由清朝政府发起成立的。自从清廷于19世纪70年代在海外设领事馆,便深感华侨雄厚的经济实力是振兴晚清经济的重要潜在力量。因此,驻外使领馆的职务中,护商与招商成为核心任务。20世纪初,中国各通商口岸纷纷成立新式商会②,清政府商部开始策划在海外鼓励华商设立商会,引导华资回国投资,振兴疲弱的晚清经济。1905年底,首任南洋事务大臣张弼士到东南亚视察华侨商务,在同济医院和华商共同倡议成立中华商务总会。1906年3月16日华商召开大会,决定创立中华商务总会,商会宗旨包括团结新加坡华商、会员间分享商业资讯、对政府政策向有关当局陈情请愿等。

新加坡中华商务总会自创立以来,取代福建会馆成为新加坡华社的领导机构,提供一个正式平台、机制和管道,让各帮通过协商和调停方式解决帮际冲突、展开帮内及帮际之间的互动联系。其组织架构也反映了华社的帮权结构,各帮分配到的董事会议席由各帮属商号与个人会员匿名投票选出。董事会议事的决策过程遵循少数服从多数的原则,帮代表就各项议题必须先咨询所属会馆的意见,寻求帮立场的指示,然后在商会董事会议上就有关议题发言或投票。如果帮代表不照办,帮属会员会弹劾他,以及在来届的董事会选举中让他落选。商会的领导层大部分是华人移民及其后裔,受华文教育、讲方言,认同中国政治、中华文化价值观,是华文教育与帮权政治的骨干③。

(2)行会

为了团结同行及保障同行的利益,华商在19世纪60年代就有行会的组织,1867

---

① 崔贵强:《新加坡华人——从开埠到建国》,教育出版私营有限公司1994年版,第72页。
② 柯木林:《新加坡华人通史》,福建人民出版社2017年版,第701页。
③ 柯木林:《新加坡华人通史》,福建人民出版社2017年版,第101页。

年，从事甘蜜与胡椒种植及贸易的华商创立椒蜜公局，以保护在新加坡与柔佛的胡椒甘蜜投资家和种植人的利益。进入 20 世纪，行会组织更如雨后春笋般出现，更趋向复杂化，实力也愈益雄厚，各行各业几乎都组织团体团结同行与保护同业利益。值得一提的是，到了 1930 年代后期，若干具有现代化组织形式的工会出现了，有黄梨工友互助会、星洲人力车工友互助会以及星洲驳船业工友联合会等，都拥有广大的会员，并为争取改善待遇与工作环境卷进了政治斗争的旋涡，发动了罢工等运动[1]。

（3）俱乐部

俱乐部原是华商在商余时间，聚在一起联络感情、休闲聚会的组织，但也具有互通商业资讯、扩展人脉、建立商业网络的功能。历史最悠久的俱乐部是潮商于 1845 年创立的醉花林俱乐部。由闽商发起的怡和轩俱乐部约成立于 1895 年，早期总理是林推迁。1923 年，林推迁去世后由陈嘉庚接任总理职务。陈嘉庚大力发展怡和轩会务，广招各帮侨领富商入会，著名的华商几乎都是怡和轩的会员，如潮商林义顺，闽商叶玉堆、陈楚楠等。在陈嘉庚的领导下，怡和轩积极参与中国的政治运动，由怡和轩发起、组织或推动的政治运动包括新加坡华侨救国援蒋大会委员会、星华筹赈会、南侨筹赈会等。

---

[1] 崔贵强：《新加坡华人——从开埠到建国》，教育出版私营有限公司 1994 年版，第 69 页。

四、文化教育

新加坡华校和华文教育的发展，既是一部民族精神的觉醒史，也是一部可歌可泣的抗争史。即使面临英国殖民政府阻挠、资金缺乏、师资不足等不利条件，新加坡华侨仍坚持办学、传承中华文化，不仅提升了当地孩童的文化水平，为华侨社会培养人才，还淡化了帮派间的分隔观念，提升了华侨的民族主义精神。

1. 早期的华人教育

19世纪，英国殖民政府在统治新加坡期间，实施奴化教育和种族分离等殖民统治政策。为了奴化当地民众，英国殖民主义者从1823年开始在新加坡开办了莱佛士学校等英文学校，还在各地开办马来文学校，专门招收马来人子弟，但是不开设华文学校。英国政府刻意忽略华校的建立，对华文教育发展采取置之不理的态度，意在逼迫华侨子弟进入英文学校就读，接受英国奴化教育[1]。马来亚的早期华人移民担心子女因为久居海外，缺少中国传统伦理道德的熏陶，渐渐流于忘本，认为必须设立学校，通过教化摆脱令人担忧的趋势，传承优良传统文化[2]。因为英国政府对华文教育的忽略，建立华校的重任便落在了当地华侨的肩上。

早在1829年时，新加坡已经有三间华侨创办的学塾，随后华文教育迅速发展，到1884年已有115间华侨创办的学塾。当时的华侨学塾可以分为三种，一是"自请儒师"，即由富裕的华侨请儒师到家教育子弟的家塾；二是"自设讲帐"，即由教师租借庙堂或临时场所开设的私塾；三是"义塾"，即由华侨共同设立以招收贫穷子弟的学塾[3]。最早的义塾是福建帮领袖陈金声于1849年兴建的崇文阁，他率先捐献880元，并得到周围闽籍富商的支持，最终筹得9418.7元[4]。崇文阁经四年的建造顺利完成，主

---

[1] 林远辉、张应龙：《新加坡马来西亚华侨史》，广东高等教育出版社2008年版，第536页。
[2] 崔贵强：《新加坡华人——从开埠到建国》，教育出版私营有限公司1994年版，第153页。
[3] 林远辉、张应龙：《新加坡马来西亚华侨史》，广东高等教育出版社2008年版，第525～526页。
[4] 崔贵强：《新加坡华人——从开埠到建国》，教育出版私营有限公司1994年版，第151页。

要用于教育当地的闽籍孩童。后来为了适应发展的需要，陈金声采用创建崇文阁相同的方法，在1854年倡建了萃英书院，并很快发展成为马来亚著名的华人学府，学生人数众多[1]。

在发展早期，义塾的经营异常困难。建校之初，资金的筹集和校址的选择便是令人头疼的问题，所幸有许多热心的富商愿意捐金捐地，方使学校能顺利建立。在学校建成后，学子数量少、学费低廉，还有部分家境贫寒的学生免收学费，学费的收入完全不足以支撑学校的日常经营，开支还需要创校之人劝商家捐赠。

当时的学堂也弥漫着浓厚的帮派色彩，一方面是19世纪的华社帮派思想严重，各个帮派各自为界、不相往来，难以达成合作；另一方面当时学堂尚未用普通话教学，各个学堂均由方言教授，而方言有不通之处，正如《叻报》所指出的："盖若延闽师则不能教粤童，若延粤师则不能教潮童也。是以义学一事，终难有成者。"[2]因而难以创建同一所学校教授各籍子弟，各个帮派只好各自建立学校，这也削弱了华人办学的财力。在师资方面，早期移民中知识分子本来就是少数，而且教员待遇低微，职业没有保障，愿意当教员的知识分子更是少之又少。因此部分教员马虎教学、敷衍了事，教学效果也没有保障[3]。

尽管当时义塾的建立和经营存在诸多弊端，但义塾的创办标志着马来亚闽人教育的进步。义塾的教育效果比私塾更好，有更多的老师可以收容更多的学生。义塾的建立受到闽侨的支持，并在办学和管理方面得到福建帮的支持和监督，在19世纪90年代，福建帮就曾委任人员检查好学生的成绩和表现，防止老师教学偷懒并促进学生的学业进步，还在华文社会中制造了良好的风气，促进了华文教育的进步[4]。

2. 晚清时期的华人教育

晚清时期的华校受到中国教育制度改革和新加坡政治环境的影响，经历了从学塾到新式学堂的转变。新式学堂和私塾、义塾不同，在学制上分为初等小学4年与高等小学2年、共6年完成小学教育，在宗旨上除了教授知识、培养华人的爱国意识外，还

---

[1] 颜清湟：《战前新马闽人教育》，载《海外华人史研究》，新加坡亚洲研究学会1992年7月，第284~285页。
[2] 《义学说》，《叻报》，1892年3月19日。
[3] 崔贵强：《新加坡华人——从开埠到建国》，教育出版私营有限公司1994年版，第154~155页。
[4] 颜清湟：《战前新马闽人教育》，载《海外华人史研究》，新加坡亚洲研究学会1992年7月，第284~285页。

强健体质,因而课程还有修身、读经、图画、音乐与体育等①。

1895年甲午中日战争战败后,一些有远见的清廷大臣认识到现代化教育的重要性,例如张之洞公开支持教育制度的现代化,并出版了"劝学篇"倡导教育改革。1900年,八国联军侵华、北京沦陷后,慈禧太后决心改革,在张之洞等人的倡议下于1901年9月颁布了教育改革谕旨,为中国实施新的教育制度铺平了道路。自此,中国各地创办新学堂的活动开始蓬勃发展,到1904年已经构建了以日本教育制度为模式的新教育制度,包括小学、中学和大学教育的一套完整的教育结构②。同时,清政府还下令马来亚等地的总领事劝各地华侨兴办学堂,并采取奖励措施激发华侨办学的积极性。

除了中国教育改革影响外,各个派别的领导人来到新加坡导致新加坡政治环境变动,也促使了新式学堂的建立。20世纪初,康有为来到新加坡政治避难,孙中山在新加坡建立革命基地。虽然维新派和革命派在政治理念上不同,但对教育的看法却趋于一致,都认为教育不发达是中国落后的原因,应该建立新式学堂并发展新式教育,因而鼓励新式学堂的建立成为两个派别的共同目标③。此外,有大批知识分子为了宣传革命思想进入马来亚,大部分被新式学堂所吸收,成为新式学堂的师资和管理人才,进一步促进了华侨教育的发展④。

1904年,张弼士和其他华籍富商在槟城成立了东南亚华侨社会的第一所新式学堂——中华学堂,新加坡创办新式学堂的热潮也接踵而来。1906年4月广东帮创办了养正学堂⑤,潮州帮在同年创办了端蒙学堂⑥,福建帮也于1907年创办了道南学堂⑦。这个时期的新式学堂设施依然简陋,课程设置上采用清末新式学堂的基本模式,从德育、智育、体育三个角度来培养人才,又增加了外国语一科,以使学堂适合海外侨社的环境⑧。

---

① 崔贵强:《新加坡华人——从开埠到建国》,教育出版私营有限公司1994年版,第155页。
② 颜清湟:《战前新马闽人教育》,载《海外华人史研究》,新加坡亚洲研究学会1992年7月,第285~286页。
③ 颜清湟:《战前新马闽人教育》,载《海外华人史研究》,新加坡亚洲研究学会1992年7月,第287~288页。
④ 林远辉、张应龙:《新加坡马来西亚华侨史》,广东高等教育出版社2008年版,第527页。
⑤ 《本校沿革》,载《养正学校金禧纪念刊》(新加坡,1956年)第31页。
⑥ 林国璋:《校史》,载李谷僧、林国璋编:《新加坡端蒙学校三十周年纪念册》(新加坡,1936年)第11页。
⑦ 《道南校史》,载林云等编:《道南学校创校六十周年纪念特刊》(新加坡,1966年),第25页。
⑧ 颜清湟:《战前新马闽人教育》,载《海外华人史研究》,新加坡亚洲研究学会1992年7月,第290页。

新式学堂的建立依然带有强烈的帮派观念。学堂是一种进步的象征，各帮都以创建新式学堂教育他们的子弟为荣[1]，这不仅能为家境贫寒的子弟提供教育机会，也能为各自帮派社会培养人才。除了养正学堂是粤客籍人联合创办之外，其他学堂都是由不同的帮派出钱建立的，泾渭分明，招收的学生以本籍子弟为主[2]。1908年，福建帮的道南学堂在报章上的招生广告明确提及"凡我闽帮孩童在七岁到十五岁均应在规定时日内来校注册上课"[3]，其他的帮派学堂也都是如此。

但随着维新派、革命派等领导人来到新加坡宣传革命思想、促进民族和谐，新加坡华社开始了解合作和团结的重要，帮派之间的间隔开始淡化，这也反映在办学上。在1909年8月道南学堂和养正学堂的招生广告中，均删去了"凡我闽（粤）帮孩童"之句。次年，新加坡的其他学堂，例如潮帮的瑞蒙、客帮的启发学堂等都取消了按帮招生的原则，删除入学的限制[4]。

3. 民国时期的华人教育

清末新加坡新式学堂的出现奠定了新加坡华文教育的基础、近代教育开始萌芽，而民国时期则是新加坡华文教育的成长和茁壮时期。受到民国教育制度、民国政府对海外教育的关注和鼓励、五四运动等新文化运动的影响，新加坡华人对教育的观念也发生了很大的改变，办学的热情也日益增长。从1912至1941年，新加坡不仅新建了很多新式小学学堂，也有很多中学学堂建立和发展。

（1）时代环境的影响

1912年中华民国成立后，蔡元培成为第一任教育总长，他认为清朝"忠君"和"尊孔"的教育目标和新共和政体的理念大相径庭，于1912年5月颁布了新的教育法令，对原有的清朝制度做了重要的修改，例如禁用清学部的教科书、改用具有民国精神的教科书等，建立了"壬子癸丑学制"的新式学制系统[5]，并在课程中取消了读经、讲经

---

[1] 颜清湟：《战前新马闽人教育》，载《海外华人史研究》，新加坡亚洲研究学会1992年7月，第288页。
[2] 崔贵强：《新加坡华人——从开埠到建国》，教育出版私营有限公司1994年版，第156页。
[3] 见《叻报》1908年1月2日第6版、1908年8月7日第1版、1908年7月14日第1版和1908年7月27日第1版。
[4] 颜清湟：《战前新马闽人教育》，载《海外华人史研究》，新加坡亚洲研究学会1992年7月，第330页。
[5] 在这新学制下，整个学程共18年，分为三段四级，三个系统。三段是初等教育（小学），中等教育（中学）和高等教育（大学）。第一段的初等教育分为两级，包括初等小学四年，高等小学三年。第二段的中等教育只有一级，共四年。第三段的高等教育也只是一级，但分预科和本科，预科三年本科四年。见《海外华人史研究》，新加坡亚洲研究学会1992年7月，第291页。

课，增加自然科学和生活常识，以根除封建传统思想，这不仅推动中国教育的进步，也对海外华人建校有一定的影响①。

民国政府也很重视海外的华人教育。1912年，广东与福建的地方政府曾先后派专员到东南亚华人社会调查学务。1913年，教育部公布"领事管理华侨事务规程"，规定领事按期视察侨教、鼓励华人子弟回国升学、奖励热心办学的侨领。政府还将海外华人教育纳入新教育的系统，协助海外华人解决教育问题。1929年，中央教育部设华侨教育设计委员会，专门办理海外华文教育的设计和咨询工作。国民政府还将海外一些知名的侨领聘为侨务专员，例如新加坡的陈嘉庚，这加强了国民政府和海外华人的关系，也加深了政府对海外侨教的认识，有利于政府更好地作出关于华侨教育的决定②。

在新加坡的华人社会，辛亥革命的成功和共和政体的建立给了新加坡华人很大的鼓舞，也掀起了空前的爱国热潮，新加坡华人内心都有中国从此富强起来的憧憬。很多有远见的人士都认为中国落后的重要原因是教育不发达、人民普遍愚昧无知，因而要国家民族富强，就需要多设新式学堂、鼓励儿童入学、灌输新思想以提高华人的教育文化水平。1919年的"五四新文化运动"也给新加坡华人社会带来很大冲击，其中教育救国论、平民教育思潮也在华人报刊上得以宣传，启发了广大华侨对教育以及兴办学校的重视③。

（2）小学教育的发展

自中华民国成立后，新加坡华人在爱国热情和开明思想的熏陶下、政府的支持鼓励下，纷纷捐款支持教育事业的发展，无论市区或乡郊纷纷创建华文小学。1917年初，新加坡华文学校仅有男校15所，到1929年新加坡的华文学校已经增加至204所，此后也逐年递增④。比起清朝末年，此时的小学教育已经有了显著的进步。清末修建的学校大多设施简陋、环境恶劣，民国时期有了充裕的资金，许多学校开始购置新校舍、改善学生的就读环境，例如道南学校就在这个时期修建了校舍。

随着民国教育课程内容的改革，新加坡华文学校的教学内容也随之改变，更重视灌输共和和爱国思想以及普及华人智知。另一大进步是女子教育的发展，从1912年至

---

① 颜清湟：《战前新马闽人教育》，载《海外华人史研究》，新加坡亚洲研究学会1992年7月，第292页。
② 颜清湟：《战前新马闽人教育》，载《海外华人史研究》，新加坡亚洲研究学会1992年7月，第294页。
③ 颜清湟：《战前新马闽人教育》，载《海外华人史研究》，新加坡亚洲研究学会1992年7月，第295～296页。
④ 崔贵强：《新加坡华人——从开埠到建国》，教育出版私营有限公司1994年版，第157页。

1918年6月短短六年半的时间内,至少有四间女子学校出现,"女子无才便是德"的封建观点开始弱化,进一步促进了新加坡华人社会思想的进步①。

(3)中学教育的发展

新加坡中学教育的发展要追溯至1919年3月21日,陈嘉庚联合众多高瞻远瞩的社会领袖联合筹办的第一所华文中学——华侨中学正式开学,揭开了新加坡中学教育的新篇章。当时大部分华侨都认为教育主要是为商业社会培养人才,初等教育已经足够,然而陈嘉庚在筹办南洋华侨中学的演讲词中呼吁华侨慷慨捐赠、创办学校以救国,即使救国无效,也可以保留国粹以发扬中华民族精神,而使四万万同胞有重见光明之日。②"国家之富强,全在乎国民;国民之发展,全在乎教育"③,只有教育能够救国、兴国。

华侨中学的创立和陈嘉庚的兴学精神对当地华侨具有重要的开导作用,他们开始意识到教育的意义并不仅仅是培养商业人才,还能普及知识、提高华人文化素养。陈嘉庚先生认为兴办中学不应该分帮派,因为办学需要巨额款项,一个帮派的财力有限,难以办好学校,而且教育应该以救国救民为目的,不应该仅限于帮派之间的利益④。因而他本着超帮办教育的原则,以本身的名望和地位说服其他帮派的领袖,如潮帮的领袖林义顺,通力合作,成功创办新加坡第一间华文中学,为以后华文中学的创办树立了很好的典范⑤。在陈嘉庚破除帮派观念办教育思想的影响下,新加坡部分华校开始逐步采用华文教学,例如道南学校。南洋社会方言复杂、华侨社会存在诸多间隔,难以合作、团结一致,而华文是团结民族和发展国家的基础。

在陈嘉庚任道南学校总理期间,在他和代理人的主管下,道南学校自1916年开始废除方言采用华文教学。为了配合华文教学的需要,道南学校还在1916年聘请了第一位非闽籍的华人校长熊尚父,开启了办学聘用非本帮华人为校长的先河,自此又聘请了多位非闽籍的教师,推动了华文教学的发展。

在1930年代,有七间中学在马来亚成立,例如1924年1月新加坡瑞蒙中学成立,1930年新加坡南洋女子中学成立。但华文教育的发展并不止步于此,中学教育的发展

---

① 颜清湟:《战前新马闽人教育》,载《海外华人史研究》,新加坡亚洲研究学会1992年7月,第296~297页。
② 颜清湟:《战前新马闽人教育》,载《海外华人史研究》,新加坡亚洲研究学会1992年7月,第315页。
③ 该语料出自陈嘉庚筹建厦门大学演讲词,筹备南洋华侨中学也发表了类似演讲,但找不到史料原文。
④ 颜清湟:《战前新马闽人教育》,载《海外华人史研究》,新加坡亚洲研究学会1992年7月,第317页。
⑤ 颜清湟:《战前新马闽人教育》,载《海外华人史研究》,新加坡亚洲研究学会1992年7月,第299页。

有待于高级中学的创设。南洋女子中学在1930年增办了高级中学,成为第一所增办高级中学的华文学校。在1930年到1941年间,马来亚共有十间中学增办或创立高级中学。初中和高中的创办使华文教育在马来亚有效地建立了自己的系统。在同一时期,一些华文报刊在新加坡纷纷创办,例如《南洋商报》和《星洲日报》,这些华文报刊提高了新加坡华侨社会的文化水平,也促进了华侨兴学办教的热忱。此外,国内一些知识分子因政治因素纷纷到南洋避难,中学师资骤增,为华文学校开办中学提供了有利条件[1]。

(4)英国政府的阻碍

这一时期华人办学依然面临着诸多困难,特别是英国殖民政府的阻碍。在1920年前,英国一直忽视华文教育,企图逼迫华侨子弟进入英文学校,接受英国政府的奴化教育。未料华侨筹集资金自己办学,甚至倾家荡产都在所不惜。华文学校越办越好,入读的华侨子女也不断增加,相比之下英文学校的发展却停滞不前。更让英国殖民政府担忧的是,由于华文学校的教育和影响,华侨的民族意识和反对殖民压迫的斗争精神不断增强,特别是在五四运动的推动下,华文学校的教师和学生带头上街,抵制日货,举行反帝示威,甚至把矛头对准镇压华侨反日行动的殖民当局的警察和警察总监。英殖民政府将这种民族意识的觉醒归结于华文学校教育的结果[2],于是从1920年开始逐步加强对华文学校的打击和控制,企图将其纳入自己的奴化教育轨道。

首先,英国殖民政府对那些热心于华侨事业的知名人士进行迫害,将他们逮捕甚至驱逐出境(例如从事华侨教育20年的吉隆坡尊孔学校校长),颁布《学校注册条例》,规定学校必须注册,教科书必须经殖民当局审查认可才可以使用等,并根据该条例拒绝或取消学校的注册,干涉学校的行政和教学,阻挠华侨的教育事业。该条例发布后,遭到广大华侨的强烈反对,他们举行了声势浩大的反条例运动,但英国当局直接拒绝华侨的请愿,强制实施该条例,仅1934年海峡殖民地被取消注册的华文学校就高达59所。但条例的实行并不能阻止华文学校的发展,条例颁布后四五年间,新加坡增设了40多间华文中学,还有很多中学增设了分校、中学等,并依然坚持使用具有民族意识和反帝反封建内容的教科书[3]。

---

[1] 颜清湟:《战前新马闽人教育》,载《海外华人史研究》,新加坡亚洲研究学会1992年7月,第299页。
[2] 林远辉、张应龙:《新加坡马来西亚华侨史》,广东高等教育出版社2008年版,第537页。
[3] 林远辉、张应龙:《新加坡马来西亚华侨史》,广东高等教育出版社2008年版,第308~314页。

面对这种情况，英国殖民当局在 1926 年修改学校注册条例，提出了更加苛刻的条件，除了拒绝和取消一大批华文学校的注册外，还禁止华文学校使用在中国出版的教科书，强制使用自己另行编制的适合奴化教育的书籍，强迫华文学校接受用奴化教育培养出来的师资，以逐步取代华文学校原来的教师等，妄图对华校进一步加强控制。

华校的建立和维持大多都靠华侨自身的捐款和收取一部分学费，经费一直是一个严重问题。英国政府一方面征收教育税，税收绝大部分来自华侨，却只把教育经费发放给英文和马来文学校，不给华文学校；另一方面又发布注册学校津贴条例，给使用殖民当局指定教科书和教师的华文学校发放补助金，诱使其成为政府奴化教育的工具。但广大华侨非常清楚英国殖民当局的阴谋，坚持不接受津贴制度，即使不久后碰上 1929—1933 年世界经济危机，华侨的商业遭受严重打击、华文学校的资金来源面临严重困难，教职工们宁愿减薪裁员、演剧筹款，直至裁之又裁、减之又减、筹无可筹，也坚决不接受英国政府的津贴，坚持将华文学校办下去[①]。英国殖民当局的控制和诱惑并未达到预期的目的，华文学校在广大华侨的艰苦斗争和努力下还在不断发展，学校数和学生数都远远超过了英文学校。

---

① 林远辉、张应龙：《新加坡马来西亚华侨史》，广东高等教育出版社 2008 年版，第 537～539 页。

五、行业发展状况

1. 橡胶业

在19世纪末以前,世界橡胶的供应主要来自巴西。20世纪初,随着欧美汽车业兴盛起来,需大量树胶以制造轮胎,例如英国在1895年制造了第一辆汽车,1913年产量即猛增到3.4万辆[1],巴西的橡胶产量已经远远无法满足需要,这刺激了马来亚树胶业的发展。

马来亚的橡胶栽培历史始于1877年,而商业性质的种植是在1895年前后。新加坡华侨林文庆最早提倡种植橡胶,在1894年组建了联华橡胶种植有限公司[2]。华侨陈齐贤于1896年最早试种橡胶成功[3],其他新马华商也抢着跟进,新加坡、马来亚华侨的橡胶种植业应运而生。1897年马来亚的橡胶种植面积只有345英亩,1914年即增至4.8万吨,超过巴西跃居世界第一位[4]。

最初在新加坡,欧洲资本经营的橡胶园长期占有优势地位。但在第一次世界大战中,由于市场需求猛增,华人橡胶业在1914年后得到了较快发展,到战争结束时,欧洲资本所拥有的橡胶园面积已不占绝对优势地位。1921年,在马来亚222.6万英亩的橡胶种植园面积中,华侨大约拥有50万英亩,占22%左右。1925至1926年,橡胶价格上扬到1910年以来的最高点,每担胶价由数十元涨至两百余元,华侨投资橡胶种植业也在这时达到高潮,不少咖啡、菠萝、椰子种植园也改种橡胶。到1928年,华侨拥有的种植面积已占马来亚橡胶种植总面积的1/3[5]。华侨橡胶业的发展形成以马六甲为中心的马来半岛西部橡胶地带,在马来亚经济中占据重要地位,促进了马来亚地区经济的发展。

橡胶种植业的发展,也带动了新加坡橡胶加工业、销售业的兴起,作为转口贸易大港的新加坡更加繁荣。华侨胶园主建立初级产品加工厂,把

---

[1] 樊亢、宋则行:《外国经济史》近现代部分第二册,人民出版社1981年版,第75页。
[2] 郭梁:《东南亚华侨华人经济简史》,经济科学出版社1998年版,第73页。
[3] 郭梁:《东南亚华侨华人经济简史》,经济科学出版社1998年版,第74页。
[4] 崔贵强:《星马史论丛》,新加坡南洋学会1977年,第44页。
[5] 郭梁:《东南亚华侨华人经济简史》,经济科学出版社1998年版,第103页。

采集的胶汁加工成胶块，通过设在各地的转运栈，把胶园附近的橡胶初加工工场生产的胶块集中起来，卖给华人经营的橡胶批发商行，然后再由他们转卖给欧美商人，这种生产、加工、销售体系形成了网络化的经营模式[1]。

华侨是马来亚橡胶种植业的开创者和奠基人，然而华侨的橡胶种植业兴起后，立即遭到了西方资本、主要是英国资本和英国殖民当局扶英抑华政策的排斥和打击[2]。最初英国资本支持华侨种植橡胶，是为了让华侨承担风险当铺路石，等华侨取得成功，证明种植橡胶可以获得高额利润，他们便抢占华侨的成果。自 1903 年哈里逊和克拉斯菲德橡胶公司在伦敦成立，开始进入马来亚的橡胶种植业后，英人纷纷组建股份公司来马来亚开发胶园。种植橡胶，从树苗入土到成熟出胶，需要五至七年的时间，这期间需要不断除草施肥、更新翻种，需要耗费大量的资金，而资金薄弱的华侨难以与财力充足的西方资本竞争。因而，西方投资者凭借雄厚的资本，或是开辟新的胶园，或是收购华侨的胶园，很快在橡胶种植业中占据了优势地位。到 1912 年，仅马来联邦即有英商的胶园公司 60 家[3]。

英国殖民当局在橡胶种植问题上采取特别强烈的扶英抑华政策和措施，在征用土地、兴建基本设施、安排劳力供应、提供专用贷金等方面，为英国资本的胶园制定了特殊优惠的法令条例。例如 1903 年马来联邦政府决定"大力扩建公路、铁路网，使吉保山西麓所有的胶园与四大海港（即文德、巴生，安顺和波德申港）连接起来"，仅铁路一项就花了 4600 万元，而这些胶园都是为英国人保留下来的。另外，殖民当局还以极其宽大的条件发放巨额贷款给英国胶园，期限一般为三年至五年，年利只有 5 厘或 6 厘[4]。

1918 年，世界最大的橡胶消费国美国决定限制马来亚橡胶进口，胶价急转直下，马来亚的橡胶业开始出现不景气。1920 年至 1921 年间发生了第一次世界大战后的第一次资本主义世界经济危机，胶价更加大幅度下跌。到了 1921 年，伦敦市场的胶价比 1917 年下跌了 70%，大约只有成本的一半。为了稳定胶价，保持高额利润，英国政府在 1921 年颁布了《史蒂文森限制条例》，把马来亚和锡兰的橡胶生产量限制在原来产量

---

[1] 郭梁：《东南亚华侨华人经济简史》，经济科学出版社 1998 年版，第 74 页。
[2] 林远辉、张应龙：《新加坡马来西亚华侨史》，广东高等教育出版社 2008 年版，第 303 页。
[3] 林远辉、张应龙：《新加坡马来西亚华侨史》，广东高等教育出版社 2008 年版，第 304 页。
[4] 彭家礼：《英属马来亚的开发》，商务印书馆 1983 年版，第 51～52 页；崔贵强：《星马史论丛》，新加坡南洋学会 1977 年刊本，第 160～162 页。

地的 60% 以内。英国殖民当局趁机利用此条例，对华侨胶园采取低估产量、压低胶片级别等手段，打压排斥华侨胶园[①]。

1929 年经济危机爆发后，华侨的橡胶种植业陷于更大的危机中。橡胶价格从每担 130 元降至 30 元，到 1932 年更下降到每担 4.5 元，每磅仅值 0.10 元，大大低于当时的橡胶生产最低成本每磅 0.25 元。在这样沉重的打击下，华侨的橡胶种植业和加工业一落千丈。华侨橡胶园总面积从 1930 年的 130 万英亩锐减为 1933 年的 75 万英亩，只相当于当年全马来亚橡胶种植面积的 1/4，华侨橡胶工人也大量失业。

2. 银行业

19 世纪末，西方资本先后在新加坡开办七家英资银行，完全垄断了马来亚的银行业，华侨资本还未投入金融业，未出现华侨开办的银行。由于银行的创办需要庞大的资本和富有管理经验的人才，直至 19 世纪末至 20 世纪初，华侨经济有了很大发展，才稍具备经营银行的条件。1903 年，华侨黄亚福在新加坡创立了马来亚第一家华侨银行"广益银行"，这是东南亚乃至全世界第一家由华侨创办的银行。紧接着，华商创立了"四海通银行""华商银行"等，至 1941 年底太平洋战争爆发前，先后共创办了 12 家华侨银行。

广益银行经过十年的经营，由于缺乏人才及管理不善出现经营危机，1913 年 11 月不得不宣布暂停交易。虽然中华商务总会和各路商绅为了挽救广益银行做出了不少努力，但银行最终因共欠债 540 多万无法偿还，只能收盘。四海通银行则采取较为保守的发展战略，即使在 1914 年欧战爆发、新加坡金融界陷入恐慌状态时，也安稳度过难关，但因为过分保守，营业多年也并未得到蓬勃发展，仅在曼谷和香港设立分行。

在 1912—1919 年间，福建帮人士创立了三家华资银行。第一家是 1912 年创立的华商银行，最初经营作风较为激进，在 1914 年金融风波后采取更加稳健的经营方式，经营情况逐年上升。第二家是 1917 年林秉祥创立的和丰银行，后来在马来亚、印尼、香港等地设立分行，成为东南亚华资银行中第一家发展了国际性业务的银行，并开办了外汇业务。但在"九一八事变"后，英镑贬值，和丰银行也因经营外汇损失惨重，受到严重打击。第三家是在 1918 年，因第一次世界大战胶锡价格上涨，马来亚经济繁荣发展，福建商人成立了华侨银行。到了 20 世纪 30 年代初，在经济大恐慌的笼罩下，

---

① 林远辉、张应龙：《新加坡马来西亚华侨史》，广东高等教育出版社 2008 年版，第 306 页。

华资银行深受打击，为了挽救危机，三家银行合并为一家银行，仍命名为华侨银行。三家银行的合并，有利于集中资金、减少因竞争而耗费资源、缓和因经济不景气而资金周转不灵的状况，还能集中人才、发展业务，对华人经济的发展也有所促进。这期间，福建帮在1932年和1935年又创办了两家银行。

华侨的帮派关系在银行业上表现得十分突出，各家银行的股东、客户和贷款对象都是以同乡关系结合的，不同的帮会相互排斥。主要的方言帮福建帮、广府帮、潮州帮都成立了本系统的银行，服务的对象也以本方言群体为主。福建帮在华侨经济中占据着优势地位，资本最雄厚，所以银行数最多，在12家中占据了5家[1]。这主要是因为华资银行初期都是在以同宗、同乡为纽带的借贷关系基础上发展起来的，难免会带有帮派特点，这样的帮派关系在创办初期也有利于银行业务的开展，可以避免语言不通、感情隔阂、信用不稳等问题。但是这种方式不利于华侨资本的集中，削弱了华资银行与西方银行的竞争能力。

此外，当时的英资银行资金雄厚、管理现代化，又与当地的殖民政府联系紧密，经常充当政府的经济和金融事务顾问。然而，华资银行的创办人和主管大都缺少专业训练，凭经验来营业，在组织和管理上也不够现代化。尽管如此，华资银行的出现打破了英资银行垄断的局面，并与华侨的经济活动，例如橡胶业、锡矿业等联系紧密，为华侨的经济发展服务，并逐渐注重人才培养，积累了一批精通中英文的银行行政人员。

3. 报纸业

新加坡的第一份华文报纸是闽籍侨商薛有礼于1881年创办的《叻报》，薛有礼曾接受过英、中文的教育，毕业后任新加坡汇丰银行买办，其父薛荣樾曾参与创办萃英书院。薛有礼有感于当时"叻地同侨，囿于旧俗，身之与国，漠不相关"，于是辞去酬薪优厚的职位，创办华文报纸《叻报》，以开启华人社会风气，推广中华文化，该报成为当时宣扬华侨爱国主义的喉舌。自1881年至1932年，《叻报》维持了51年，在新加坡华侨社会中具有一定的影响。1890年4月4日，清朝北洋舰队首次访问新加坡，《叻报》大事宣扬，对激发华侨的爱国热情起到重要作用。

---

[1] 林远辉、张应龙：《新加坡马来西亚华侨史》，广东高等教育出版社2008年版，第308～314页。

《南洋商报》由陈嘉庚在1923年9月6日独资创办,当时他的产业遍布中国和马来半岛各地,他认为与其每年花费庞大的广告费在别人报纸上推销产品,不如自己办报来推销,因此筹办了《南洋商报》。除了谋利之外,陈嘉庚先生也试图通过更多商务与经济的报道与评述,教育读者,从而协助华商,拓展当地的经济事业[1]。到1942年,华文日报约有20余家相继问世。

---

[1] 柯木林:《新加坡华人通史》,福建人民出版社2017年版,第375页。

六、华侨的抗战运动

1. 1937年前的抗战活动

在20世纪初,马来亚华人就开始参与中国的抗战救国运动,采取的主要方式是抵制日货。1915年日本向袁世凯总统提出"二十一条"要求,其中包括"关东租借期限和南满铁路期限均延至九十九年""德国在山东省之全部利益悉让与日本"等条款,极大侵犯了我国国家主权。袁世凯为了复辟帝制,接受了日本的无理要求,受到全国人民和海外华侨的极力反对。新加坡华侨一方面开展宣传活动,揭露日本灭亡中国的野心;另一方面对日本展开经济制裁的活动[①],华商拒绝接受日本银行发出的信用票,也取消了日货的订单。

1919年巴黎和会上,中国作为战胜国不但没能争取到应得的主权、收回外国在中国的非分利益,反而还让日本得到了德国在山东的权益。听闻消息后全国民愤激起,北京大学等校学生率先游行以表抗议,随后爆发了轰轰烈烈的五四运动。马来亚的知识分子也成了反日运动的先锋,发动抵制日货运动,许多经营日货的日商和日本公司的华人雇员都先后接到匿名的恐吓信[②],打击了日本的贸易活动。

1928年爆发了济南惨案,除了抵制日货、削弱敌方经济力量外,华人还筹集义款,赈济受害者。5月10日,陈嘉庚先生与其他华社领袖以怡和轩的名义发出通告,拟召开同侨大会、救国救民。5月17日,同侨大会召开,约有100个社团、代表上千人参加,大会推选陈嘉庚为主席,并选出32名理事,正式成立"山东惨祸筹赈会"。筹赈会的领导集团以陈嘉庚为核心,并以帮派为依据将理事进行分配[③],避免某个帮派垄断赈灾会,有利于同心协力救国救民。陈嘉庚与叶玉堆两人各捐新币1万元,其他富商的捐款也接踵而来,许多中下层人士也捐出了不少钱财,甚至有人捐出毕生

[①] 林远辉、张应龙:《新加坡马来西亚华侨史》,广东高等教育出版社2008年版,第405页。
[②] 崔贵强:《新加坡华人——从开埠到建国》,教育出版私营有限公司1994年版,第189~190页。
[③] 其中包括如下:闽帮12人,潮帮10人,粤帮5人,琼帮2人,嘉应帮2人,大埔帮1人与三江帮1人。崔贵强:《新加坡华人——从开埠到建国》,教育出版私营有限公司1994年版,第192页。

全部积蓄。此外还有社团捐款、演剧筹款等，华侨们尽心尽力，为救国贡献自己的一份力量。

2. 1937年后的抗战活动

1937年"七七事变"发生后，中国进入全面抗战阶段，马来亚华侨的抗日救援运动也进入新的历史发展时期。以陈嘉庚为首的马来亚华侨开始筹备南洋华侨筹赈祖国难民代表大会，建立东南亚抗日救援的总机关，以便统一和推动各地抗日救援的工作。1938年10月10日，南洋华侨筹赈祖国难民代表大会在新加坡南洋华侨中学礼堂召开，会上成立南洋华侨筹赈祖国难民总会，简称南侨总会，并选举陈嘉庚为主席。南侨总会采用分帮选举的方法成立理事会，再根据个人才能推选出各个部门的负责人，使救援运动既能代表各个阶层的利益，又能有效发动群众。在南侨总会的指导下，马来亚侨胞同心协力开展轰轰烈烈的救援运动。

南侨总会的成立有力促进了马来亚各地筹赈和救援活动的开展。1939年9月，南侨总会发动各地捐赠棉大衣30万件，其中马来亚需捐赠14万件，约占总数一半。马来亚华侨热烈响应，仅一个多月便超额完成任务。同年冬，他们还捐款22万元，购买100辆卡车支持祖国西南运输。此外，马来亚华侨积极展开捐款购药活动，许多团体举办大型游艺会募捐，如新加坡闽侨各会馆举办大型游艺会，一次募捐13万多元[1]。在国内汽车机工严重缺乏、大批军事物资困积境外时，南侨总会发布通告招募回国服务的志愿人员，各地华侨纷纷报名，甘愿抛弃优越的生活奔赴前线为国效力[2]。

南侨总会不断进行宣传工作，加强国家团结，杜绝分裂。在广州、武汉失守后，汪精卫公然叛国，南侨总会迅速在东南亚掀起反汪的群众运动。各地华侨利用报刊、演讲会、壁报、戏剧、歌咏等宣传形式，揭露和鞭挞汪精卫一伙的叛国行为。马来亚华侨各界抗敌后援会（简称"抗援会"）和南洋华人民先联合发动反汪宣传周、召开反汪座谈会和反汪群众大会，组织反汪家庭访问队，大力发动群众开展反汪运动[3]。新加坡各华文报章，如《南洋商报》《星洲日报》《中兴日报》等每天大篇幅报道有关抗日战争的新闻，向同胞描述日本侵略者在中国土地上的暴行、筹赈会活动及抵制日货的

---

[1] 林远辉、张应龙：《新加坡马来西亚华侨史》，广东高等教育出版社2008年版，第424～426页。
[2] 林远辉、张应龙：《新加坡马来西亚华侨史》，广东高等教育出版社2008年版，第424～426页。
[3] 林远辉、张应龙：《新加坡马来西亚华侨史》，广东高等教育出版社2008年版，第422页。

新闻,向同胞宣传救国存亡的思想,鼓励群众参与抗日救亡活动①。对于受教育程度不高的劳工,筹赈会在乡村举办通俗演讲、组织戏剧工作者举办演出,向他们宣传抗日救国的思想和意义。

马来亚华侨也以抵制日货作为经济制裁手段以削弱日本的经济力量,进而削弱其军事力量。在"济南惨案"等事件中,华侨也采取了抵制日货的手段,但效果并不显著,一方面是因为英国政府宣称处于中立地位,向当地华人施压,禁止他们抵制日货;另一方面因为当时马来亚大部分居民处于贫困状态,日货价格低廉,适合居民购买使用,而欧美货价格较高、中国工业化水平较低、无法出口足够的国货满足需求,抵制日货的行动难以维持。而在此次的抗日救援运动中,抵制日货发挥了巨大的力量。

首先,广大侨胞树立了抵制日货的信念和决心。1938年9月25日,陈嘉庚在武吉班让的例行演讲会上对5000多村民强调了抵制日货的重要性,他说:"老辈旧客应教导少年辈勿购买仇货,因购买仇货无异资助敌人购买军火,杀害同胞。凡稍有良心的同胞当不因价贱而购买仇货。"②许多华侨发誓不购买日货,许多华商也积极合作,将现存日货封存,或者是售完就不再卖。对于部分贪图利益的奸商,华侨采用发警告信、在闹市张贴大字报等方式惩治奸商。英国处于中立态度,不准华侨公开抵制日货,华侨便以抵制日货为掩护,成立"国货研究部""国货宣传部"等组织,开展抵制日货的活动。抵制日货的行动对日本经济造成一定程度的打击,1938年日货在马来亚的进口额相比1937年锐减68%③。日货在市场上逐渐消失,但又造成市场上物品供不应求和物价上涨,中华总商会便展开推销国货和奖励采购欧美货物的活动。国货在马来亚的进口额相对增加,1937年较1936年增加了20.5%,1940年较1937年增加了40%④。

以上从经济、政治、社会、文化教育、行业发展、抗日斗争等六个方面介绍了陈嘉庚当时在新加坡开创事业所处的时代背景。他生活在中国历史剧变的年代,见证了清王朝的衰落覆没、中华民国国民政府的兴衰、中华民族的抗日救亡运动、共产党领导下新中国的诞生。1904年春,陈嘉庚在而立之年独立创业,他在异国他乡,在一个对华人充满歧视和漠视的殖民地社会,在一个错综复杂的时空格局中,缔造就了商业神话,演绎了万世流芳的传奇一生。

---

① 柯木林:《新加坡华人通史》,福建人民出版社2017年版,第719页。
② 柯木林:《新加坡华人通史》,福建人民出版社2017年版,第719页。
③ 1937年进口额为7130万日元,1938年进口额为2290万日元。崔贵强:《新加坡华人——从开埠到建国》,教育出版私营有限公司1994年版,第199页。
④ 1936年是2290万海峡银元,1937年是2760万海峡银元,1940年是3860万海峡银元。崔贵强:《新加坡华人——从开埠到建国》,教育出版私营有限公司1994年版,第199页。

1930 年代的新加坡

第二章
陈嘉庚的经商创业历程①

① 本章由木志荣执笔撰写。木志荣,现任厦门大学管理学院教授,研究方向为创业管理。

作为一名华侨传奇人物，陈嘉庚身上有多重身份和头衔：杰出华侨领袖、教育家、社会活动家、国家领导人、慈善家、实业家等等。陈嘉庚精神博大精深，为世人留下了丰富的精神遗产。

由于陈嘉庚在教育、政治、社会、慈善等方面的卓越贡献和辉煌成就，后人对陈嘉庚精神的总结和研究也突出了其作为教育家、爱国者、慈善家、社会活动家、华侨领袖等方面的耀眼光芒。

实际上，陈嘉庚首先是一位实业家，他在经商创业和企业管理方面的表现和成就熠熠生辉，值得传颂、学习和继承。

陈嘉庚17岁从厦门到新加坡，从在他父亲开设的米店当学徒开始其职业生涯。1904年，由于父亲企业破产，时年31岁的陈嘉庚开始独立创业，直到1934年2月公司收盘歇业[①]。在这长达44年的米店"打工"及自主创业经商生涯里，陈嘉庚演绎了精彩绝伦的创业奋斗故事，显示出了卓越超群的企业管理才能，缔造了一个实力雄厚的企业王国，跻身"千万富翁"俱乐部，成为一个大实业家，被誉为"华侨商圣""马来亚的亨利·福特""橡胶大王"。

本章把陈嘉庚开拓实业的过程划分为四个阶段，详细介绍这四个阶段的经商创业历程。

---

① 陈嘉庚的主要公司收盘后，仍有一些小规模的经营活动。

一、学习经商阶段：从米店学徒到成功经理（1890—1903年）

1. 私塾学习一知半解

1874年10月21日（清朝同治十三年九月十二日），陈嘉庚出生于福建省同安县集美村①。集美陈氏祖先原籍河南光州固始县，在北宋末年为躲避战乱举家南迁，经过江西后在同安集美安居，传至陈嘉庚这一代已经是第19代了。陈嘉庚的曾祖父陈时钦为人忠厚，谦待乡人，孝敬双亲，身体硬朗，享年84岁。陈时钦留下三个儿子，次子陈簪聚（1795—1856年）是陈嘉庚的祖父，诚实勤劳，是集美陈氏族人尊敬的族长。

陈嘉庚的出生地——集美颍川世泽堂

福建地处台湾海峡西岸，春夏刮东南风，秋冬刮东北风。有规律的季风和洋流的作用，在以木质帆船为主的古代，给闽人的航海带来很大的便利。秋冬，他们远航东南亚，夏季返航；春夏，他们北上朝鲜、日本，秋季返航。大自然为闽人率先进入海洋、编织全球海洋贸易网络提供了先决条件②。从血脉渊源看，闽南人主要由历史上几次中原人迁徙南移而形成，

---

① 今天属于厦门市集美区集美街道。集美位于浔江出海口，南望厦门岛，北枕天马山，地处同安大陆往南延伸的最尾巴，闽南话"尽尾"就是最尾巴的意思，"集美"来自"尽尾"的谐音，表示集中美丽的雅意。
② 闽南人很早就形成了海上贸易和通商的传统，宋元时期，泉州刺桐港是海上丝绸之路的重要口岸，中外客商云集，是东方第一大港。

带来了仁、义、礼、智、信等儒家本源性的价值与伦理。同时，闽南一带襟山面海，人多地少，形成了敢冲爱拼、踏浪闯海，到海外世界寻找生存和发展空间的传统，足迹遍布海内外，尤其是东南亚地区，史称下南洋①。

到陈簪聚这代，闽南人下南洋，冒险到海外追逐梦想和开拓世界的热潮开始形成，但直到陈嘉庚祖父陈簪聚这一辈为止，陈氏家族主要靠耕作务农及捕鱼为主，鲜少有从事商业经营的传统。陈簪聚依然在集美继承祖业，亦耕亦渔，过着祖祖辈辈留下的渔耕生活。然而，陈簪聚的三个儿子，长子陈缨忠、次子陈缨斟、幼子陈缨杞，他们都远涉重洋至新加坡后从事米业，颇有成就。

陈嘉庚之父陈缨杞（又名杞柏，字如松），生于集美，但其出生年月未详。根据杨进发博士推算，陈杞柏大约生于1839年至1842年前后②。陈杞柏在年轻的时候，就跟随他的两位兄长下南洋到新加坡谋生，先在哥哥的米店当学徒，随后建立了自己的商号。陈杞柏共育有十子③。原配夫人是国内集美孙厝村的孙秀妹，孙氏生了陈嘉庚和陈敬贤两兄弟。在新加坡所娶的第一位小妾很早去世，第二位苏氏，生了陈天乞、陈天福两个儿子。此外，陈杞柏还收养了六个孩子。

由于父亲常年在新加坡做生意，陈嘉庚和陈敬贤两兄弟是由母亲孙氏一手在集美带大的。1882年，陈嘉庚9岁开始在集美社陈氏家族办的南轩私塾就读④，随私塾老师陈寅学习，背诵《三字经》、《百家姓》和《千字文》等课文，接受儒学教育。但是，私塾老师陈寅是一位迂腐学究，只让孩子们死记硬背，从不加解释说明，学生们普遍不懂文义，识字也不多。

陈嘉庚之父陈杞柏

---

① 当时的菲律宾、印尼、新加坡、马来亚等南洋群岛诸国纷纷被西班牙、葡萄牙、荷兰及后来的英国等殖民国家占领。殖民开发对人口产生了大量的需求，具有航海贸易传统的福建人尤其是闽南人机敏地看到了南洋诸国发家致富的机会，于是19世纪出现了大规模地向南洋各国海外移民和闯荡谋生的潮流。
② 杨进发著，李发沉译：《华侨传奇人物陈嘉庚》，陈嘉庚纪念馆2012年版，第23页。
③ 杨进发博士在《华侨传奇人物陈嘉庚》提到，陈杞柏是否生有女儿，无从查悉。朱水涌在《陈嘉庚传》中提到，陈嘉庚有一个妹妹叫陈仙女，1897年在一场瘟疫中染病去世。关于陈嘉庚是否有一个妹妹，本章作者曾经请教长期从事华侨历史研究、曾任厦门华侨博物院院长、《陈嘉庚年谱》作者陈毅明老师，陈老师回复过去集美地方的老人有此说。
④ 年龄指的是虚岁。陈嘉庚在《南侨回忆录》中所说的年龄都是虚岁。所以，本书所提到的陈嘉庚的年龄都是虚岁。

第二年，陈嘉庚的伯父陈缨斟从新加坡回到集美，办了一个家塾，聘请了一位叫龙詹某的塾师，但这位塾师教书仍然是三天打鱼两天晒网，也只是让学童背书，不做讲解，陈嘉庚仍旧没有多少收获。

陈嘉庚14岁那年，私塾换了一个老师，由邑庠生[①]陈令闻主持。陈令闻颇有才气，是同安知名人士，他改变了陈家私塾的授课内容和方法，讲授朱熹编著的《四书集注》等，上课时开始有详细解说。陈嘉庚回忆说"至十三四岁读四书注，始有解说，十六岁略有一知半解，既限于天资，又时读时辍，故虽就学许多年，识字甚少"[②]。

总之，陈嘉庚早期接受的私塾教育，尽管一知半解，却让他得到了知识启蒙，为他扎下了中文基础，并初步接受了中国传统文化的根基教育，也使他对"念书歌"旧式教育的弊病有了深刻的认识。

根据陈嘉庚记忆还原的南轩私塾，刻于福建厦门集美鳌园石墙

---

① 古代学校称庠（xiáng），故学生称庠生，为明清科举制度中府、州、县学生员的别称。秀才进入县、儒学读书后称"生员"。庠生也就是秀才之意，庠序即学校，明清时期叫县学为"邑庠"，所以秀才也叫"邑庠生"，或叫"茂才"。
② 陈嘉庚：《南侨回忆录》，上海三联书店2014年版，第406页。

2. 下南洋当米店学徒

1890年夏天，因为私塾老师过世，集美社南轩私塾停办，陈嘉庚辍学在家。这一年秋天，他父亲来信催他到新加坡帮忙打理商业。于是，17岁的陈嘉庚告别故乡，从厦门太古码头登上"美丰号"轮船，远渡重洋来到新加坡，在他父亲的米店当学徒，开始了其职业生涯。

正如本书第一章所介绍，那个时候的新加坡已经沦为英国的殖民地，与马六甲一起称为海峡殖民地，由位于伦敦的殖民地办公室直接管辖。当时新加坡是海峡殖民地的首府，同时成为英国在远东的转口贸易商埠，总人口有18.4万人，其中华侨占了三分之二，而华侨中闽南人多达4.5万人[1]。

陈嘉庚的父亲陈杞柏在1860年代跟随两个哥哥到新加坡谋生，刚开始也在米店当学徒。后来，陈杞柏自己创业，在吊桥头开设了一家米店，取名为"顺安号"。陈嘉庚到顺安米店工作的时候，顺安米店已经颇具规模，从暹罗（今泰国）、安南（今越南）、缅甸仰光等地方采购大米，从海上运到新加坡后，批发给新加坡的零售米店和外销的商行，也零售给当地居民。米店每月的销售额超过2万元，每年的净利润有5千到6千元左右。[2]

顺安号是一家典型的家族企业，陈嘉庚的父亲陈杞柏是企业股东，拥有企业所有权，但是，由于陈杞柏在米店获利之后，开始扩大产业，涉足房地产业、硕莪厂和黄梨种植加工等其他行业[3]，所以，陈杞柏没有精力直接经营米店，而是把米店经营权委托给一位远房族叔陈缨和，由陈缨和担任经理，负责日常经营和财务工作。陈嘉庚到顺安米店工作的时候，"其时家君久不直接管此业务"[4]。

除了生意上努力打拼之外，陈杞柏积极参与新加坡华人社会的社会公益慈善事业。他是新加坡陈氏宗祠保赤宫八位总理之一，是新加坡梧槽连山双林寺九名理事之一，也是新加坡中华总商会四十人筹备会成员之一，他还积极为创建新加坡同济医院等公

---

[1] 林斯丰：《陈嘉庚精神读本》，厦门大学出版社2019年版，第15页。
[2] 陈嘉庚：《南侨回忆录》，上海三联书店2014年版，第407页。
[3] 硕莪即马来语sagu，是一种棕榈树，多生长在马来西亚等东南亚国家的岛屿上，这种树结成的果实可以磨制成淀粉。硕莪淀粉可以制作西米、米粉、粉丝、面条等，广泛应用于食品加工业。黄梨即菠萝，也叫凤梨，新马一带俗称呼"菠萝"为"黄梨"。本书沿用"黄梨"一词。
[4] 陈嘉庚：《南侨回忆录》，上海三联书店2014年版，第406页。

益事业捐款，是一位热心于公益事业与慈善事业的商人实业家和福建帮著名侨领[①]。

陈嘉庚在顺安米店从学徒开始做起，他一边跟着族叔陈缨和学习经营，熟悉采购、销售、簿记、借贷等各项业务，同时担任记账员，帮助族叔管理银钱货账，成为米店经理族叔的得力帮手。虽然是新手小白，但是陈嘉庚很善于观察和思考，他发现顺安米店生意兴隆，但是资金还是比较吃紧，原因是顺安米店虽然每个月的米款有两万余元，但是给予客户的应收款账期长达五六十天，而其他商行普通账期只有30天。应收款账期太长，导致米店资金周转慢，现金流出现困难。

1890年代的陈嘉庚

3. 独当一面担任米店经理

1892年，在顺安米店当了两年学徒之后，由于米店经理远房族叔陈缨和回国探亲，19岁的陈嘉庚接理了顺安米店，当上了米店经理和财务负责人，在商号经营中开始独当一面，这是他职业生涯中的第一个重要转折点。

1893年冬天，陈嘉庚承母命回国结婚，娶了同安县板桥乡秀才张建壬的女儿张宝果为妻，并于第二年生下一个儿子，取名厥福。完婚生子后，1895年夏，陈嘉庚第二次下南洋回新加坡，"仍在家君顺安内服务，公忠守职"[②]。

关于陈嘉庚是如何经营和管理顺安米店的，这方面我们所获得的史料非常有限。但是，有几件事实可以让我们判断陈嘉庚是一位出色的经理人才：

陈嘉庚原配夫人张宝果
（1876—1916年）

第一，陈嘉庚开拓了顺安米业的外地市场，每年可以多创造五六千元的利润，而且把客户应收账期成功缩减到了四十余天，比以前减少了一二十天，缓解了资金压力，"为十余年最宽松之景"[③]。

第二，由于他的勤俭干练和卓越才能，陈嘉庚的经营方式和重要决定，从来不曾

---

① 由于陈杞柏在商业上的成功和在华侨福帮中的地位，英殖民政府1904年批准他为英籍民。见朱水涌：《陈嘉庚传》，厦门大学出版社2021年版，第15页。
② 陈嘉庚：《南侨回忆录》，上海三联书店2014年版，第407页。
③ 陈嘉庚：《南侨回忆录》，上海三联书店2014年版，第408页。

遭受父亲的不满和反对。

第三，正是因为陈嘉庚妥善经营顺安米店，他父亲才能安心拓展其他事业，取得成功。1892年，陈嘉庚父亲在柔佛买地种植黄梨，创办日新号黄梨罐头厂。1893—1895年间，他父亲投资的地皮屋业和硕莪厂都有获利，加上米店每年的利润，他父亲的净资产大约有10余万元。商号增加了金胜美、庆成白灰店两个店铺，到1900年左右，陈嘉庚父亲的事业"各业均有进步，亦以屋地业为最，其时屋租逐月可收三千余元"，各项产业的净资产总和超过了40万元①。

正当陈嘉庚在米店经营管理方面崭露头角的时候，1897年冬传来慈母去世的噩耗。陈嘉庚悲痛万分，无奈"家君以营业无人替理，不许奔丧"②，这实际上侧面说明了在他父亲的生意版图中，陈嘉庚作用突出，已成为不可或缺的得力助手。直到第二年秋，陈嘉庚才回国准备安葬母亲，但因风水先生说要等两年才适合下葬，所以，陈嘉庚在1899年春带家属第三次出洋到新加坡，继续管理顺安米店。直到1900年冬，27岁的陈嘉庚把顺安米店的经营和财务再次交给族叔管理，带着家眷回集美正式安葬母亲。陈嘉庚按照习俗在集美守孝3年之后，直到1903年7月初才回到新加坡。

陈嘉庚在负责顺安米店的经营和财务期间，面临一件棘手的事情。陈嘉庚的父亲在新加坡娶了小妾，人很好，但早死。后来又娶了苏氏小妾，但苏氏"性极好赌""癖

新加坡早期的黄梨厂

---

① 陈嘉庚：《南侨回忆录》，上海三联书店2014年版，第407页。
② 陈嘉庚：《南侨回忆录》，上海三联书店2014年版，第407页。

性生成,终年如斯"。他的父亲虽然规定苏氏每个月只能支取150元家用,但是"彼因赌性难改,常要加支"。在这种为难的情况下,陈嘉庚处理得很妥当:"如属少许余或与之,若多则拒之。"①

这期间,陈嘉庚还显露出了其精明能干的商业眼光。1900年陈嘉庚回国安葬母亲期间,刚好碰到1901年5月厦门发生了一场严重火灾,烧毁了上千间房屋店铺,房屋倒塌后的瓦砾砖土堆积如山。政府组织百姓清理废墟,把砖土挑移到提督、打铁两个码头的海滩②,填海造地,不到一个月时间填平了两三千平方米的实地。政府想出售这些填海出来的土地,陈嘉庚听说如果买1万元的土地,可以在上面建造数十间房屋店铺,认为有利可图,就写信禀告父亲建议购买。得到父亲同意之后,陈嘉庚总耗资包括土地和建筑费用仅4.5万元,前后花了两年多时间,就盖了三层楼屋54座,二层楼屋3座,共计57座骑楼式店铺房屋③。

---

① 陈嘉庚:《南侨回忆录》,上海三联书店2014年版,第407页。
② 提督、打铁码头位于今天厦门鹭江道轮渡附近开元路口一带。填海建造出来的这些店铺,就是后来的磁安街(路)。
③ 这笔买卖还引发了一场官司,一个台湾籍民依仗日本人的势力,要抢占这片土地和商铺。陈嘉庚对簿公堂,最终赢得了官司,保住了财产。

二、创业起步和发展阶段：从『负二代』到百万富翁（1904—1913年）

1. 父亲商号倒闭

1903年7月初，30岁的陈嘉庚为母亲守孝三年之后，第四次出洋回到新加坡，准备继续管理顺安米店。但这一次回到新加坡后，发现父亲的事业面临严重困境，顺安米店门庭景象"大形衰退，各事凌乱不堪，似无人管顾"。到住宅拜见父亲，虽然久别重逢，但父亲脸色阴沉、闷闷不乐，"亦无欣容快意"。回到米店，见到看管米店的经理族叔陈缨和"身染麻木之疾，神气丧失"，无精打采，问起米店的经营和负债情况，均推不知[①]。

陈嘉庚感觉很不对劲，吃惊之余冷静下来，立马查核账目，才发现米店流动资金借款数目高达32万元，比3年前他回国时增加了23万元左右。陈嘉庚大吃一惊，又查阅了一下房地产业的抵押贷款，发现没有变化，仍有30万元左右。商号增加了二十几万元的负债，陈嘉庚急忙找族叔询问是不是购置了新的什么产业，或者增加了什么生意，结果族叔回答说都没有。于是，陈嘉庚又问既然商号没有增加投资，也没有扩大经营，而且顺安米店的流动资金仍然很紧张，那这笔钱到底被谁侵占了呢？族叔回答说不知道。当晚陈嘉庚忧心忡忡、夜不能寐。

第二天，陈嘉庚到顺安米店楼上办公室，经过半天认真检查来往账目之后，大概明白了情况。如表2-1所示，陈嘉庚发现，顺安号3年的支出数目高达37万余元。其中，银行利息支出有9万余元，被黄梨厂、庆成白灰店、金胜美店等其他商号挪用侵占的款项高达18万元，其他支出还包括在厦门买地建房、家庭开支以及新加坡住宅建设开支等等。此外，彼时顺安米店的资金非常紧张，市面上还欠有约7万元的应付账款。

为什么父亲的商号三年内有如此大的开支？陈嘉庚经过询问盘查，发现了问题所在：第一，地产大跌价，造成房租等损失惨重，收入下降；第二，由于资金周转不灵，不惜抵押屋地业，向印度高利贷商人借贷，从而背负重息，开支增多[②]；第三，苏氏及其养子在黄梨厂收款、金胜美和庆成

[①] 陈嘉庚：《南侨回忆录》，上海三联书店2014年版，第409页。
[②] 陈嘉庚在《南侨回忆录》中提到，他回国前，顺安号都是信用借款，利息只有一分；而他回国期间，大部分都是屋地抵押借款，利息也升到一分三四。

白灰店经营、住宅建造、家庭开支等方面大量舞弊，侵吞、挪用和挥霍了10余万元商号巨款；第四，父亲和族叔身体欠佳，年迈多病，没有充沛精力照管生意，对苏氏母子的胡作非为更是听之任之，缺乏有效监督，发现问题也没有及时制止。

表2-1 1900—1903年顺安号三年支出情况表

支出项目	支出金额/坡币元
利息支出	9万余元
黄梨厂侵欠	7万余元
庆成白灰店侵欠	6万余元
金胜美店侵欠	5万余元
汇厦门买地盖房子	4万余元
家庭开支	4万余元
建设住宅开支	3万余元
合计开支	40余万元
实际支出（扣除金胜美、庆成灰店之前就已经欠款3万元）	37万余元
应付账款	7万元

注：由于各个支出项目是大约取整，所以合计开支不等于各个支出金额数字之和。
资料来源：作者根据陈嘉庚《南侨回忆录》相关信息整理制作。

此时，负责米店的族叔急着要把米店的经营管理权和财权交还给陈嘉庚，但是"余不肯接受。彼时余大有进退维谷之慨"[1]。经过全盘认真计算，他发现父亲商号在1903年已经向银行、供应商、客户等负债76万元，而房屋土地和各商号资产价值只有50万元，父亲的产业已经资不抵债，亏空26万元（见表2-2）[2]。陈嘉庚左右为难，如果接受族叔陈缨和的要求，继续接管米店，很显然这已经是一个烂摊子，很难收拾；如果不接受，对父亲面临的企业困境放手不管，情理上说不过去。

---

[1] 陈嘉庚：《南侨回忆录》，上海三联书店2014年版，第411页。
[2] 陈嘉庚在《南侨回忆录》里面大致计算是亏空25万元。

表 2-2 1903 年陈杞柏商号清盘前资产负债情况

单位：坡币元

负债情况	资产情况
房地产抵押贷款 30 万元	房产和土地价值 40 余万元
流动借款抵押 32 万元	顺安号应收款 4 万余元
顺安号欠客户应付款 5 万余元	黄梨厂按 2 万元转让
黄梨厂欠洋行白铁 5 万元	金胜美、庆成店、振安号三店按 4 万元收盘
年终 6 个月利息要付 3 万余元	/
流动借款按期偿还 1 万余元	/
合计负债：76 万元	合计资产：50 万元

资料来源：作者根据陈嘉庚《南侨回忆录》相关信息整理制作。

虽然有短暂的犹豫，但在这危难时刻，陈嘉庚不忍脱离父亲放手不管，他说"然转念不能脱离家君而他去，况在此艰危之际，逐月再被苏氏母子支取数千或万元，则无须三四个月绝不能维持"[1]。因此，他向父亲禀报同意后，迎难而上，果断地承担起米店经理的职责，并做了如下安排：约定苏氏每个月只允许支取 200 元；把金胜美、庆成、振安等几个店在数月内尽快转让收盘，回笼资金；把位于柔佛的黄梨厂转让收回 1 万余元[2]，另一个位于新加坡市区最早创建的黄梨罐头厂日新号转让大部分股份，招募了一个潮州商人合伙，对方出 7000 元，陈嘉庚出资 5000 元，合伙成立新的日新公司，由对方负责经营；因为顺安米店还有未还清的欠款，不便马上停业，故暂时照常经营，但加强风险控制。此时，幸好出售了一块空地，扣除抵押款后剩余 5 万元，刚好还清黄梨厂拖欠的白铁、糖枋等原料供应商的款项。

到 1903 年冬天，顺安米店情况好转，陈嘉庚一面收缩经营规模，一面催收欠款，并且逐渐归还所欠采购米款。到年底，已经把所欠别人的采购款全部还清，而被人拖欠的款项还有一万多元。陈嘉庚判断欠款过年后可逐渐收回，于是果断把顺安米店停止营业。至此，陈嘉庚父亲陈杞柏的商号全部收盘，留下了两笔债务：第一笔是屋地

---

[1] 陈嘉庚：《南侨回忆录》，上海三联书店 2014 年版，第 411 页。
[2] 柔佛位于马来西亚半岛南部，东面是中国南海，西面是马六甲海峡，南面隔着柔佛海峡与新加坡毗邻。1957 年，马来亚联合邦独立后，柔佛成为其中一个州属。

业抵押贷款 30 万元,第二笔是流动借款有 31 万余元。屋地业价格虽然下降,但仍值 40 余万元,所以这项没有损失,还有 10 万元左右的资产,而流动借款已形成坏账损失。资产和负债对抵之后,他父亲资不抵债约欠下 20 万元。

对于父亲在新加坡创业三四十年后,最终竟走到债台高筑、破产清盘的局面,陈嘉庚非常感慨,并下定决心替父还债:"家君一生数十年艰难辛苦,而结果竟遭此不幸,余是以抱恨无穷,立志不计久暂,力能做到者,绝代还清以免遗憾。"[①]

2. 创业起步:新张大吉,旗开得胜

1904 年春,31 岁的陈嘉庚在父亲的商号历练了 14 年之后,背负起了父亲"留给"他的 20 万元债务。但陈嘉庚并没有因此而灰心丧气、一蹶不振,他在绝境中奋起,靠手头凑齐的 7000 元,在距离新加坡市区十英里的洴水港山地上,创建了一个黄梨罐头厂,开始独立创业。

他把黄梨厂的商号名称定为"新利川",取其"新的利润源泉"之祥意,希望这个黄梨厂能创造出新的财富源泉。工厂非常简陋,厂房是用茅草、木料等简易材料盖的,购置的是便宜的二手机器,工厂只花了两个月就建造完成,因为要赶在夏季黄梨产季时投产[②],创业之初,因缺乏流动资金,陈嘉庚就想尽办法向制造罐头所需的白铁皮、糖、木枋等原料供应商赊账采购,他从供应商那里得到了 30 天至 60 天的账期。罐头制成后,出售给负责出口的洋商行即可获得货款,

陈嘉庚 1904 年创办的"新利川"黄梨厂内部

这个时间差足够把采购原料的欠款付清。

这年 4 月,父亲创办,但已经转让大部分股权并由对方经营的日新黄梨厂合伙人去

---

① 陈嘉庚:《南侨回忆录》,上海三联书店 2014 年版,第 412 页。
② 新加坡的生黄梨每年出产两季,夏季约产六成,冬季约产四成。

世，陈嘉庚只好买下了对方17000元的股份，日新黄梨厂成为由陈嘉庚独资经营、亲自管理的商号。这样，陈嘉庚创业之初，开始经营两家黄梨厂。

由于经营有方，1904年夏的黄梨产季（4—6月），新利川黄梨厂获利9000余元，日新黄梨厂得净利近3万元，短短3个月两厂获利近4万元。创业起步就开始盈利赚钱，可以说是旗开得胜，陈嘉庚自己也承认"初出茅庐极好机会"[1]。彼时，又收到一笔顺安米店的尾款和存货处理1万余元，再加上日新公司原有股本1万余元，陈嘉庚当时手头共有资本近7万元。这是陈嘉庚独立创业掘得的第一桶金。

1904年夏，陈嘉庚在黄梨罐头项目上初试锋芒之后，凭借着手头积累的第一桶资金，又投资了两个重要的项目。第一个项目是他已经十分熟悉的米业项目，1904年6月间，陈嘉庚在顺安米店的原址，吊桥头21号，投资2万元重新创建了一家米店，取名"谦益号"。第二个项目跟黄梨罐头有关：首先，陈嘉庚决定扩大新利川黄梨厂规模，为此扩建厂房、增添新设备，准备在冬季黄梨产季派上用场；其次，陈嘉庚预测到生黄梨的供应会日趋减少，"余恐数年后生产退化，采买困难，乃思购地栽种"[2]。于是，他在新利川黄梨厂附近的车路边，花2500元买下一块空芭地五百英亩，每亩5元，命名为"福山园"。然后组织工人把芭地铲平，一年内就完成了黄梨种植，并预计两年后可生产黄梨二万余箱。至此，陈嘉庚的黄梨业不仅有黄梨罐头和黄梨果酱加工，而且涉足黄梨种植，确保了黄梨厂的原料供应。

到1904年底，由于冬季生黄梨产量不如夏季，日新和新利川两个黄梨厂在冬季得净利2万余元，夏天投资的谦益米店当年也得利8000余元。总之，陈嘉庚创业第一年就共计获利6万余元。

1905年夏天的黄梨产季，日新和新利川两个厂又赚了3万余元。陈嘉庚趁热打铁，决定再次扩大黄梨业生产规模。当时新加坡的梧槽河口，是柔佛和其他州府运送来的黄梨销售中心，"该处收采外地运到生梨，为最好地点"[3]。陈嘉庚看中这个地方海运方便，采购生梨便利，便抢占先机，在梧槽港口附近租房子建厂，1905年秋季创建了名为"日春"的第三间黄梨厂。此外，他还在日春黄梨厂内兼制冰糖，采用以锯木屑为燃料的蒸汽锅炉和内铜外铁的锅，把从印尼爪哇采购的砂糖煮成冰糖，然后把冰糖销往

---

[1] 陈嘉庚：《南侨回忆录》，上海三联书店2014年版，第412页。
[2] 陈嘉庚：《南侨回忆录》，上海三联书店2014年版，第414页。
[3] 陈嘉庚：《南侨回忆录》，上海三联书店2014年版，第414页。

香港和上海。这一年冬天的黄梨产季，日新、新利川、日春三个黄梨厂获利 1 万余元，加上夏季两个厂的 3 万元获利，黄梨厂全年获利 4 万余元，谦益米店得利 8000 余元。扣除合作伙伴的红利之后，陈嘉庚创业第二年获利 4.5 万元。

陈嘉庚在 1904 年和 1905 年，创业头两年就累计获利 10.5 万元，创业起步就旗开得胜，除了运气好、遇上外部市场环境所创造的有利条件，尤其是当时欧洲市场对黄梨罐头的强劲需求之外，更是体现了陈嘉庚面对激烈的竞争，开始展现其不平凡的经营哲学和商业才能。本书在后面的章节将专门深入讨论和分析陈嘉庚宝贵的创业精神和管理思想。

3. 替父还债

按照当时英国的法律和新加坡当地习惯，父债不必子还，父亲死亡或者破产，儿子是不必承担债务的。但是，陈嘉庚一开始就宣布要承担父亲的这笔巨债。在自立门户独立创业之初，初展宏图的陈嘉庚一直惦记着如何替父还清债务，"此为余最念念不忘者"[①]。

1906 年，创业两年后，陈嘉庚开始考虑和盘算这个事情：当时他父亲负债近 20 余万元，如果跟债主谈判请求债务减免一半，至少也要还八九万或十余万。陈嘉庚计划如果当年夏季黄梨厂获利四五万元，就可以考虑还债了。不料，计划不如变化快，当年黄梨罐头价格走软，到了夏天每箱降至一元左右，福山园虽然开始产黄梨，但是"适逢败市亦不见利"。结果，这个夏季三个黄梨厂仅获利 1 万元。

另外，从 1904 年春到 1906 年夏，陈嘉庚创业经营两年半，虽然共计赚了 11.5 万元，但各项投资支出不小，如谦益米店投资了 2.5 万元，三间黄梨厂的日常维持费用花了 4 万余元，清理"福山园"和种植黄梨花了 1.5 万元。扣除各项投资和维持费用之后，陈嘉庚实际上仅剩余 3 万余元现金，"故尚无力可与顺安债主议还旧欠也"[②]。陈嘉庚手头的钱不够，还必须继续努力赚钱，才有能力替父还债。

可喜的是，陈嘉庚在这一年抓住了一个机会，成为他日后缔造其工商业王国的重要起点。1906 年 6 月的某天，陈嘉庚在洋行洽谈黄梨罐头业务时，偶然听一个英国人说一件事，说马六甲华商陈齐贤听从林文庆博士的劝告和鼓励，先后投资 20 余万元，

[①] 陈嘉庚：《南侨回忆录》，上海三联书店 2014 年版，414 页。
[②] 陈嘉庚：《南侨回忆录》，上海三联书店 2014 年版，415 页。

从 1895 年开始在新马一带种植橡胶树四千多亩。[1] 1906 年，陈齐贤把树胶园以 200 万元卖给欧洲商行马六甲胶园有限公司，从而获得巨利。说完，这个英国人劝陈嘉庚去栽种树胶，一定可获厚利。事实上，当时东南亚树胶种植业尚未发展，只有零星几个地方种植。陈嘉庚虽然听说过陈齐贤种植树胶，但没有引起注意，而且与陈齐贤、林文庆两人也从未来往。

听到这个信息后，陈嘉庚凭借灵敏的商业嗅觉，打听到陈齐贤有树胶种子出售，于是几经周折获知了陈齐贤的地址，千方百计上门找到陈齐贤，虚心请教和咨询关于橡胶种植和橡胶籽的情况，最后用 1800 元购买了 18 万粒橡胶树种子，平均每粒树种 1 分钱。然后，他雇佣工人花了两个月时间，把树胶种子撒播在原有种植黄梨的福山园，跟黄梨树每隔 5 米挖洞套种。陈嘉庚 1906 年在福山园播撒套种树胶种子，这是他经营树胶业的开端，意义重大，开启了日后成为闻名遐迩的"橡胶大王"的步伐！

这年初冬，陈嘉庚还做了一个投资决策。在谦益米店附近，有一间恒美号米店，承租印度人的场地，彼时因为股东之间不和要散伙，米店经理准备另招募股东。这是一家制作熟白米的工厂，熟白米的制作跟谦益米店生产的生白米不同，先要将稻谷在水里浸泡两天后，再加热气蒸熟，在砖庭晒干后用研磨机磨净壳糠。这种熟米销往印度，价格比生米每担贵 1 元。陈嘉庚认为"算来甚有好利"，于是招一个朋友一起入股，跟原经理合作，总投资 6.5 万元，陈嘉庚出资 4 万元占大头，他朋友和米厂原经理各出资 1.25 万元。

因为晒米的砖庭场地不够，产量受限，当时又碰上熟米价格上涨，需要尽快扩大产量，所以几个股东在米厂不远的地方又买了一块地，共投资 4 万元，现金交付 1 万元，剩下的 3 万元通过抵押贷款，利息七厘。接着，三四个月就基本完成了砖庭铺设，由此恒美米厂产量大大提高。读者在后面会发现，这是陈嘉庚非常有商业眼光的投资决定，恒美米店一度生意兴隆，"宛如一架性能卓越之印钞机"[2]，成为陈嘉庚商业收益中的一个重要的获利源泉。

---

[1] 橡胶树的原产地在南美洲，1876 年，英国人亨利－威克姆将 7 万颗橡胶树种子悄悄地运出了巴西，送往英国。由于英国的自然环境和气候条件都不适合橡胶树生长，所以这 7 万多种子的第一个落脚点，便是英国皇家植物园的温室。在人造环境的精心呵护下，有 2300 多颗种子萌发，并长成了橡胶树幼苗。接着，英国人将这些比种子还要宝贵的幼苗，送到了他们在亚洲的殖民地——斯里兰卡和马来亚。后来，随着南美洲橡胶种植业的衰败，亚洲成为世界上最大的橡胶树种植区域。马来亚更是取代巴西成为新的橡胶王国。时任新加坡植物园主任的英国科学家亨利·尼古拉斯·里德利发明的连续割胶法，堪称橡胶产业发展史上的一座里程碑。
[2] 杨进发著，李发沉译：《华侨传奇人物陈嘉庚》，陈嘉庚纪念馆 2012 年版，第 42 页。

位于新加坡芽笼桥头的恒美米厂

总之，陈嘉庚原本希望在 1906 年通过三个黄梨厂的获利替父偿债，无奈市场变化，乏利可图，三个黄梨厂当年仅得利 2 万余元，加上谦益米店得利 9000 余元，福山园获利 5000 元，扣除伙伴红利后，陈嘉庚在 1906 年获利约 3 万余元，不如前面两年。此外，由于冰糖厂竞争激烈，香港的销售商又靠不住，同行亏损严重，"余度此业难取利，营业经年即停止收罢"[1]，陈嘉庚在日春黄梨厂内兼营的冰糖厂，第二年就关闭了。

1907 年的黄梨市场继续疲软，普通庄一箱仅三元半，"比前年减价二元余"，价格跌落到新加坡制造黄梨罐头以来的最低价。陈嘉庚认为这一方面是因为欧美国家生黄梨增产丰收，另一方面是因为新加坡的黄梨罐头产量扩大，供给增多，"前年仅百六十七万箱，本年增至二百余万箱"[2]。所以，这年大部分黄梨厂纷纷亏本甚至倒闭，但是陈嘉庚的三个黄梨厂凭借"苏丹"牌过硬的品牌质量和影响力，还能获利 2 万余元（夏季和冬季各 1 万元）。此外，谦益米店当年获利 1 万元，"福山园"获利 5000 元。

---

[1] 陈嘉庚：《南侨回忆录》，上海三联书店 2014 年版，第 416 页。
[2] 陈嘉庚：《南侨回忆录》，上海三联书店 2014 年版，第 416 页。

新加坡运载黄梨的牛车

黄梨厂获利减少了,但自陈嘉庚上年冬入股恒美熟米厂以来,熟米价格猛涨,每担实利六七角,每天可产七百余担,每月可获实利1万多元。[①] 在入股恒美公司的头14个月,公司实际获利16万余元,归属陈嘉庚的利润达10万元。

1907年秋天,陈嘉庚看到恒美熟米厂获利滚滚而来,感觉替父还债的时机已具备,于是跟顺安米店的债主商议还债之事。陈嘉庚提出所有抵押物给债主,不足的部分用现金折还。由于有的债主回印度等各种原因,谈判拖延到1907年冬季才达成协议:总计不足约20万元的债务,同意以折合9万元还清。其中,交现金还款6万元,剩下的3万元分4个月分期还清,利息按一分计算。双方达成的协议在律师处立约,并登报存案。

陈嘉庚在创业初期虽然资金非常困难,但即便付利息,也咬牙分期还清了欠款,解决了父亲的债务,终于搬掉了压在心头的一块大石头。

---

① "担"是我国市制重量单位,一担等于一百斤。

4. 在市场风雨中企业蒸蒸日上

1908年春，恒美熟米厂租约到期后，印度业主不愿意续租，要以16万元出售，陈嘉庚和合伙人不得以只好把它买下来继续经营。由于资金不足，他们把米厂抵押获得贷款12万元，利息七厘半，然后再付现金4万元。没想到，两个月后熟米价格大降，每担获利从六七角下降到一角余，此时合伙的经理打退堂鼓，提出退股，抽去本金和利润共4万余元。这样一来，恒美米厂的银根更紧。幸好不久之后，熟米价格即回暖，每担可以获利三四角，熟米厂最终全年获利6万余元。

恒美公司股东变更启事（《叻报》1909年4月22日）

这一年，黄梨罐头价格仍然低迷，陈嘉庚的三个黄梨厂全年仅获利1万余元，而谦益米店和福山园虽然获利不多，但比较稳定，分别获利8000余元和6000余元。

1909年春，陈嘉庚又投入2.5万元，收购了福山园旁边一块500英亩的旧黄梨园，这时地价已经涨到了每亩50元。这些旧黄梨园原来也套种树胶，但园主嫌弃无利可图，"故不耕草，廉价出售"[1]。陈嘉庚将其买下来之后，组织工人清除黄梨和杂草，专门栽

---
[1] 陈嘉庚：《南侨回忆录》，上海三联书店2014年版，第417页。

种树胶，这样福山园的树胶种植扩大到了 1000 英亩。

这一年，陈嘉庚遭遇了两件不幸的事。首先，他父亲陈杞柏不幸在集美去世，陈嘉庚因为经营事务缠身，不能回国奔丧，就安排妻子和儿子回国，丧事由胞弟陈敬贤料理归土。其次，祸不单行，不久恒美米厂遭火灾，机器设备和货物都被烧毁，幸好机器有保险 4 万元，仅造成货物损失数千元。恒美米厂为陈嘉庚赚了不少钱，为了尽快恢复生产，陈嘉庚急忙筹集了 6 万元重建工厂，购买和安装新机器，并扩大规模，至当年年底才竣工。

1909 年，陈嘉庚的企业收入不是很理想：恒美熟米厂因火灾无利，三个黄梨厂全年仅得利 1 万余元，谦益米店得利 7000 余元，福山园获利 6000 余元。

1910 年，陈嘉庚在树胶种植项目上又做出重要的经营决策。由于上年恒美米厂遭火灾重建急需用钱，加上生产规模扩大后，流动资本也增加，导致银根困难，资金紧张。所以，在 1909 年冬，陈嘉庚把福山园抵押给广益银行贷款 7 万元。此时，正值树胶价格一路攀升，每担由 200 余元增加到 300 余元。陈嘉庚想趁树胶市场行情兴旺之际，把福山园脱手售卖，以周转资金。于是，1910 年春，陈嘉庚跟陈齐贤签署了一个合约，以实收 32 万元的价格将福山园预售给他，约定到年底为止，任他经手转售，多卖出的金额归他所得，如果届期不能出售，则合约取消。合约还附加了一个条件，规定陈齐贤以利息七厘半借给陈嘉庚 8 万元，期限两年，这期间如果广益银行要收回 7 万元，则由陈齐贤代为清还。陈嘉庚从银行抵押拿到的 7 万元和从陈齐贤借的 8 万元，一共 15 万元都花费在恒美米厂建设投资方面。

合约签署后，树胶价格继续上升，不到两个月陈齐贤把福山园以 35 万元卖给英国人。到了 1910 年秋季，陈嘉庚拿到了 32 万元，还清广益银行抵押借款 7 万元和陈齐贤借款 8 万元后，还剩余 17 万元。福山园出售之后，陈嘉庚"立即向柔佛觅地两处，复开芭种植黄梨和树胶"[①]。一块园地在笨珍港，取名"祥山园"，准备栽种树胶和树茨；另一块园地在老谢港，距离新加坡较近，依旧取名为"福山园"，准备栽种树胶和黄梨。每月按开垦种植 150 英亩计算，需要垫资 5000 余元。这一年，恒美公司得利 4 万元；三个黄梨厂得利 1 万元；谦益米店得利 8000 元，扣除合伙人红利之后，陈嘉庚实际获利 4 万元。

1911 年，陈嘉庚把生意扩展到了泰国。这年春，陈嘉庚到泰国曼谷考察，准备在

---

① 陈嘉庚：《南侨回忆录》，上海三联书店 2014 年版，第 418 页。

曼谷河边租建仓库，为恒美公司直接采购稻谷，运送到新加坡。不料曼谷的米厂很多，仓库很难租。这时陈嘉庚听友人说北柳港黄梨很多，就坐了几个小时火车去视察，果然此地出产很多黄梨。陈嘉庚大致估算了一下，如果能采购三分之一，每年可以制作黄梨罐头四五万箱。

彼时新加坡因为黄梨罐头市场不好，黄梨出产减少，导致生梨价格上升，而泰国还没有人生产黄梨罐头。而且，刚好北柳地区盛产中下等稻谷，非常适合采购制作熟米。陈嘉庚认为若在这个地方设厂制造黄梨罐头，同时采购稻谷运送新加坡，乃一举两得。于是，他立马决定买地建设厂房，从新加坡和泰国购买配置各种机器，赶在夏季生梨出产前竣工投产。同时，建设运输稻谷的码头和仓库。工厂和仓库动工修建一个多月就完成了，黄梨厂起名为"谦泰号"。修建完后，陈嘉庚才回到新加坡。

陈嘉庚在泰国考察建厂的时候，认识了一位福建侨商，此人在曼谷和北柳开设商号为"鸣成"的米厂。陈嘉庚在参观其米厂的时候，发现这个米厂设计了一种可以活动的屋顶，在下雨的时候可以遮盖晒米的砖庭，而且在砖庭旁边安装了轻便铁路，用来运送大米和遮雨棚，非常方便。当时陈嘉庚在新加坡的恒美熟米厂，大米的运送都靠人力挑运，下雨的时候只好把还未晒干的湿米堆积在一起，用竹叶席子盖起来遮雨，等天晴了再散开暴晒。这样操作，一方面需要很多人力，另一方面如果下雨时间长了，焖在竹席里面的熟米会烂臭，损失不少。

陈嘉庚回到新加坡之后，立即参照鸣成米厂的做法，对恒美熟米厂进行了改造，安装了轻便铁路和活动砖庭屋盖，耗时数月，耗资近2万元。

1911年，黄梨罐头的市场行情最差，新加坡二十几家黄梨厂亏本倒闭了约一半。陈嘉庚趁这个机会，投资入股了两三家黄梨厂，在这些企业里面占大约三分之二股份。这一年，恒美公司得利2万余元；黄梨厂得利2万元；谦益米店得利8000元；扣除合伙人之后，陈嘉庚个人得利3万元。

1912年，陈嘉庚尝试把产业扩展到国内。彼时国内爆发了辛亥革命，推翻了清朝封建王朝，建立了中华民国。陈嘉庚备受鼓舞，极想尽国民之责，在国内兴办实业和教育，说"极欲回梓，一为略尽国民一分子之职责，拟在集美创办制蚝厂及集美小学校，一为出洋已近十年，思乡甚切，故拟于秋间言归"[①]。

于是，陈嘉庚从新加坡花了7000余元，购买了制造生蚝罐头的机器、火炉等设

---

① 陈嘉庚：《南侨回忆录》，上海三联书店2014年版，第420页。

备，运到国内集美。他还花重金通过朋友从日本聘请了一位做生蚝罐头的师傅，"月薪国币两百元"，约好1912年冬天到集美。陈嘉庚安排好这些事情之后，于1912年秋回到了集美，开始紧锣密鼓地筹备制蚝厂，年底就开工试生产，没想到效果很不理想，最终只能承认"完全失败"[①]。

陈嘉庚总结了失败的两个原因：一是集美产的蚝在海里生长期只有八九个月，高温一煮就缩小很多，形体大变。而他在新加坡尝过的生蚝在海里生长一年多甚至两年，体形较大，高温下不容易变形缩小。二是发现聘请的日本师傅缺乏经验，罐头刚做出来十几天，大多数就变臭了。陈嘉庚停止生蚝罐头项目后，把工厂的机器设备作价8000元，跟朋友在厦门成立了大同股份有限公司食品罐头厂，占五分之一股份。[②]

陈嘉庚在国内创办制蚝厂的努力虽然失败了，但通过合伙创建厦门大同罐头食品公司，陈嘉庚的生意版图也开始扩展到了国内。[③] 1912年，恒美公司得利2万余元；黄梨厂得利2万余元；谦益米店7000余元；扣除合作伙伴红利，陈嘉庚得利3万余元。

1913年秋，已过不惑之年的陈嘉庚第五次出洋回到新加坡，继续经营他已经开创十年的黄梨、米业、树胶种植等产业。这一年，他主要做了三个经营决策：首先，陈嘉庚调整了泰国北柳的工厂。在泰国创办的谦泰黄梨厂，已经营3年，共得利5万余元。但是，1913年秋末，遭遇了一场危机：北柳港的水质突然变咸，但是经理人不知道预防，造成黄梨罐头等食品变质，导致黄梨厂损失3万余元。因此，陈嘉庚干脆把黄梨厂转让给他人，把机器、仓库都廉价处理，关闭了谦泰黄梨厂。北柳港的生意关闭后，陈嘉庚在曼谷租了一个米厂经营白米，同时为恒美公司采购稻谷。其次，陈嘉庚在新加坡又收购了两家处于困境的黄梨厂，加上早期创办的日新、新利川、日春三个黄梨厂，以及在1911年入股的两三家黄梨厂，陈嘉庚控股和参股的黄梨厂已有七八家。至此，在新加坡黄梨罐头市场上，陈嘉庚公司的产品占据了一半的市场份额，年产可达七八十万箱。陈嘉庚在创业10年后，成为新加坡的"黄梨大王"。最后，陈嘉庚

---

① 陈嘉庚：《南侨回忆录》，上海三联书店2014年版，第420页。
② 在厦门成立的这家淘化大同罐头食品公司，后来成为供应海内外食品需求的著名公司。抗战时期，罐头厂规模日益缩小，并最终停产、关闭。解放后，厦门罐头厂重建恢复生产。1956年，陈嘉庚曾注资5万美元支持罐头厂扩建。如今，罐头厂更名为厦门古龙食品有限公司，成为中国罐头行业唯一荣膺"中国出口名牌""中国名牌""中国驰名商标"三项国家级殊荣的企业，并成为福建省首家联合国食品采购供应商、中国核潜艇官兵的口粮、国防军需罐头供应的主要企业之一。
③ 值得强调的是，陈嘉庚此次回国，虽然在集美创办制蚝厂的产业投资失利，但他的另一项更重要的公益投资，即教育事业顺利开启。1913年，陈嘉庚捐赠兴办的集美小学成功开办。

在1910年在柔佛笨珍港买的树胶园祥山园，因碰上当地疾病流行等各种困难和不顺，虽然已经投入了5万余元，但只能放弃种植。

最终，1913年陈嘉庚各产业得利情况如下：恒美公司得利2万余元；黄梨厂产量很大，但利润有限，仅得利2万余元；谦益米店得到8000余元；扣除合作伙伴红利，陈嘉庚个人得利3.5万元。

综上所述，笔者认为，从1904年春创办新利川黄梨厂，开始独立创业，到1914年爆发第一次世界大战之前的10年时间，是陈嘉庚经商创业的第一阶段。这阶段，陈嘉庚顺利创业起步，创业项目涉足黄梨罐头和果酱加工制造、大米（生米和熟米）销售加工、黄梨种植、树胶种植、冰糖生产、海蛎罐头加工制造等行业（见表2-3），各项生意在市场风雨中蒸蒸日上，取得了令人瞩目的发展。

表2-3　1904—1913年陈嘉庚创业起步和发展阶段商业发展情况

序号	时间	商业发展情况	投资金额
1	1904年春	创办新利川黄梨厂	7000元
2	1904年春末	全资经营日新公司	17000元
3	1904年夏	创办谦益米店	20000元
4	1904年夏	购买福山园500英亩	2500元
5	1904年夏	新利川黄梨厂扩建	不详
6	1905年秋	创办日春黄梨厂和冰糖厂	不详
7	1905年	福山园完成砍芭种梨	不详
8	1906年	在福山园套种18万粒橡胶种子	种子1800元，工钱不详
9	1906年初冬	入股恒美米厂，并扩建	40000元
10	1906年	冰糖厂关闭	不详
11	1908年春	恒美米厂从租赁变为购买	160000元
12	1908年	恒美米厂合股经理退股	40000元
13	1909年春	购买福山园附近500英亩旧黄梨园，专门种植树胶，福山园面积扩大至1000英亩。	25000元
14	1909年	恒美米厂遭火灾	60000元重建修复

续表

序号	时间	商业发展情况	投资金额
15	1909年冬	福山园向银行抵押贷款	贷款70000元
16	1910年	出售福山园	售价320000元
17	1910年	在柔佛购买两块地,开垦祥山园和新福山园	不详
18	1911年春	在泰国北柳创建谦泰黄梨厂和米厂稻谷采购仓库	不详
19	1911年	趁行情低迷,投资入股新加坡两三家黄梨厂	不详
20	1911年	改造恒美米厂	20000元
21	1912年秋	回集美创办生蚝厂失败	亏损4000元
22	1912年冬	合伙成立厦门大同罐头食品公司	机器设备折价8000元
23	1913年秋	转让泰国北柳谦泰黄梨厂	不详
24	1913年秋	泰国曼谷租赁米厂经营白米,并采购稻谷	不详
25	1913年	收购新加坡两家黄梨厂	不详
26	1913年	因流行病放弃种植祥山园	损失50000元

资料来源:根据相关资料信息,作者整理自制。

这期间,陈嘉庚创办了新利川、日新、日春、谦泰等9家黄梨厂,谦益、恒美、曼谷米厂等3家大米销售加工企业,开垦了福山园、祥山园、新福山园三块黄梨和树胶种植园,还创建过一家冰糖厂、生蚝罐头厂,以及一家厦门的罐头食品公司[①]。这十年,陈嘉庚累计获利达到81.5万元,再加上各产业的固定资产,陈嘉庚的总资产已使他在新加坡华商中跻身百万富翁之列(见表2-4)。

杨进发博士在《华侨传奇人物——陈嘉庚》一书中写道:"一九一四年,年方四十一的陈嘉庚已是一位羽翼丰满、不容轻视的资本家、工业家和种植商。他亦是一位信誉卓著、久经考验的商人。"[②]

[①] 这里指的陈嘉庚创办过的企业包括全资经营企业,也包括控股或参股不经营的企业。
[②] 杨进发著,李发沉译:《华侨传奇人物陈嘉庚》,陈嘉庚纪念馆2012年版,第42页。

表 2-4 陈嘉庚创业起步和发展阶段获利情况

时间	获利情况
1904 年	6 万多元
1905 年	4.5 万元
1906 年	3 万多元
1907 年	13 万元
1908 年	7 万多元
1909 年	2.5 万多元
1910 年	36 万元
1911 年	3 万多元
1912 年	3 万多元
1913 年	3.5 万元
合计	81.5 万元

资料来源：根据相关资料信息，作者整理自制。

三、企业辉煌阶段：从商人到大实业家（1914—1925年）

1. 战争带来的危和机

黄梨罐头和米业是陈嘉庚生意版图中的两个重要业务，它们都需要和平的国际贸易环境和顺畅便利的航运基础，因为黄梨罐头的主要市场在欧洲，熟米的主要市场在印度，而且生产白米的货源稻谷主要来自泰国和越南。因此，1914年8月，欧洲爆发第一次世界大战后，国际市场和航运交通严重破坏，尤其是德国的一艘战舰在印度洋攻击很多商船后，造成船东恐慌、航运受阻。从马六甲海峡到整个太平洋、印度洋，很多国际性航运纷纷停止。在商船奇缺的情况下，政府为了维护殖民地宗主国的利益，对船运限制很严，新加坡各厂家和出口商忧心如焚。

欧洲战火纷飞，航运受阻，对陈嘉庚的黄梨罐头和米业产生了严重的冲击。洋行不但停止采购黄梨罐头，甚至连以前订的期货也不肯提货。这个时候恰逢黄梨季节刚过，陈嘉庚黄梨厂内积压了数万箱的货发不出去，黄梨厂被迫停工。熟米的运输也非常紧张，洋行和印度商人之前的订货也同样不愿提货，导致米厂"存栈万余包"。总之，因为船运减少，陈嘉庚的黄梨厂和米厂库存剧增，回款减少，经营资金非常紧张。

陈嘉庚焦虑万分，尤其为工人的生活费忧心忡忡，他说"市帐虽可停还，任其催逼，而各厂费及工人生活，则不能置之度外，艰难维持，度日如年"[1]。幸好到了冬季，局面才有所改观，船运稍松，黄梨膏和熟米"乃至年终存货略已售清"[2]。

由于欧洲战争是在下半年才爆发的，而且到了年终黄梨罐头和熟米存货也基本销售出清，所以从全年看，最终对陈嘉庚当年的商业收益影响不大：恒美公司得利3万余元；黄梨厂得利2万余元；谦益米店1万余元；福山园黄梨可以收成，但"尚不足垫全年之费"，没有盈利。扣除合作伙伴红利，陈嘉庚1914年得利4.5万元。

到了1915年，随着战事的扩大，船运持续紧张，运输困难，各船

---

[1] 陈嘉庚：《南侨回忆录》，上海三联书店2014年版，第421页。
[2] 陈嘉庚：《南侨回忆录》，上海三联书店2014年版，第421页。

运公司都不愿意运输稻谷和熟白米。所以,陈嘉庚要从越南、泰国采购稻谷,加工后运送熟白米到印度,这个商业闭环需要通畅的航运,但因为战争缺少船位而面临运输困难。

新加坡的一家黄梨厂(1915年)

面对运输困局,陈嘉庚并没有坐以待毙,而是"逼上梁山"决定自己租船运输货物。陈嘉庚租赁了两艘船,一艘"万达号",载重2500吨,租约1年;一艘"万通号",载重1300吨,租约2年。这两艘船经营数月后,陈嘉庚发现,不仅解决了自己的运米问题,而且还能利用空余时间和仓位承运其他货物,获得不菲收入。

后来,陈嘉庚看准机会,"自觉上山",再从香港租赁了两艘商船,每艘载重量2000吨,租约1年。这样,在1915年陈嘉庚一共租了4艘船。之所以敢如此大胆冒险租船经营,是因为陈嘉庚获得了为英国政府承运木料到波斯湾的合同,到波斯湾往返一次需要一个月,虽然获利不多,但船期比较灵活,2个月内可以自行安排。在灵活时间内,如果别的运输路线获利较多,就尽量去寻找获利较多的船运航线。如果其他线路无利可图或两个月期限到了,就给英国政府承运木料到波斯湾交货,风险较小。

这一年,陈嘉庚因祸得福,被逼无奈下偶然进入远洋航运业,结果获利不小:仅租船项目就获利20余万元;黄梨厂几乎没有生产,但是运气也很好,因为原先定购了大量制作罐头的白铁片,而战争导致铁片原料稀缺、价格猛涨,黄梨厂转卖白铁片获利 20 多万元；恒美公司得利 4 万余元；谦益米店 1 万余元。汇总以后，陈嘉庚当年获利 45 万元。

到了 1916 年，因为从香港租来的两艘船，以及租期 1 年的万达号均到期被讨回，只剩下万通号租期未到。陈嘉庚发现船运利润丰厚，但因为租金提高了，就决定不再租赁船只，而是干脆出资 30 万元，买下一艘载重 3000 吨的轮船，取名为"东丰号"。

至于熟米厂，因为在泰国、缅甸仰光等大米产地出现了很多类似米厂，而新加坡不产水稻，需要从国外进口稻谷，加工之后又出口到印度等地，大大增加了运输成本，大米加工厂没有竞争优势，很难与这些地区的企业竞争，陈嘉庚认识到"已现乏利气象，前程亦甚悲观无望矣"[1]。

另外，黄梨罐头的生意也因为战争爆发而走下坡路，"然自欧战后，销路甚短，减去不下十分之六"[2]。黄梨罐头市场的恶化，使得陈嘉庚的几个合伙人和经理多无心经营，陈嘉庚担心有风险，从 1915 年开始就转让和收缩黄梨罐头生产规模，把几个黄梨厂"集合在加笼区为一所，每日能制出两三千箱"[3]。

陈嘉庚还作出了一个重要决定，他把一个位于土桥头的黄梨厂，拆卸掉机器设备后，留下火炉，花费 5 万余元，添置机器、吊栈和加热风气，把黄梨厂改建为树胶厂。这是陈嘉庚树胶产业从种植向加工工业的第一次延伸，具有重要的意义。这家树胶厂刚开始做来料加工，为别的工厂作胶工，每月可出胶五六千担，得实利 1 万余元，一年就收回投资。

总之，1916 年陈嘉庚的商业版图有进有收，开始进行战略性布局，一方面收缩米业和黄梨罐头生产，另一方面开始涉足树胶加工业，开始为他走上商业巅峰铺平道路。当年的船运获利非常丰厚，全年得利 30 余万元；树胶厂得利 5 万元；谦益米店得利 1.2 万元；黄梨厂转卖白铁片得利 20 余万元。这一年陈嘉庚共收入 50 多万元。

1917 年春，陈嘉庚第一任妻子过世。悲痛之余，陈嘉庚继续奔波于其商业版图的缔造之中。首先，曾经作为"印钞机"的恒美公司熟米业"已完全不可经营"，于是，陈嘉庚花费 20 多万元，把晒谷的砖庭改建为平房安装机器，原有的仓库改建成四五层的厂房用来吊胶，并添置热气，把恒美米厂改建为树胶厂，商号取名为"谦益"。谦益

---

[1] 陈嘉庚：《南侨回忆录》，上海三联书店 2014 年版，第 422 页。
[2] 陈嘉庚：《南侨回忆录》，上海三联书店 2014 年版，第 422 页。
[3] 陈嘉庚：《南侨回忆录》，上海三联书店 2014 年版，第 422 页。

树胶园及加工厂（鳌园石刻）

树胶厂的业务是把湿胶片过绞加工为胶布，然后在新加坡卖给洋行。此时，陈嘉庚恰好认识了一位美国人，就委托其介绍认识美国的胶商。这个美国人回国后就给陈嘉庚牵线认识了美国胶业协会的经理人，于是陈嘉庚生产出来的胶布大部分直接卖给美国商人。

其次，1917年秋，陈嘉庚又出资42万元，购进一艘载重3750吨的轮船，取名"谦泰号"。至此，陈嘉庚拥有了两艘船，他的两艘轮船航行在新加坡、厦门、汕头、香港、槟城、仰光等东南亚国家和中国海港城市之间，载货兼载客，生意非常红火。

最后，1917年冬，陈嘉庚把所买的东丰号和谦泰号两艘船都租给法国政府，法国政府利用陈嘉庚的船运送物资到地中海区域，每月租金12万元，扣除各种费用和维修费，可以剩五六万元，合同期规定至战事结束后再加6个月。

总之，1917年，陈嘉庚继续在航运业收获满满，当年航运得利50余万元；黄梨厂因为卖白铁皮得利30余万元；经恒美公司改建的谦益树胶厂得利15万元；谦益米店得利1万余元。扣除合伙人红利之后，陈嘉庚个人得利90余万元。

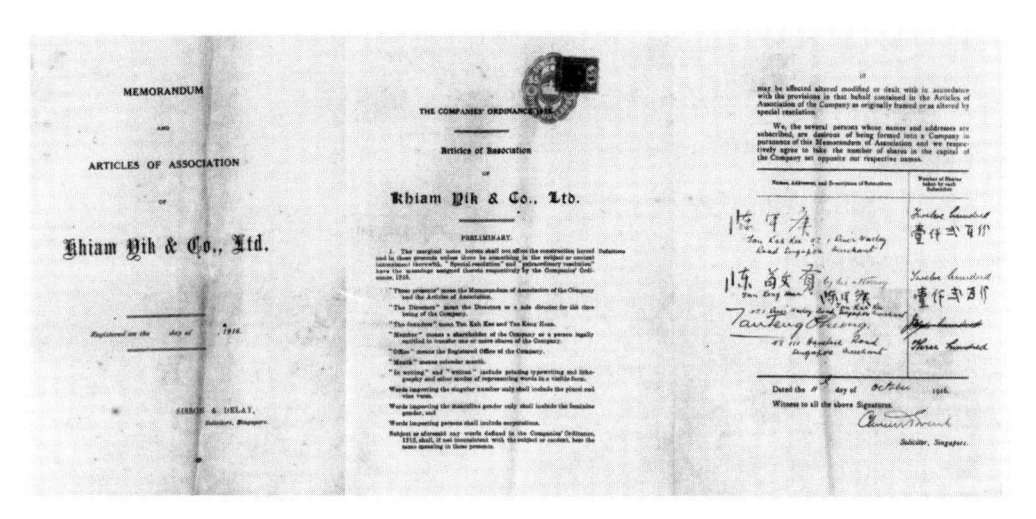

谦益公司注册资料

　　1918年是第一次世界大战的最后一年，也是陈嘉庚商业转型，为最终腾飞打下基础的关键一年。这年春，东丰号轮船在地中海被德国军队击沉，秋间谦泰号也在地中海被击沉，幸好两艘船事先都投了保险，东丰号保险赔款50万元，谦泰号保险赔款70万元，两艘船共获保险公司理赔120万元，比原购价还高。

　　此后，陈嘉庚用轮船的保险款在柔佛高踏丁宜路买了1000英亩橡胶园和2000英亩空山地，价格40万元。他还花了32万元在新加坡马珍律港边上买了30万方尺的一片空地。

　　自从一战以来，黄梨罐头销量减少，获利不多。但是，制造黄梨罐头的白铁片倒是连年看涨，陈嘉庚索性把大部分白铁片转手卖出去，赚取差价，四年间单出售白铁片就赚了100万元。这期间，因为经理人管理不善，导致白铁片有些腐蚀坏了，损失了20多万元。否则，倒手销售白铁片的收益更大。

　　但是，转卖白铁片不是长久之计，陈嘉庚考虑到，一方面黄梨罐头生意一直下降，另一方面黄梨厂的股东和经理高管多数不认真，怕经营有风险。于是，1918年底，陈嘉庚果断把黄梨厂全部转让出售。陈嘉庚的创业是从1904年开办新利川黄梨厂和接手日新黄梨厂开始的，经历了14年的黄梨罐头市场兴衰起伏之后，陈嘉庚在1918年退出了黄梨罐头市场。

　　陈嘉庚在商业项目布局上有退有进、运筹帷幄。他保留了谦益米店，并且重心放在树胶产业上发力布局。此时谦益树胶厂资本已达200多万元，且直接与美国欧洲的贸易商交易，每年平均可获利五六十万元。此外，陈嘉庚还参股裕源公司、振成丰公司、槟城树胶公司，这三个公司均生产树胶，陈嘉庚占了三分之一多的股份，资本 50 多万元，三个公司每年也可以分利 10 万余元。

另外，福山园栽种树胶已经七八年，这个时候已经把黄梨摘除，全部种植树胶。树胶种植面积有 2000 多英亩，"再过两三年便有利可收"①。1918 年，陈嘉庚用轮船的保险款又在柔佛高踏丁宜路买了 1000 英亩橡胶园，将近可以收成。而新买的空山地 2000 英亩，开始雇人栽种树胶，预计一年多可以完工，每月需要垫本 1 万元。

1918 年，陈嘉庚各商号获利颇丰：谦益树胶厂得利 80 余万元；两艘船扣除本金外得利 60 万元；黄梨厂得利 10 万余元；谦益米店得利 1 万余元；扣除合作伙伴红利之后，陈嘉庚共计得利 140 余万元。

1918 年的陈嘉庚

总之，在第一次世界大战期间，陈嘉庚化危为机，抓住了欧洲战争带来的商机，已成长为一位崭露头角的华侨实业家。从 1915 年到 1918 年，四年赢获巨利 450 万元，仅航运业就共收入 160 万元，黄梨厂转卖白铁片的意外收入也达 100 万元。而且，陈嘉庚商业版图的重心逐渐转移到橡胶业上来，树胶业短短 3 年得利超过 100 万元。

当时，包括陈嘉庚拥有的两间胶厂在内，分布在新加坡、马六甲的华商胶厂共有 72 间之多，经营橡胶进出口贸易的华商也有四五十家。②但陈嘉庚的树胶业独树一帜，实现了差异化经营：他不仅设厂生产胶片，还大规模买地种植树胶，胶片出售不通过洋行中间代理商，而是直接与欧美商家交易。陈嘉庚牢牢地抓住树胶加工业的两头：一头是为树胶加工厂提供原料的树胶种植园，另一头是直接购买胶片的欧美客户商家。

2. 陈敬贤接手公司

1918 年冬天，一战结束后，陈嘉庚"便思回国久住，以办教育为职志，聊尽国民一分子之义务"③。虽然商业上取得了很大成功，但陈嘉庚内心深处一直有更大的事业想

---

① 陈嘉庚：《南侨回忆录》，上海三联书店 2014 年版，第 424 页。
② 杨进发著，李发沉译：《华侨传奇人物陈嘉庚》，陈嘉庚纪念馆 2012 年版，第 44 页。
③ 陈嘉庚：《南侨回忆录》，上海三联书店 2014 年版，第 423 页。

去开创，他"教育救国""教育立国"的信念深埋心底。早在1894年他还在父亲的米店做学徒打工期间，利用回国结婚的机会，他便将自己靠工资积累的2000银圆，在集美出资创办了"惕斋学塾"。

所以，1918年底，陈嘉庚在商业上经过艰苦创业和奋斗取得很大成功后，萌生了回国全职兴办学校从事公益教育的想法。他在离开新加坡回国之前，对自己未来的志向及已经建立的商业板块做了清晰的规划和安排。首先，他把各个营业机构改组成陈嘉庚公司，他自己是大股东，并让其弟弟陈敬贤加入成为股东，然后写信让陈敬贤回新加坡接手管理公司。彼时因为陈嘉庚1913年创办的集美小学缺乏师资，陈敬贤1917年被派回国筹办集美师范学校。

其次，陈嘉庚倾资办学的决心已经非常确定，他完全沉醉于把所赚的钱用于集美学校和创办厦门大学的憧憬之中。回国前夕，在一次宴会上他甚至公开宣布了自己的打算，即将把自己大部分盈利倾注于中国的教育事业上[①]。陈嘉庚还特意聘请律师按英国政府条例办理财产转移手续，将在南洋的所有不动产全部捐作集美学校永久基金。

陈嘉庚公司

---

① 见《国民日报》，1919年5月21日，1919年6月7日。作者转引自杨进发著，李发沉译：《华侨传奇人物陈嘉庚》，陈嘉庚纪念馆2012年版，第45页。

陈嘉庚公司总管理处（谦益厂）

　　1919年4月，陈敬贤回到新加坡，兄弟俩交接业务之后，陈嘉庚于5月启程回到集美。陈嘉庚回国办学期间，陈敬贤统揽公司的一切管理事务，他全力以赴、一心一意地搞好公司业务。不过，他与身居集美的兄长频繁地书信函件往来磋商事务，共谋对策，有关新增业务和投资事宜等重要事项，最终还是由身为大股东的陈嘉庚定夺。①

　　这一年秋，经过陈嘉庚复函同意，陈敬贤在原来陈嘉庚在1918年所买的马珍律港空地左边，以较低的价格，投资20余万元，又买了20余万平方尺的土地。至此，在马珍律所买的土地有近60万平方尺，共投资50多万元，空地填平平整又花了四五万

---

① 戴渊认为，从1920年起，陈嘉庚的企业有了一个质的飞跃，进入了一个崭新阶段，从一个单纯营商的家族企业变成一个为了祖国的工业发展、教育事业与民族复兴而奋斗的社会企业。见戴渊：《陈嘉庚企业集团的发展路径与历史地位》，《跨越时空的一代伟人——陈嘉庚研究学术研讨会论文集》第223页，2024年10月19日。

元。陈嘉庚认为这块土地位于新加坡河港边，载重数百担的接驳船可以直接到达，特别适合做仓储物流用地。

陈嘉庚回国后新加坡的房地产升值迅速，因为彼时新加坡货币贬值，南洋各地战后发财的人不少来新加坡买地投资置业，导致地价有的升了两三倍。1919年冬，陈敬贤又与朋友合伙，在马珍律对面买了数万方尺空地，每方尺的价格在4元。如果比较一下，马珍律的土地每方尺价格2.5元，最低按2元计算，则马珍律的60万平方尺土地价值已经超过百万元了。

陈敬贤

最终，陈敬贤接手的第一年，"谦益"树胶厂获利90多万元；"谦益"米店得利6万元；扣除别人股份红利后，陈嘉庚公司在1919年获利90万元。

1920年，陈嘉庚在集美忙着建校办学，但一边仍然通过信函联系，掌控着新加坡的生意。这一年，新加坡的货币一直贬值，很多人把钱兑换出来存在上海或香港的银行。坡币贬值最高的时候到达300元坡币才能兑换国币100元。这个时候，陈嘉庚在新加坡赚的坡币回到国内兑换为国币，是很不划算的。但是，"余因急于尽教育义务，故仍依计划奋进，不以汇水而退缩"[1]。这年的主要经营活动包括：

第一，新加坡房地产行情不错，陈敬贤和友人合伙所买的土地正加紧开发，建成后预计房地产出售价格不错，但是建筑原料成本也上升不少。

第二，陈嘉庚写信告诉陈敬贤，把土桥头树胶厂改为树胶熟品制造厂[2]，生产胶鞋底、马车轮胎等橡胶制品。此举意义重大，意味着陈嘉庚全力以赴开拓的树胶业从种植，到加工，又延伸到树胶成品制造，全产业链格局基本形成。

第三，听说在三条巷粟庭隔壁有一家"远利火锯厂"要拍卖[3]，陈嘉庚函告知他弟弟

---

[1] 陈嘉庚：《南侨回忆录》，上海三联书店2014年版，第425页。
[2] 熟品是指制成品。橡胶分为天然橡胶和合成橡胶。天然橡胶主要来源于橡胶树，当这种橡胶树的表皮被割开时，就会流出乳白色的汁液，称为胶乳，胶乳经凝聚、洗涤、成型、干燥加工之后即得天然橡胶（生胶）。合成橡胶是由人工合成方法而制得的，采用不同的原料（单体）可以合成出不同种类的橡胶。以生胶为原料的橡胶制品的基本工艺过程包括：塑炼、混炼、压延、压出、成型、硫化六道基本工序。橡胶制品（熟品）包括橡胶手套、乳胶枕头、乳胶丝、乳胶玩具、雨鞋、暖水袋、松紧带、输血管、避孕套、轮胎、运输带、胶管、密封圈、防震垫等等，广泛用于人们日常生活和工业生产领域。
[3] 火锯厂：指木材加工工厂。由于木材加工需要的机械动力需要用锅炉来支持，因此在当时把木材加工厂称为火锯厂。

用 25 万元买下来，可以兼营黄梨厂①。这是陈嘉庚企业第一次涉足木材加工业。

第四，陈嘉庚因各种原因退出了参股的裕源、槟城和振成丰三家树胶公司，造成了 30 万元的损失。首先，裕源公司经理兼股东早有独立经营的意愿，这一年（1920 年）想囤积居奇，故意存货囤积 5000 余担树胶暂时不卖，成本每担 90 余元。不料碰上树胶价格大降特降，出售的时候每担亏损五六十元，总共亏损 30 余万元，给公司造成重大损失。公司只好清算散伙，陈嘉庚的本金原有 20 几万元，但是仅分得饼干厂的股份及屋业，价值只有 4 万元而已。

其次是槟城树胶公司，公司的股东兼经理改变销售方式，把一部分胶布委托洋行往美国代售，先收款七八成，这样前后委托代售五六千担胶布。但因为碰到胶布价格下降，导致亏损了 20 几万元，本地销售也亏本 10 几万元。公司亏损三十几万元，资本亏空，企业不得不停业。

最后，振成丰公司的 5 个股东理事之间发生了内部纠纷，起因是一个客家籍的合伙人因为侵吞公司款和私自经营他业，引起其他四个合伙人的不满。陈嘉庚本来想保全大局，"余函劝须念多年伙友勿复计较，他等不肯，遂致拆散"②。于是，大伙解散，公司股份全部转让给这个客家人，陈嘉庚也只好退出本金。

总之，1920 年由于树胶价格下降，陈嘉庚参股的公司损失惨重，但由于陈氏俩兄弟齐心协力、兢兢业业，当年陈嘉庚公司的谦益树胶厂仍然获利 90 余万元，谦益米店得利 2 万余元，扣除伙伴红利之后，公司全年得利 90 万元。

陈嘉庚（右 1）与陈敬贤（左 1）（摄于 20 世纪 20 年代）

① 由于行情持续低迷，陈嘉庚在 1918 年本来已经退出了黄梨业。
② 陈嘉庚：《南侨回忆录》，上海三联书店 2014 年版，第 425 页。

1921年，陈嘉庚回国之后完成了另一项伟大的事业——厦门大学正式创建开学。虽然陈嘉庚的工商业和公益教育事业两者密切相关，有很多交叉融合的历史事件，但由于本书主要目的是总结、讨论和传播陈嘉庚工商业经营中的创业精神和管理思想，我们的笔墨主要着眼于其工商业的发展事业。

1921年5月9日厦门大学校舍开工奠基石（陈嘉庚题写）

这一年，新加坡的房地产业在1920年上半年冲到了价格顶点后，下半年则"大降特降"①。陈敬贤和朋友合伙在1918年买地开发建设的栈房，投资了20几万元，即使亏本出售也没有人接盘。此外，树胶熟品制造厂、火锯厂、黄梨厂也垫付了很多资本。树胶园因为树胶价格下降，只好停止采割，但新旧园每个月也要花费2万多元。此外，集美学校和厦门大学的建设及办学经费每个月也要数万元。因开支较大，陈嘉庚公司已向银行借债了数十万元。

虽然经济形势不好，陈嘉庚公司的树胶厂1921年仍得利约100万元，而米店、火锯厂、黄梨厂仅获利4万余元，扣除伙伴红利之后，陈嘉庚公司全年得利100万元。

---

① 陈嘉庚：《南侨回忆录》，上海三联书店2014年版，第426页。

3. 公司达到登峰造极

1922年春,陈敬贤在新加坡为公司殚精竭虑、积劳成疾,患上了肺痨病和胃病,被迫停止工作,需要回国治疗调养。这样一来,陈嘉庚只好放弃长期居住国内兴办教育的计划,不得不第六次下南洋回到新加坡,继续亲自掌管公司各项业务。

陈嘉庚原计划是几个月内安排好各项事务之后,再回中国一心办教育,但是到新加坡后,他发现树胶业竞争异常激烈,同行已有好几家竞争者同样直接跟美国胶商交易,所以,陈嘉庚公司面临因竞争导致的利润日趋下降。发觉此状后,陈嘉庚产生了顾虑,改变了回国计划,他认为"厦集二校,均在扩充,所需经费多赖此途之利源,故不得不转变方针"[①]。

因为胶市行情不好,马来亚各个地方的小规模胶厂,大部分都亏损,很多企业处于停业或半停业状态,都急着转让出售。于是,陈嘉庚到处去考察,最后花费20余万元,低价收购了分布在马来亚的峇株巴辖、麻坡、巴双、咭株牙惹、怡保、江沙、实吊远、太平、霹雳9个树胶工厂,包括工厂的机器、仓库等。然后,对这些工厂进行改造,每个厂都扩建吊栈热房,改造改良机器设备,又花费了10万余元。此外,1920年因亏本停业的槟城树胶公司厂房停业两年后,重新修整恢复生产并扩大规模,又花费了数万元。这些树胶厂的改建扩建都在年内完工,每月可产胶布3万余担。

至此,从1915年黄梨厂改建的土桥头树胶厂(1920年改为树胶熟品制造厂),1917年恒美米厂改建为谦益树胶厂,再加上1922年陈嘉庚收购的9家树胶厂,以及槟城树胶厂的重建恢复,陈嘉庚公司共有11个树胶厂。此外,陈嘉庚还注资10万元,扩建土桥头树胶熟品制造厂,添置新式机器,大量生产帆布胶鞋、鞋底、马车与手推车用胶胎、胶管等产品,并把这些产品销往世界各地。

总之,1922年陈嘉庚重回新加坡后,为了筹足经费,保障集美学校和厦门大学的办学经费,加速了树胶领域的业务扩展,重点布局树胶加工和树胶制品生产,以期获得更多利润来支持国内办学。1922年各个树胶厂得利约100多万元,而米店、熟品制造厂、火锯厂、黄梨厂得利10万余元,扣除伙伴红利之后,陈嘉庚公司1922年得利110万元。

---

① 陈嘉庚:《南侨回忆录》,上海三联书店2014年版,第426页。

1923年，陈嘉庚50岁，迈入知命之年。这一年，陈嘉庚的生意有适度扩张，熟品制造厂的员工已增至千余名，生产除汽车轮胎外，还有各类轮胎、胶帽、胶制玩具、胶球等众多产品。为了推广产品，陈嘉庚注册了"钟"牌商标，为胶鞋设计推出了"捷足先登"的广告。考虑到每年所用商标、广告等印刷品数额巨大，给人承印不合算，于是陈嘉庚自办了一家印刷所。1923年，他还创办了华文报纸《南洋商报》，开始涉足媒体业，同时便于为自己的产品做广告。当年树胶厂的竞争开始激烈，导致树胶厂得利下降至90多万元，而熟品制造厂、米店、火锯厂、黄梨厂等其他得利增加到30万余元，扣除伙伴红利之后，陈嘉庚1923年得利增加到120万元。

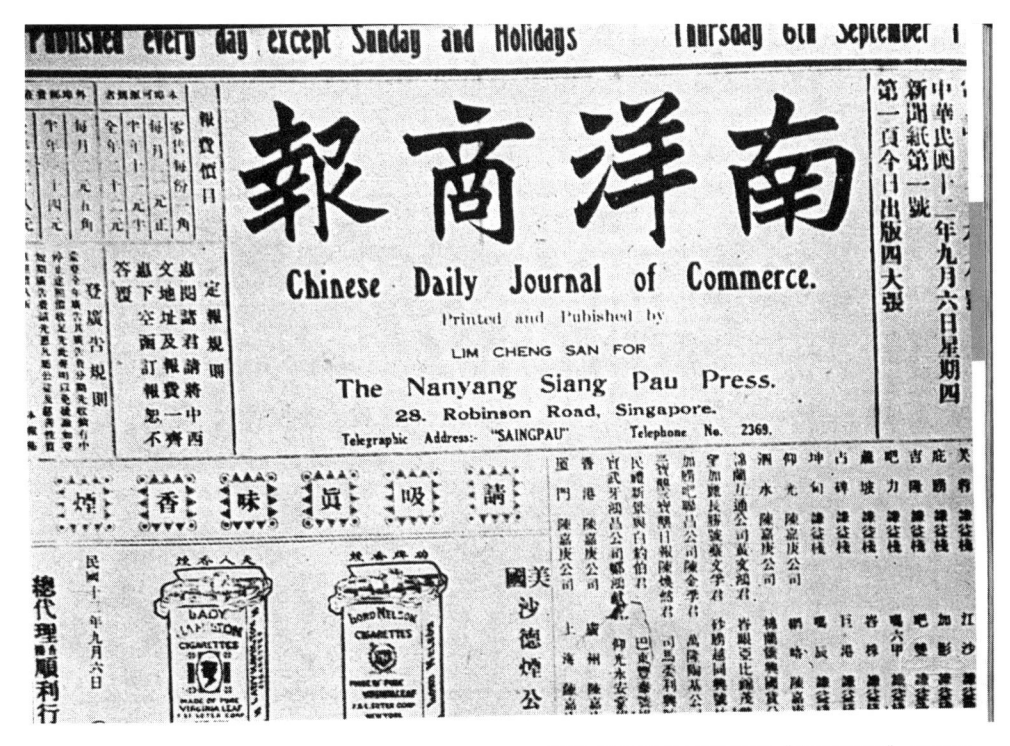

1923年9月6日发行的《南洋商报》创刊号

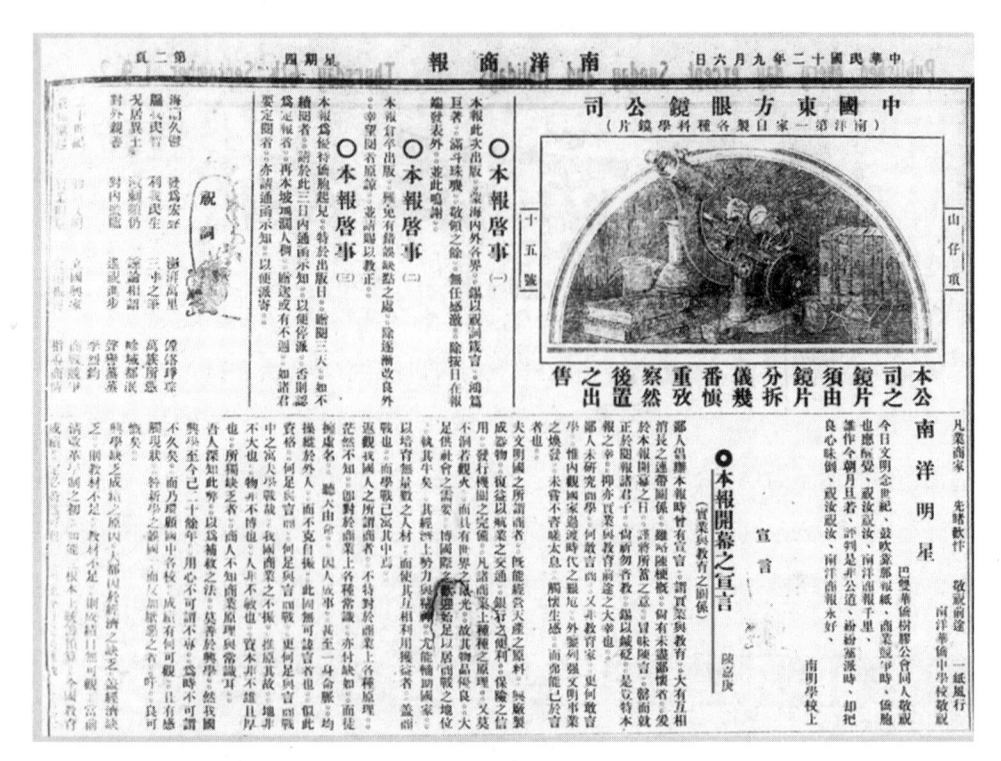

陈嘉庚在《南洋商报》创刊号上发表"本报开幕之宣言"

《南洋商报》最早的社址

1924年，陈嘉庚认为公司的生胶加工厂规模已扩充到最大限度（11个树胶厂），树胶园也新旧相抵，不需要再投资垫本，唯有树胶熟品制造业尚有发展余地。因而，从1920年把土桥头树胶厂改建为树胶熟品制造厂，尝试生产树胶终端产品四五年之后，陈嘉庚在1924年不惜投下巨资，大举进入树胶熟品制造业，扩大规模，生产如各种车轮胎、各日用品、医生用具、胶靴鞋等等。例如，为了能生产出汽车轮胎，陈嘉庚从爪哇岛万隆的荷兰商人处购买了机器，聘请了英国的工程师负责生产工作，后来又聘请意大利的工程师。可惜刚开始所生产的轮胎品质稍劣，让陈嘉庚大失所望。后来，陈嘉庚的儿子陈博爱埋首钻研了三年，汽车轮胎的品质才取得了突破性的改进。

生产出大量树胶制品后，陈嘉庚发现销路是一个问题，于是在马来亚、荷属印尼各个港口城市开设了十几处销售点，把产品直接卖给用户。1924年，谦益等各个树胶厂得利约150万元，其他产业得利30万余元，扣除伙伴红利之后，陈嘉庚公司1924年得利170余万元。

陈嘉庚公司第一发行所

1925年，从企业获利的角度看，陈嘉庚的工商业达到了巅峰。这一年，英国政府限制树胶出产，而荷属印尼没有限产，但产量不大，英国政府在新加坡的限产导致树胶价格猛涨，树胶价格每担由年初的30余元，上涨到50余元，到年底冬间竟高达200元。秋初的时候，因为价格坚挺，陈嘉庚把三合园以每亩700元的价格，卖给了英国人，陈嘉庚获得四分之三的收入，实收100万元。同时，陈嘉庚又以每亩平均200余元的价格，大量投资收购树胶园，一共买了五六个树胶园，分布在柔佛的有7000余亩，分布在新加坡的有1000余亩，耗资220余万元。至此，陈嘉庚所拥有的胶园面积增至1.5万英亩，他成为南洋华侨大橡胶园主之一。

除了大规模种植树胶，陈嘉庚公司还大举进入树胶熟品制造行业。为了销售各种各样的橡胶制品，陈嘉庚在上海、香港、厦门、广州等国内十几个城市设立了分销商店。因为树胶价格上涨，再加上陈嘉庚公司原料采购充足，生产充分，而"乏人竞争"，所以，这一年树胶厂有"多利""厚利"。最终，谦益等各个树胶厂得利约400余万元；出售三合园得利100万元，树胶熟品制造厂得利150万元，米店、火锯厂、黄梨厂等其他得利20万余元，扣除伙伴红利之后，陈嘉庚公司1925年得利790万元左右。这是陈嘉庚创业生涯中，企业史无前例获利最多的一年，也是他一生中商业登峰造极、资产最巨之时！

陈嘉庚公司树胶熟品制造厂

综上所述，从 1914 年到 1925 年，陈嘉庚在航运业获得巨利之后，逐渐把产业从黄梨罐头和米业转移到树胶业，扩大树胶业从种植、加工到成品制造的全产业链布局，最终把自己的商业王国发展带入了最辉煌的阶段（见表 2-5）。

表 2-5　1914—1925 年陈嘉庚创业辉煌阶段商号发展情况

序号	时间	商业发展情况	投资/获利
1	1914 年	一战导致航运困难，黄梨和米厂库存增加	/
2	1915 年	把几个黄梨厂集合在加笼区为一所，每日生产两三千箱黄梨罐头	/
3	1915 年	先后租赁万达号、万通号和香港的两艘商船，涉足航运业	获利 20 万元
4	1916 年	购进载重 3000 吨轮船东丰号	30 万元
5	1916 年	土桥头黄梨厂改建为树胶厂	5 万元
6	1917 年	恒美米厂改建为谦益树胶厂，并把胶布直接出售给美国商人	20 万元
7	1917 年秋	购买载重 3750 吨的轮船谦泰号	42 万元
8	1917 年冬	东丰号和谦泰号租给法国政府	每月租金收入 12 万元
9	1918 年	东丰号和谦泰号在地中海先后被德国军队击沉	两艘船共获保险公司理赔 120 万元
10	1918 年	用保险款在柔佛高踏丁宜路购买 1000 英亩橡胶园和 2000 英亩空山地	40 万元
11	1918 年	在新加坡马珍律港边购买 30 万方尺空地	32 万元
12	1918 年底	黄梨厂股份全部转让出售	不详
13	1918 年	参股裕源公司、振成丰公司、槟城树胶公司，占三分之一多股份	50 多万元
14	1918 年	福山园摘除黄梨，全部种植树胶；2000 英亩空山开始栽种树胶	空山栽种树胶一年完成，投资 12 万元
15	1919 年春	陈嘉庚回国办学，陈敬贤接管各项实业	/
16	1919 年秋	购买马珍律港旁边 20 余万平方尺土地	20 多万元购买土地，5 万左右的土地平整费用

续表

序号	时间	商业发展情况	投资/获利
17	1919年冬	陈敬贤和朋友合伙在马珍律对面买了数万方尺空地	每方尺4元
18	1920年	陈敬贤和友人所买的土地加紧开发	不详
19	1920年	把土桥头树胶厂改为树胶熟品制造厂	不详
20	1920年	拍卖收购远利火锯厂,兼营黄梨厂	25万元
21	1920年	各种原因退出裕源公司、振成丰公司、槟城树胶三家公司股份	损失30多万元
22	1920年	裕源公司清算分得饼干厂	/
23	1921年	陈嘉庚正式创办厦门大学	/
24	1921年	新加坡房地产下半年价格大降特降,陈敬贤和朋友合伙开的栈房,投资了20几万,亏本出售也没有人接盘	/
25	1921年	因为树胶价格下降,树胶园停止采割	/
26	1922年春	陈敬贤生病回国,陈嘉庚第六次下南洋回到新加坡重新打理商业	/
27	1922年	趁胶市行情不好,陈嘉庚低价买下9个树胶工厂,并扩建改造	30万元
28	1922年	槟城树胶公司停业两年后,重新修整扩大规模并投产	数万元
29	1922年	树胶厂改建扩建,每月可产胶布三万余担	10多万元
30	1923年	跟振成丰、信诚两家公司的合约纠纷	/
31	1923年	公司每年所用商标、广告等印刷品数额巨大,创办印刷所	
32	1923年	创办华文报纸《南洋商报》,开始涉足媒体业,同时便于为自己的产品做广告	/
33	1924年	大举投资树胶熟品制造业,筹备和尝试生产如各种车轮胎、各日用品、医生用具、胶靴鞋等等	/

续表

序号	时间	商业发展情况	投资/获利
34	1924年	在马来亚、荷属印尼各个港口城市开设了十几处树胶制造品销售点	/
35	1925年	树胶价格猛涨,出售三合园	获利100万元
36	1925年	收购五六个树胶园,分布在柔佛的有7000余亩,分布在新加坡的有1000余亩。	耗资220余万元
37	1925年	在上海、香港、厦门、广州等国内十几个城市设立了树胶制品销售商店。	/

资料来源:根据相关资料信息,作者整理自制。

如果将陈嘉庚经商创业的前面两个阶段进行简单对比,1904到1913年创业起步和发展阶段的10年,陈嘉庚累计获利81.5万元。但是,从1914年到1925年,陈嘉庚商业发展成熟辉煌阶段,12年内一共获利1799.5万元。第二阶段的获利金额是第一阶段的22倍!如表2-6所示。

表2-6 陈嘉庚创业辉煌阶段获利情况

时间	获利情况
1914年	4.5万余元
1915年	45万元
1916年	50多万元
1917年	90多万元
1918年	140多万元
1919年	90万元
1920年	90万元
1921年	100万元
1922年	110万元
1923年	120万元
1924年	170多万元
1925年	790万元
合计	1799.5万元

资料来源:根据相关资料信息,作者整理自制。

1925年，虽然陈嘉庚的树胶熟品制造厂仍处于扩充阶段，但是，当年获利790万元，这是陈嘉庚在商业经营中创造的奇迹！根据陈嘉庚的估计，1925年他拥有的资产包括：树胶园15000亩，每亩400元，价值600万元；谦益各个树胶厂的机器、工厂、仓库值100万元，流动资金400万元；树胶制造厂的机器、工厂值150万元，流动资金有150万元；所买的空地、仓库估值50万元；火锯厂、米店、黄梨厂等估值50万元。这些资产加起来有1500余万元，扣除欠银行的贷款近300万元，陈嘉庚公司实有资产1200万元！

处于商业巅峰的陈嘉庚公司彼时拥有1间橡胶熟品制造厂，12间橡胶加工工厂，1.5万英亩橡胶种植园，2间黄梨厂，他还拥有米店、饼干厂、火锯厂、肥皂厂、制药厂、制革厂、皮鞋厂、制砖厂、铸铁场、印刷厂，并创办了一份在商业圈子中颇为抢手的报纸《南洋商报》。他所组建的销售网络直营分行有80多家，分布在星马地区、印尼、缅甸、暹罗（泰国）、安南（越南）、菲律宾、中国等国家和地区；分布在欧洲、亚洲、非洲、澳洲、美洲等区域的代理商有100多家；这些销售网点覆盖了东南亚各个主要商埠和国内40多个城市，以及英国、法国、德国、美国等全球40多个国家和地区（见表2-7）。

这时，陈嘉庚公司所雇佣的职员达到3万多人，仅土桥头树胶熟品制造厂在企业规模顶峰时期就有6200多名工人和200多名职员，雇员中不仅包括大量的华侨工人，还包括来自英国、德国、意大利等国家的技师。[①] 彼时的陈嘉庚已跻身"千万富豪"俱乐部，其影响力之大，被英国当局和社会各界公认为星马乃至东南亚最卓著的大实业家。

表2-7　陈嘉庚公司鼎盛时期的营业范围

各分行的分布	星马地区：新加坡（7间）、柔佛、士乃、笨珍、文律、峇株巴辖、哥踏丁宜、居銮、麻坡、丰盛港、昔加末、金马士、淡边、马六甲、芙蓉、实吊远、加影、吉隆坡、巴生、怡保、江沙、太平、安顺、金宝、峇都牙惹、居林、丹绒马林、瓜拉立卑、亚罗七打、槟城、北海、关丹、甘马挽、哥踏峇汝英属香港和九龙、婆罗洲之古晋、诗巫、纳闽、亚庇、山打根。

---

① 关于陈嘉庚公司在最鼎盛时期具体有多少雇员，有两种说法。第一种说法来自陈嘉庚次子陈厥祥的估计，他认为陈嘉庚企业在顶峰时期员工有32000多人；另一种说法来自1934年2月22日《民国日报》，认为陈嘉庚企业有员工15000人。见杨进发著，李发沉译：《华侨传奇人物陈嘉庚》，陈嘉庚纪念馆2012年版，第55页。

续表

	印尼：椰加达、日惹、万隆、井里汶、三宝垄、泗水、孟加刹、棉兰、亚沙汗、占碑、实武牙、吧东、巨港、楠榜、马辰、坤甸。
	缅甸：仰光、瓦城、岜淡棉、拉戎。
	暹罗：曼谷。
	安南：堤岸。
	菲律宾：岷尼拉。
	中国：广州、澳门、佛山、江门、韶关、汕头、潮安、海南岛、海口、厦门、泉州、漳州、兴化（莆田）、福州、温州、桂林、梧州、衡阳、贵阳、杭州、南京、芜湖、镇江、上海（三间）、无锡、苏州、浦口、徐州、宜昌、武昌、汉阳、柳州、南宁、保定、太原、烟台、济南、长沙、天津、青岛、九江、郑州。
各直接代理处的分布	欧洲：英国（英格兰、苏格兰、爱尔兰）、法国、德国、西班牙、葡萄牙、荷兰、丹麦、芬兰、挪威、瑞典、比利时、瑞士、意大利、希腊、波兰、奥地利、土耳其、捷克。
	亚洲：日本（东京、大阪）、符拉迪沃斯托克、印度（加尔各答、马德拉斯、孟买）、锡兰、阿富汗、波斯、亚丁。
	非洲：埃及（开罗、亚历山大港）、阿尔及利亚、摩洛哥、马达加斯加、好望角。
	澳洲：雪梨、伯斯、新西兰。
	美洲：加拿大（温哥华、纽芬兰）、美国（三藩市、檀香山）、墨西哥、巴拿马、牙买加、古巴、巴西、阿根廷。

资料来源：陈嘉庚纪念馆"华侨旗帜 民族光辉——陈嘉庚生平陈列"。

陈嘉庚公司鼎盛时期的橡皮布车间

陈嘉庚公司鼎盛时期的胶底车间

陈嘉庚公司鼎盛时期的轮胎车间

英国殖民部大臣翁斯比·戈在访问新加坡、马来西亚期间，曾经参观陈嘉庚公司，在他向英国政府的报告中，表达了对陈嘉庚公司所取得的成就的推崇和深刻印象：

陈嘉庚先生在新加坡的工厂，是亚洲（如果不是世界）最令人瞩目的大企业之一，这一位雄心万丈的企业家在新加坡制造的长筒靴、鞋、帽、皮革、胶制品如汽车及单车轮胎，以及糖果等工厂，规模庞大，产品多元化，而这些全凭他个人资力开创出来，并赋予中国式之管理模式。他雇用数千名员工，包括不少素质优越之妇女，然后将产品输往中国各地及远东地区。一项以新加坡为枢纽的黄梨罐头工厂，其东主及管理人亦为中国人，产自荷属东印度之苏门答腊及波罗洲的乳胶几乎都是经过新加坡加工才运往欧美各地[①]。

---

① 杨进发著，李发沉译：《华侨传奇人物陈嘉庚》，陈嘉庚纪念馆 2012 年版，第 54 页。

四、企业衰落和退出阶段：经济危机中传奇商业生涯的悲壮落幕（1926—1934年）

1. 胶市行情暴跌导致企业亏损

1926年，陈嘉庚继续扩大树胶熟品的制造和销售，所以他又开支数十万元在南洋一带和中国开设了十余处树胶制品销售分行。陈嘉庚如此重视树胶熟品的生产制造，除了想为公司赚取更多利润之外，还有一个更深远的目的，他认为20世纪是树胶时代，但中国的树胶工业几乎为零，日本有大大小小的树胶制造厂四百多家，而中国没有一家像样的树胶制造厂。陈嘉庚认为新加坡的树胶制造厂，员工基本上是华侨，这些工人可以学习掌握树胶制造过程中的化验、设备和机器操作、各产品生产工艺等等方面的技术和经验，可以训练和培养这些工人和职员。然后工人回国之后，可以把这些技术和经验带回国内发展胶业，"如师范学校之训练学生，俾将来回国可以发展胶业。愚于个人经营之外，尚抱此种目的，故不惜资本，积极勇进"①。

事实确实如此，陈嘉庚公司培养了很多树胶行业的人才，尤其是1925年前后，因为胶厂获利丰厚，导致很多职员想跳槽单干，也有不少是外面的同行来挖人合伙。这些从陈嘉庚公司跳槽出来从事树胶业的经营者，很多成为同行竞争者，包括李光前、陈六使等。

正当陈嘉庚在树胶业取得辉煌成绩，想继续运筹帷幄、大显身手的时候，却遭遇了一波胶市行情的熊市。1926年自春至冬，"树胶降价如流水就下，由每担一百七八十元跌到九十余元"，树胶价格跌了将近一半，再加上同行各个厂家之间竞争激烈，"各厂不但乏利，尚当亏损"②。

正因为树胶价格下降，经济形势不好，陈嘉庚当年本来计划创办一家造纸厂，已经花了20几万元定金购买机器，"见市势已不好，即取消不敢进行"③。这种糟糕的经济形势造成陈嘉庚公司现金流紧张，从而影响到了厦门大学和集美学校的建设，厦门大学校舍已经开建的建完就停工了，而

---

① 陈嘉庚：《南侨回忆录》，上海三联书店2014年版，第429页。
② 陈嘉庚：《南侨回忆录》，上海三联书店2014年版，第429页。
③ 陈嘉庚：《南侨回忆录》，上海三联书店2014年版，第429页。

集美校区的建设到 1926 年冬天就全部停止了。虽然学校的基建停止了，但是日常办学经费还是按计划拨款。

最终，1926 年陈嘉庚各个树胶厂从前一年获利 400 余万到亏损 30 几万元，其他各业均无利，而需要支付利息支出 40 余万元，厦大、集美办学支出 90 余万元，办造纸厂机器损失 20 万元。所以，陈嘉庚在当年不仅没有收益，反而亏损支出高达 180 余万元。这是陈嘉庚自 1904 年创业以来，企业第一次出现年度亏损。

1927 年，因为环球饼干厂的经理与股东闹矛盾不和，想出售股份。陈嘉庚买下饼干厂，并花费十余万元，扩充更新设备。由于资金紧张，1927 年夏天，陈嘉庚把 5000 英亩树胶园卖给英国人，按每亩 500 元的价格，共计得 250 万元。这一年陈嘉庚公司的胶业仍面临困境，一方面胶市继续疲软，仍无好转迹象；另一方面，不少人从陈嘉庚公司的谦益树胶厂和马来亚各个树胶厂离职，独立门户创办树胶公司。大家都蜂拥而上，去创办树胶厂，导致"由是竞争益形剧烈，个厂绝无毫利可图"①。

因为胶业已成为陈嘉庚公司的主要产业和重要利润来源，胶园、生胶和其他各业形势不好，而支付厦门大学、集美两校的日常经费和利息每月要十多万元，陈嘉庚在 1927 年颇感心力交瘁，他说："自欧战以来，入息多靠此途营业，兹乃如是变迁，前程甚为悲观。……衷心苦况难可言喻。"②

但是，陈嘉庚对树胶熟品制造厂抱有希望，他想扩大橡胶制品的销售规模，因此在 1927 年又增设了十几处销售分店。因为行情和竞争影响，1927 年陈嘉庚公司的谦益树胶厂、树胶熟品制造厂、胶园均无利；饼干厂、火锯厂、黄梨厂、米店得利数万元，只够义捐和家庭开支，所余无几。而这一年，厦大、集美的办学开支 70 余万，利息支付 40 余万元，共计亏损开支 120 万元。

1928 年春，陈嘉庚为了解决资金困难，又卖了 6000 英亩树胶，每亩 400 元，收入 240 万元。但是，1928 年 5 月，国内发生"济南惨案"，引起南洋华侨强烈的抵制日货运动，陈嘉庚被选为筹款救济侨民大会主席。《南洋商报》也宣传抵制日货，揭露奸商走私，因为报道揭发一家商店用船运送日货，这商家暗中雇人下毒手，纵火焚烧陈嘉庚的树胶熟品制造厂，造成陈嘉庚货物、机器的损失达近百万元，保险赔偿一部分后仍然损失 50 余万元。

---

① 陈嘉庚：《南侨回忆录》，上海三联书店 2014 年版，第 430 页。
② 陈嘉庚：《南侨回忆录》，上海三联书店 2014 年版，第 430 页。

焚毁后的橡胶厂（《良友》1928年）

这一年，陈嘉庚公司的收益情况仍非常严峻：谦益等各树胶厂仍然无利；树胶熟品制造厂虽然采取措施，将各种物品降价销售，但也无利可图，况且遭火灾损失50余万元；其他饼干厂、火锯厂、黄梨厂、米店得利几万元，只够义捐和家庭开支。在此艰难之际，陈嘉庚不忍放弃办学事业，仍坚持给厦大和集美学校提供60余万，利息支付40余万元，加上火灾损失50余万元，当年共计亏损160余万元。

总之，因为胶市行情滑跌，形势惨淡，再加上胶业竞争异常激烈，1926年到1928年，陈嘉庚公司三年共计亏损460万元。为了负担利息支出和办学经费，他被迫出售了1.1万亩橡胶园。陈嘉庚在1925年底的时候拥有净资产1200万元，而到了1928年底，资产已经缩水一半，"仅存资产实额五六百万元"[①]，短短3年，资产损失惨重。

2. 经济大萧条使陈嘉庚公司雪上加霜

屋漏偏逢连夜雨。1929年10月29日，美国纽约股市暴跌。这场发生在华尔街的股灾迅速波及世界各地，最终演变为一场冲击严重的全球经济危机。世界经济大萧条，各种商品的价格大降特降，树胶价格从1925年的每担200元降至七八元。因为树胶价格一落千丈，大多数树胶园主被迫停止采割，但又不忍完全放弃，所以仍保留一部分工人采割，树胶销售的收入只够工人基本生活费，每人每天仅2毛钱，工人生活非常困

---

① 陈嘉庚：《南侨回忆录》，上海三联书店2014年版，第431页。

苦，需要非常勤奋才可以赚到这个钱。经济危机导致大量工人失业，政府发放路费把大量华侨送回国内。

陈嘉庚公司生产的胶布鞋从经济危机前的每双1元，降至每双2角多。从各种原料，到制造生产出来的各种产品，价格都跌去了一大半。陈嘉庚树胶制造厂在全世界80余处的销售分店，以及工厂内库存的生品和熟品，跌价超过100万元。总之，陈嘉庚公司产品和原料大量积压，价格猛跌，再加上日货涌入形成激烈的竞争，公司营业一蹶不振，遭受了空前打击。

祸不单行，1930年3月29日，陈嘉庚公司旧的橡胶制造厂失火，造成40余万元损失。[①] 从1929年到1931年，谦益树胶厂没有任何收益，饼干厂、火锯厂、黄梨厂、米店得利不多，只够义捐和家庭开支。这三年虽然没有收益，但开支仍然不小：需要支付银行利息120万元，厦大和集美学校办学经费90余万元，树胶熟品制造

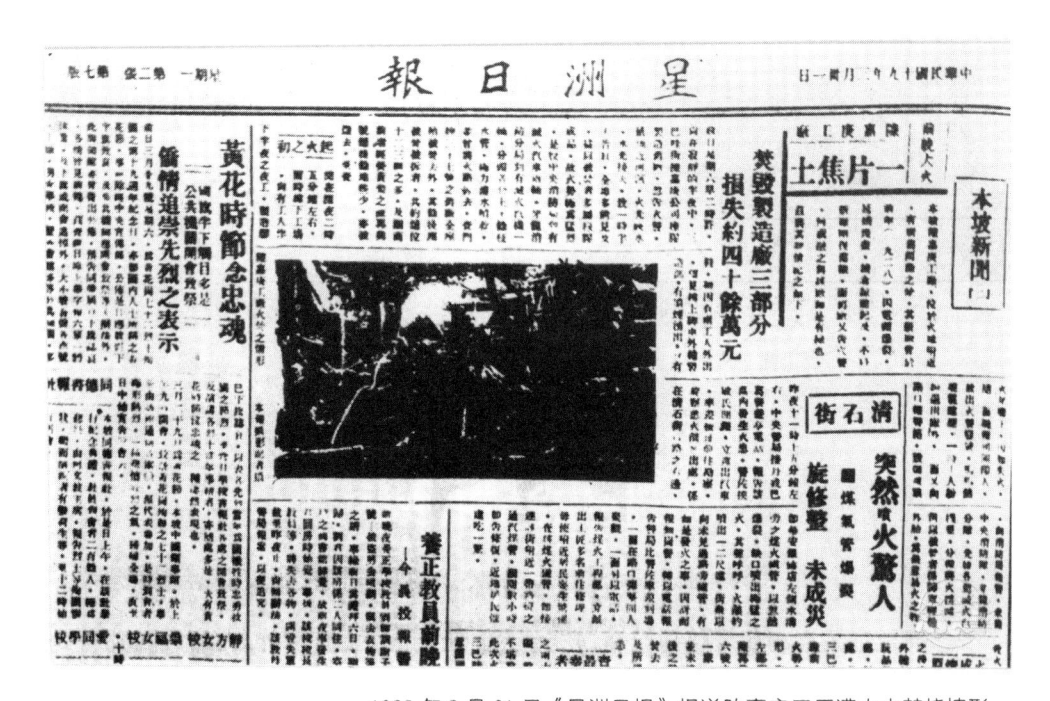

1929年的陈嘉庚

1930年3月31日《星洲日报》报道陈嘉庚工厂遭大火焚烧情形

---

① 陈嘉庚在《南侨回忆录》中并没有提及1930年3月的这场火灾。

厂投资支出70余万元，一共开支了280余万元；再加上树胶园估值损失40万元，陈嘉庚在这三年资产减少了320万元。陈嘉庚在1928年时拥有资产600万元，扣除320万元之后，陈嘉庚在1931年仅存有资产280万元。

1931年，因为陈嘉庚公司银行借款已经达到了400余万元[①]，公司已资不抵债，无力偿还利息。于是，各银行组成一个代表团，商议把陈嘉庚公司改为股份有限公司，条件是利息可以酌情减少一部分，但是厦集两校的经费也要裁减大半，每月仅限汇出办校经费5000元，陈嘉庚被迫接受银行的条件，"余不得不迁就之"[②]。

1931年8月，陈嘉庚股份有限公司成立，接受陈嘉庚企业全部资产和负债。公司实收资本约150万元，共分为15010股，陈嘉庚持有14501股，陈敬贤持有501股，八家债权银行持有8股。公司同时向债权银行发出300多万元的债券，作为公司负债的部分担保。陈嘉庚虽然在公司占有股份最多，但按照股份公司章程规定，在公司完全偿还债务之前，陈嘉庚在股东大会上没有投票权，从而在股份公司中失去了控制权。在公司董事会中，银行团委派了荷若斯（F.G.Herose）、叶玉堆和李光前为董事，荷若斯代表外资银行拥有决策大权。尽管陈嘉庚失去了决策大权，但他继续主持公司业务，任董事兼总经理，银行派一人任副经理，月薪各1000元。为了加强对公司董事会的控制，作为最大债权人的五家银行联合组成了一个银行团委员会，负责监督公司财务政策。

3. 公司收盘歇业

1932年，全世界经济危机仍然严重，资产价格猛烈下降，很多抵押的资产都纷纷爆仓，经济一片萧条。很多工人失业或回国，留在马来亚的工人每日工资只有两三角钱，生活非常艰辛。很多树胶园园主，因为无力偿还银行借债的利息或地租，被政府或债主拍卖，每英亩才四五十元，甚至有的每亩才十余元。[③]

大萧条猛烈地冲击了新加坡华商，"南洋资本家破产者难以数计"。[④] 昌裕公司、振成丰公司和志诚公司等纷纷倒闭，导致几千名工人失业。不倒的公司也被迫改组，如

---

① 杨进发博士在《华侨传奇人物陈嘉庚》中，根据MRCA《华人事务月刊》（1934年3月，第43期，第16页）指出陈嘉庚当时欠银行993万元。
② 陈嘉庚：《南侨回忆录》，上海三联书店2014年版，第431页。
③ 五年前，1927年夏天，陈嘉庚把5000英亩树胶园卖给英国人的时候，每亩胶园还值500元！
④ 陈嘉庚：《南侨回忆录》，上海三联书店2014年版，第432页。

和丰轮船公司因负债过巨而被改组为公共股份有限公司,华商、和丰、华侨三家银行不得不合并为华侨银行股份有限公司。①总之,经济大萧条使社会弥漫着恐慌、消沉、凄凉的情绪,整个社会愁云密布,人心惶惶不可终日。

1929—1933年世界经济大危机下的失业工人

陈嘉庚股份有限公司的新董事决策层,曾就促进树胶品的生产与销售做了一些努力。例如,它成立了一个咨询委员会,定期与来自总部、熟品厂、肥皂厂、饼干厂和星洲七个分行的代表聚会磋商。②但是,在经济大萧条和日本树胶产品大肆倾销的狂风暴雨中,陈嘉庚股份公司的经营困境仍无法挽回。到1932年12月,公司不仅没有收入,还报亏157万元。当年,按照跟银团的约定,厦大和集美学校的办学经费缩减到全年仅开支6万元。因为改组为股份公司以后利息虽然减少了10余万元,但是当年仍没有能力还清利息。

1933年,陈嘉庚60岁,花甲之年。这一年春,新加坡和槟城两个树胶厂,因为缺乏流动资本,租给了由李光前创办的南益公司。到了夏天,树胶行业"似有否极泰来之象",在马来亚的八九家小树胶厂似乎呈现了转机。然而在6月份的时候,股份公司董事会考虑到1932年下半年各个树胶厂都无利或亏损,决定把各个树胶厂停止营业,出

---

① 杨进发著,李发沉译:《华侨传奇人物陈嘉庚》,陈嘉庚纪念馆2012年版,第62页。
② 杨进发著,李发沉译:《华侨传奇人物陈嘉庚》,陈嘉庚纪念馆2012年版,第57页。

租给别公司，同时决定把分布在国内、新加坡和印尼等地的熟品制造厂销售分行收摊关门。

　　陈嘉庚不同意这个决定，"力劝以分店要收必大损失，至多收回两三成而已。又胶厂已转机有利，不可造次出租，彼均不肯"[①]。由于陈嘉庚已经无法全权控制公司，按照董事会的决定，陈嘉庚把尚存的巴双厂租给南益公司，由对方垫资经营，利息扣除后，所得利润按五分成捐为厦大和集美学校经费。此外，把麻坡厂租给由集美族亲陈六使创办的益和公司，约定利息扣除后，利润全部补充厦大和集美的校费。怡保、太平等工厂，则招各个经理人合租，陈嘉庚自己作为经理人也参加，同样约定如果有利，抽三成作为校费。峇株厂租给宗兴公司，条约也是如此。总之，陈嘉庚在生意衰落、公司清盘之际，尽力谋划做了一系列安排，为厦门大学和集美学校筹集经费。

南益公司

[①] 陈嘉庚：《南侨回忆录》，上海三联书店2014年版，第432页。

陈嘉庚有限公司上海分公司收盘清理

实际上，陈嘉庚公司当年面临一次最好转机。1933年5月，英国政府为了应对数年来的经济萧条，在加拿大渥太华召开英属各地代表会议，共同讨论关税壁垒问题，英国政府决定从1933年7月1日起提高进口英国的产品关税。如树胶靴子以前每双征收两角半，现在关税要增加至2元；胶布鞋每双7分，增加到7角半。但是，新加坡出口英国不受关税壁垒的限制，这给陈嘉庚公司带来了扩大在英国销售产品的机会。

果然，从1933年7月起，来自伦敦的8个大客户和其他商家，纷纷订购陈嘉庚公司生产的胶鞋和胶靴等产品，订货量大增。按照陈嘉庚的计算，每个月可生产5万双胶靴，每双可以得利1元半，每月可得利7万余元，这些胶靴可以在香港全部销售完。各种颜色花样的胶鞋每个月可以生产10万双，每双得利3角，每月可得利3万元。至于普通胶鞋，竞争激烈，每双得利一角多，每月可生产10余万双，得利1万余元。总之，胶靴、花样胶鞋和普通胶鞋每个月可以得利12万余元，形势喜人，陈嘉庚感叹"一年之后，本公司各业可以复兴，深以自慰"①。

然而，1933年8月，突然从英国伦敦来了一个被陈嘉庚形容为"魔商"的采购商大客户，拿着汇丰银行的介绍函，向新加坡汇丰银行做工作，要求把陈嘉庚公司所生产的所有靴鞋由这家公司独家专卖，而且说服银行团中的各位董事同意授予独家代理销售权。陈嘉庚极力反对，但是其他董事执意要求陈嘉庚接受。陈嘉庚警告董事会成员，这样决定的后果会两败俱伤。最后，竟然由汇丰银行经理直接出面，出言不逊，很霸道地说"我英国之利权不容他国人染指"，还说另外七家采购商都是犹太人及别国人等等，话中有话地暗示华侨没有这些销售权利。

陈嘉庚对这番极富种族及政治色彩的话不以为然，拒绝签署合约，最后跟银行团代表闹得不欢而散，但合约竟然被其他董事代签。到了1933年10月，其他七家采购商的物品交货完后，陈嘉庚公司的产品销售就由"该魔商一手承揽"。最终正如陈嘉庚所预言，这个"魔商"采购的数量大大减少。陈嘉庚自此心灰意冷、悲观失望，非常反感这些来自银行的董事高管。此外，因为秋天伊始订单较多，公司向欧美国家采购了很多原材料，而"魔商"独家销售后销量下降，导致原材料的库存积压非常严重。

1933年秋天，伦敦"魔商"独揽垄断陈嘉庚公司产品经销权后，陈嘉庚与其他董事之间的矛盾分歧越来越深，他们想除了保留住树胶制造厂以供英国伦敦商人之外，饼干厂、黄梨厂、火锯厂、米店都想转让卖掉。陈嘉庚预料到制造厂寿命也会不久，

---

① 陈嘉庚：《南侨回忆录》，上海三联书店2014年版，第433页。

因此，在1933年冬天，开始把这些工厂要么收摊歇业，要么转让出售给别人。饼干厂营业额还不错，年年有利，就让李光前来收购，由他出资，利息公开，约定得利的三分之一补助厦大和集美两个学校经费。1933年春出租给南益公司的新加坡树胶厂，租期将满一年，陈嘉庚约定第二年继续租给南益，由南益出资，利息公开，得利抽十分之二，再加上月租1000元，补助二校经费。

伦敦"魔商"每个月定制的靴鞋，不但数量没有增加，价格也越来越便宜，每双靴子得利不上1元。陈嘉庚心灰意冷，预料到企业无法持久了，就在阴历年底之前，发现还欠市面各种供应商7万余元。想到公司如果收盘，这些供应商的欠款就无法还清，就"通知各货主或原物领回或取制品抵额"，把市面的欠款都还清楚。此后，公司购买的用料都用现金付款，绝不拖欠。银行的各位董事看到陈嘉庚无意经营，就在1934年2月13日召开股东非常大会，决议将公司自动收盘，"全厂停闭，由银行公举收盘员，全权核结收罢矣"①。

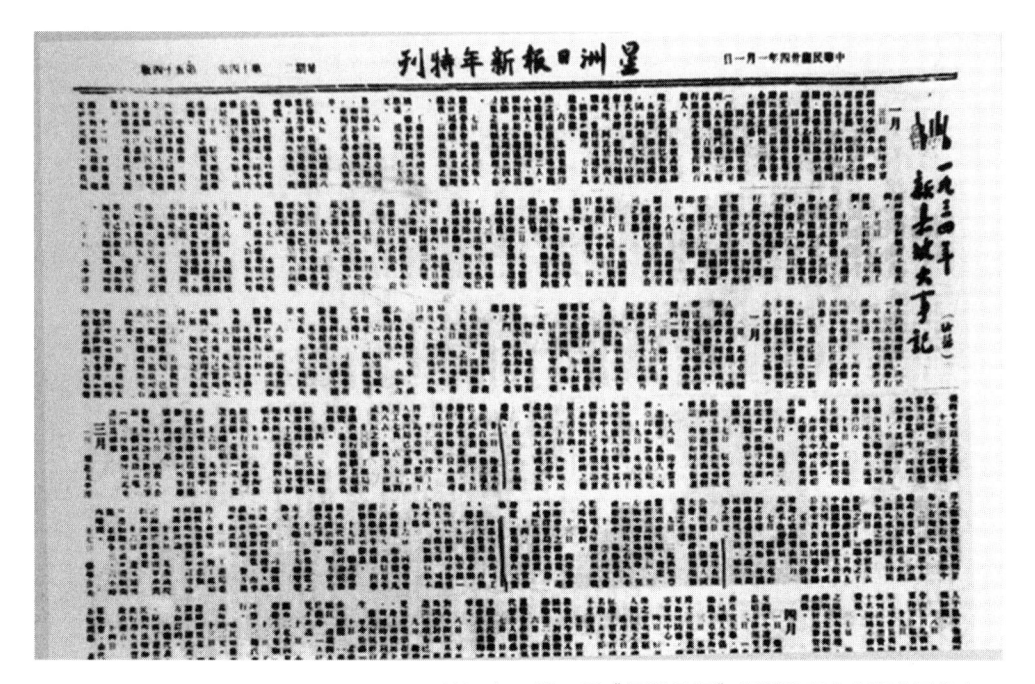

1935年1月1日《星洲日报》报道陈嘉庚有限公司收盘

纵观陈嘉庚在这阶段的商业发展情况（见表2-8），从1926年春开始，树胶价格一路

---

① 陈嘉庚：《南侨回忆录》，上海三联书店2014年版，第434页。

跌落，连续3年行情低迷，对陈嘉庚公司经营造成了严重的冲击，其商业王国开始衰落。雪上加霜的是，1929年开始又碰上经济危机，各种商品和资产的价格猛跌，全世界的市场需求疲软，陈嘉庚形容这种情况是碰上了"避贼遇虎惨况"。最终，公司经历了8年的亏损后，只好主动清盘歇业，陈嘉庚一生传奇的商业创业生涯悲壮落幕了（见表2-9）。[①]

表2-8　1926—1934年陈嘉庚创业衰落和退出阶段商业发展情况

序号	时间	商业发展情况	投资/利润/亏损
1	1926年	树胶价格下跌一半	树胶厂亏损30万元
2	1926年	造纸厂项目取消	机器预定损失20万元
3	1926年	厦门大学和集美学校校舍等基建施工停止	/
4	1926年	利息负担沉重	支付利息40余万元
5	1926年	厦门大学和集美学校办学开支	90余万元
6	1926年	公司第一次出现全年亏损	亏损支出高达180余万元
7	1927年	收购环球饼干厂全部股份，并扩大规模	10余万元
8	1927年	出售5000英亩树胶园给英国人	每亩500元，共计250万元
9	1927年	陈嘉庚公司雇员先后离职创办树胶厂，形成激烈竞争	/
10	1927年	利息支付	40余万元
11	1927年	厦门大学和集美学校办学开支	70余万元
12	1927年	全年胶业均无利；饼干厂、火锯厂、黄梨厂、米店得利数万元	/
13	1928年	出售6000英亩树胶	每亩400元，收入240万元
14	1928年	树胶熟品制造厂遭人故意纵火	保险赔偿后仍损失50余万元
15	1928年	利息支付	40余万元

[①] 陈嘉庚的公司不是资不抵债而破产，而是主动清盘歇业。据统计，公司清盘后陈嘉庚还剩余61万元资产。另外，公司清盘后，1934年3月1日，陈嘉庚出资3.85万元，与陈同福、陈能显、陈得力、曾咏沂等在马来联邦合资成立了义成公司，约定将公司得利三成用于补助集、厦两校。

续表

序号	时间	商业发展情况	投资/利润/亏损
16	1928 年	厦门大学和集美学校办学开支	60 余万元
17	1928 年	全年胶业均无利,熟品厂还遭火灾损失;饼干厂、火锯厂、黄梨厂、米店得利数万元	/
18	1929—1931 年	世界经济大萧条,各种商品的价格大降特降,树胶价格跌落惨烈	产品库存跌价损失 100 万元
19	1929—1931 年	继续扩大树胶熟品制造厂	投资 70 余万元
20	1930 年	3 月 29 日,旧橡胶制造厂失火	损失 40 余万元
21	1929—1931 年	利息支付	3 年支付利息 120 万元
22	1929—1931 年	厦门大学和集美学校办学开支	每年 30 余万元,共 90 余万元
23	1929—1931 年	各个实业三年无利	/
24	1931 年 8 月	经各债权银行商议,把陈嘉庚公司改为股份有限公司	200 多万元投资股份
25	1932 年	经济大萧条使南洋无数华商破产或被兼并重组	/
26	1932 年	利息减少 10 万余万,但仍无力全部还清	/
27	1932 年	厦门大学和集美学校办学开支	6 万元
28	1932 年	各个实业全年无利	/
29	1933 年	把新加坡和槟城两个树胶厂租赁给南益公司	/
30	1933 年	从夏天开始树胶行业市场行情回暖,出现转机	/
31	1933 年	股份公司董事会决定把各个树胶厂停止营业,出租给别的公司,把分布在国内、新加坡和印尼等地的熟品制造厂销售点收摊。陈嘉庚不同意这个决定	/
32	1933 年	把巴双厂租给南益公司,把麻坡厂租给益和公司,峇株厂租给宗兴公司,怡保、太平等工厂则招各个经理人合租	/

续表

序号	时间	商业发展情况	投资/利润/亏损
33	1933年	5月,英国政府在加拿大召开英属各地代表会议,决定从1933年7月1日起提高进口关税。但对新加坡进口产品不增加关税,陈嘉庚公司获得扩大英国市场销售的机会	/
34	1933年	8月伦敦"魔商"获得公司产品独家销售权,陈嘉庚拒绝签署销售合约,被其他董事代签	/
35	1933年	10月,伦敦"魔商"采购数量大大减少,而且价格也越来越便宜。陈嘉庚对企业前景悲观失望	/
36	1933年	公司采购了很多原材料,但因为销量下降,导致原材料的库存积压非常严重	/
37	1933年	冬天,饼干厂、黄梨厂、火锯厂、米店纷纷转让或出售	/
38	1933年	年底,续租新加坡树胶厂给南益公司	/
39	1933年	年底,还清树胶制造厂市面供应商欠款	/
40	1934年	2月13日,召开股东非常大会,决议将陈嘉庚股份公司清算收盘	/

资料来源:根据相关资料信息,作者整理自制。

表2-9 陈嘉庚创业衰落和退出阶段获利情况

时间	获利/亏损情况
1926年	亏损180余万元
1927年	亏损120万元
1928年	亏损160余万元
1929—1931年	亏损280余万元
1932年	亏损数目不详,无法偿还利息
1933年	工厂逐渐出售或租赁他人,收缩经营
1934年	2月13日决定停业清盘

资料来源:根据相关资料信息,作者整理自制。

陈嘉庚从一个米店学徒到成功经理，从"负二代"到百万富翁，从普通商人到卓著的大实业家，其经商创业的精彩历程已经让我们激动不已了，但是他人生大戏的高潮还在后面！

1934年初公司清盘停业的时候，陈嘉庚已经虚岁61岁了。对于大多数普通人来说，61岁是离职退休、修身养性、安度晚年的年龄，但是对于陈嘉庚来说，61岁是他创建更宏伟事业的起点。他全身心投入兴办教育、保护华侨利益、领导华侨抗日救国和参与祖国发展的社会事业中，成为中国近现代史上一位卓越的领袖人物。

1930年代的陈嘉庚

不过，本书聚焦于陈嘉庚经商创业的历程。首先，我们认为陈嘉庚在商业方面的经营哲学、创业精神和管理思想，是陈嘉庚精神的重要组成部分，是陈嘉庚留给商学院的一份宝贵财富，值得21世纪的年轻人继承和发扬光大。其次，陈嘉庚从17岁第一次下南洋开始学习经商，到61岁公司清盘歇业，他从事经济活动44年，建立起了一个庞大的商业王国，我们不应该因为他是一位伟大的华侨领袖、社会领袖和政治领袖，而忽略了他是一个卓越的企业领袖。最后，陈嘉庚经商创业所积累的坚实的经济基础和社会关系，是他成为教育家、慈善家、华侨领袖、社会改革家、政治家的重要基础。因此，本书将在后面的章节从各个方面分析和介绍陈嘉庚的创业精神和管理思想。

第三章

陈嘉庚的创业精神与能力[①]

---

① 本章由木志荣执笔撰写。

如果说陈嘉庚的经营哲学是指导他经商创业的指导思想和价值追求，那么陈嘉庚的创业精神与能力就是实现他价值追求的行动能力、具体方法和根本保证。陈嘉庚的经营哲学和企业家精神是其商业世界观与方法论的统一。

在不同的历史时期，人们对创业精神或企业家精神赋予了不同的内涵[①]。19世纪早期，法国经济学家萨伊认为企业家精神是企业家将土地、劳动力和资本等生产要素结合起来的管理技能、品质、判断力和毅力等精神。新古典经济学的奠基人马歇尔认为，企业家精神是一种个人特征，包括"果断、机智、谨慎和坚定"、"自力更生、坚强、敏捷并富有进取心"，以及"对优越性的强烈渴望"。奈特认为，创业精神是在不确定条件下，以最能动的、最富有创造性的活动去开辟道路的创造精神和风险精神[②]。熊彼特更是明确指出，创业精神其实是一种首创精神或创新精神，而企业家就是那些有眼光、有能力、敢于冒险实现创新的人[③]。德鲁克认为企业家是创新者，是勇于承担风险、有目的地寻找革新源泉、善于捕捉变化，并把变化作为可供开发利用机会的人[④]。

2020年7月21日，习近平总书记在北京主持召开的企业家座谈会上，提出了弘扬企业家精神的5个核心内容：爱国情怀、勇于创新、诚信守法、社会责任和国际视野。在谈到优秀企业家必须具有爱国情怀，对国家、对民族怀有崇高使命感和强烈责任感时，习总书记特意提到陈嘉庚是爱国企业家的典范之一。纵观陈嘉庚经商创业的历程，企业家精神的这五个核心特征在他身上表现得淋漓尽致。

由于陈嘉庚企业家精神中的爱国情怀、诚信守法、社会责任和国际视野等内容在本书其他章节中分析和论述，本章重点介绍陈嘉庚在勇于创新、敏锐洞察力、资源拼凑、财务杠杆效应、循环经济产业链布局等方面的创业精神和能力。

---

① 在英文中，"创业""创业精神""企业家精神"均表示为"Entrepreneurship"。
② 弗兰克·奈特著，郭武军、刘亮翻译：《风险、不确定性与利润》，华夏出版社2011年版。
③ 约瑟夫·熊彼特：《经济发展理论》，商务印书馆1990年版。
④ 彼得·德鲁克：《创新与企业家精神》，机械工业出版社2009年版。

一、敢为人先的创新精神

自从熊彼特提出企业家是"创造性的破坏者"思想以来,创新精神已经成为人们公认的企业家精神的核心。熊彼特认为,所谓创新就是建立一种新的生产函数,把一种从来没有的关于生产要素和生产条件的新组合引入生产体系,以实现对生产要素或生产条件的"新组合"。按照熊彼特的观点,"创新"包括五种情况:向市场提出一种新的产品或服务;采用一种新的生产方法;开辟一个新的市场;获得一种新的原材料或半成品等供应来源;建立一种新的组织形式。这五种创新形式,依次相当于产品/服务创新、技术/流程/运营创新、市场创新、供应链创新、组织创新或制度创新。

陈嘉庚在经商创业中常常表现出敢想敢干、敢为人先的创新精神和开拓行为,他的这种拼搏奋斗思想常常表现为敢想敢干、敢为人先的创新精神和开拓行为,他在任何环境下有积极应对挑战的意愿和动力,他不尾随别人行事,常常寻求标新立异,想法和点子特别多。

黄梨厂是陈嘉庚自主创业的第一个项目,当时"新加坡并柔佛共有20几个厂,竞争激烈多乏利,全年获利一万余元者仅数厂耳"[1]。按照今天的商业术语来说,陈嘉庚创业进入黄梨罐头和果酱生产时,黄梨业已经是一片"红海"。但是,他的日新和新利川两个黄梨厂在创业第一年就获利近6万元。

为什么他的黄梨厂能"独占大利"?产品创新和运营创新是其中重要的原因之一。陈嘉庚虽然谦虚说自己以前专注于米店,"至于黄梨厂如何经营,则不闻问。"其实,他认真动脑子分析了黄梨罐头市场。当时的黄梨罐头按照黄梨切块形状和口味有数十个品种,绝大部分是式样比较简单的条、块、四方、圆形等普通庄头的罐头,在新加坡每年生产一百七八十万箱,占了市场的八九成,而切块形状独特的杂庄罐头仅出产一二十万箱。

---

[1] 陈嘉庚:《南侨回忆录》,上海三联书店2014年版,第413页。

陈嘉庚发现，杂庄罐头的数量虽然少，但每箱比普通庄可以多获两三角至七八角之利。获利虽高，但绝大部分黄梨厂都不愿意生产杂庄罐头，要么嫌弃需求数量偏少零散，要么不知道怎么核算杂庄生产的成本，要么担心杂庄生产不符合要求而导致日后赔偿。所以，陈嘉庚并没有跟随绝大部分黄梨厂，而是通过开发和生产形状新颖独特的各色杂庄罐头，大胆地选择了差异化的经营道路，从而在创业之初就开辟了一片"蓝海"。

为了确保差异化经营取得成功，陈嘉庚在罐头厂运营方面也展开了大胆而有效的创新。因为杂庄罐头的市场需求比较细分和精准，陈嘉庚并没有像其他罐头厂一样坐等洋行打电话下订单，而是每天都主动跟副手分头到各洋行探寻信息，准确了解市场行情，获得精准的客户订单。

此外，由于杂庄罐头的品质要求较高，陈嘉庚特别重视采购和生产环节的精细化管理，他每天都在工厂一线亲自检查和监督各个环节。在采购环节，当时的普遍做法是简单按个数计算来采购生黄梨，如有的时候每一百个生黄梨卖两三元，也有卖一元的。陈嘉庚改变了这种做法，他根据黄梨的大小、成熟度和坏烂程度，识别挑选出好的黄梨进行采购。在生产环节，他认为工人剖梨的手艺、技巧以及损失情况，会直接影响工厂获利，所以特别重视对剖梨工人的管理。在财务核算环节，别的黄梨厂都是季度末生产停工的时候，再来核算该季度总的成本和收益。陈嘉庚则把当日采购的黄梨，第二天就做成罐头，然后计算出成本和收益，实现了逐日核算。通过逐日核算，可以评估黄梨的采购成本和加工损失成本，从而精确把握黄梨厂的每日盈亏经营状况。

陈嘉庚的创新精神不仅来源于他敢试敢闯、标新立异、出奇制胜的作风，还来源于他超强的观察、学习和模仿能力。1911年，陈嘉庚到泰国考察的时候，经朋友介绍，参观了一家由侨商创办的商号为"鸣成"的米厂，他发现这个米厂设计了一种可以活动的屋顶，在下雨的时候可以遮盖晒米的砖庭，而且在砖庭旁边安装了轻便铁路，用来运送大米和遮雨棚，非常方便。

当时陈嘉庚在新加坡的恒美熟米厂，大米的运送都靠人力挑运，下雨的时候因为没有遮雨棚，只好把还未晒干的湿米堆积在一起，用竹席子盖起来遮雨，天晴了再散开暴晒。这样操作，一方面需要耗费很多人力，另一方面如果下雨时间长了，焖在竹席里面的熟米会烂臭，损失不少。鸣成米厂的设计给陈嘉庚很大启发，他回到新加坡之后，很快对恒美熟米厂进行了改造，安装了轻便铁路和活动屋盖。虽然耗去了近两万元的建设费用，但陈嘉庚通过大胆模仿改造，大大提高了恒美米厂的效率，显著降低了运营成本。

陈嘉庚在橡胶产业更是投入重金，先行先试，勇于探索和变革创新。他是东南亚最早看到橡胶树的经济价值，并有魄力大面积种植的先行者之一，也是较早涉足生胶加工和橡胶成品制造的先驱。陈嘉庚笃信技术创业，他在树胶加工和成品制造领域广纳贤才，聘请了来自英国、意大利等国家的高级工程技术人员，攻克技术，推动研发。因为重视研发创新，陈嘉庚公司获得了英国当局颁发的很多发明专利。杨进发博士根据英国政府行政会议记录等资料，整理了1924—1932年土桥头熟品厂所获得的各项发明专利，包括轮胎胶底、胶带木屐、防水性胶制饼干盛器等（见表3-1）。这些专利使陈嘉庚公司在竞争激烈的市场中获得一席之地，也成为近代民族品牌与西方世界争夺利权的重要成果。

表3-1 以陈嘉庚名义申请而颁予土桥头熟品厂之专利权（1924—1932年）

年度	专利发明项目
1924	发明和改良轮胎胶底、内胎。
1927	发明新方法用以配套皮靴及皮鞋的上层。
1928	新发明：胶带木屐。 改进：胶制箱、行李和草胶带的制造方法。
1932	发明新方法以制造一种可折叠、由气体压缩而成的防水性胶制饼干盛器及其他同类产品。

资料来源：杨进发著，李发沉译：《华侨传奇人物陈嘉庚》，陈嘉庚纪念馆2012年版，第49页。

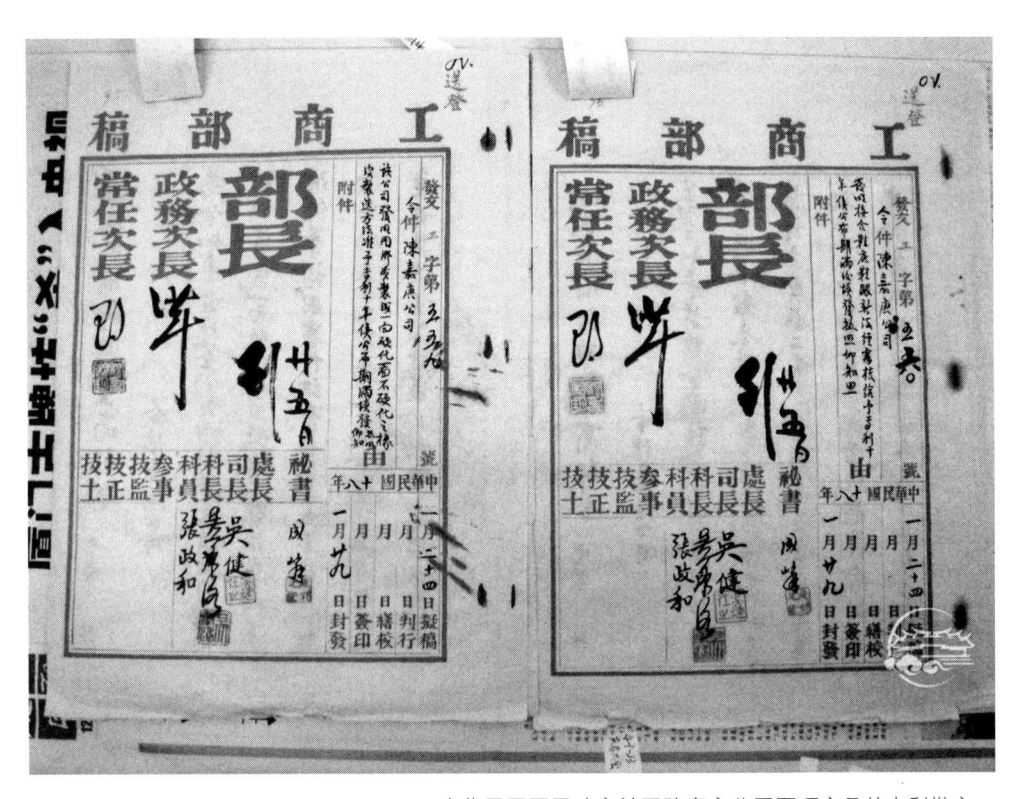

中华民国国民政府关于陈嘉庚公司两项产品的专利批文

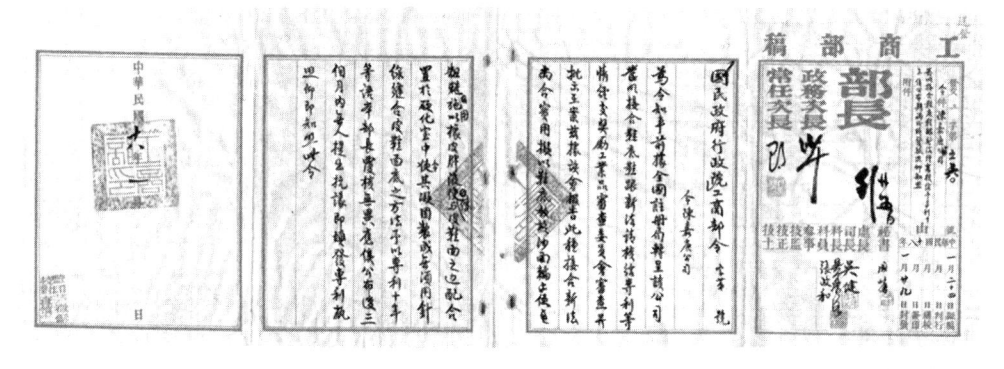

中华民国国民政府工商部准予陈嘉庚公司产品鞋专利批文

正因为陈嘉庚非常重视技术研发，他的橡胶厂开展了大量的产品创新和改良，陈嘉庚以个人名义获得了由英国海峡殖民地政府行政会议颁发的各项发明专利权。陈嘉庚被视为一名发明家，受到了英国总督及一些政府高级官员的认可和赞赏。

二、敏锐的商业洞察力

陈嘉庚自幼勤奋好学、精明能干，喜欢观察和思考，他最初的商业经验来自在父亲的"顺安"米店当学徒和经理的14年经历。在这期间，他接触了米业、黄梨罐头、房地产等行业，认真学习和积累这些行业的经营经验，并抓住机会与新马商业人物广泛接触和结交认识，从而建立和扩大自己的商业网络与关系。虽然陈嘉庚未能继承父亲的生意与财产，但他所累积的这些经验、知识与社会关系，为他的独立创业打下了良好的基础。他学会了经商必不可少的技能，包括编制会计账目、寻找货源与客户、厘定买卖价格、与同业竞争和合作、拓展外销渠道、加快资金周转等等，同时建立了经商所需的商业与人际关系，熟悉了新加坡的社会与经济环境，掌握了几个主要行业的经营诀窍[①]。1904年，陈嘉庚独立创业后，凭借着敏锐的商业洞察力和远见卓识，识别和捕捉了众多商机，打造了令人赞叹的商业王国，被誉为"华侨商圣"。

黄梨厂和米店是陈嘉庚1904年创业起步时选择的项目，这是他经过认真思考选择的行业。这两个行业都是基于民生的基本日常需求，市场稳定而成熟。新马地区盛产黄梨，夏天和冬天可以收成两季，创办黄梨厂有充足的原料供应。从市场端看，当时新加坡的转口贸易开始繁荣，有众多洋行采购黄梨罐头出口欧美。至于米业市场更是成熟，大米是亚洲人的主要粮食，随着中国移民的增加，新加坡及马来联邦地区对大米的需求日益增加。而新加坡并不产大米，需要从泰国、越南和缅甸等大米盛产国家进口，所以从产米国进口大米销售到新马地区，成为一门获利丰厚的生意。彼时，在南洋靠批发大米、零售大米、运输大米而发家致富的华商不在少数。

当然，陈嘉庚选择米业和黄梨罐头制造，一方面是因为这两个行业市场巨大、原料供应充足，另一方面是因为在替父经营的过程中，他具备了相关行业经营的经验和良好的生意网络。尤其是米业经营，他在顺安米店

[①] 戴渊：《陈嘉庚企业集团的发展路径与历史地位》，《跨越时空的一代伟人—陈嘉庚研究学术研讨会论文集》第223页，2024年10月19日。

从小职员做起，帮助族叔管理银钱货账，还兼任书记。1892年起，由于族叔回国，他作为经理和财务主管全面接理顺安米店，逐步积累了米店的经营和管理经验。至于黄梨厂如何经营，陈嘉庚虽然谦虚说"不闻问""绝不知该业厉害"，但事实上，陈嘉庚的父亲每季制造和销售数千或万箱黄梨罐头给洋商，他耳濡目染，也是熟悉黄梨厂怎么做生意的。因此，从某种程度上可以说，陈嘉庚创业起步是在其父倒下的地方重新站立起来。

不过，正如上文所言，陈嘉庚并没有简单地重复父亲的生意，他在黄梨罐头的生产经营方面有深入的思考，并做出了与众不同的创新。不仅如此，陈嘉庚还敏锐地意识到未来生黄梨采购竞争会加剧，"余恐数年后生产退化，采买困难，乃思购地栽种。"于是，他未雨绸缪，买下五百英亩空芭地创办福山园，然后砍芭种植黄梨，积极布局黄梨罐头产业的上游。

黄梨罐头厂（鳌园石刻）

总之，陈嘉庚抓住的第一波商机就是黄梨业和米业，他在这两个领域不熟不做，稳扎稳打，并能居安思危，急流勇退，见好就收。从 1904 年到 1914 年，陈嘉庚在黄梨业上共计获利 29.9 万元。1913 年，在新加坡黄梨罐头市场上，陈嘉庚公司的产品占据了市场的一半份额，年产可达七八十万箱，陈嘉庚成为名副其实的"黄梨罐头大王"。但是，陈嘉庚敏锐地观察到黄梨业竞争加剧和需求下降，发现黄梨市场开始疲软，尤其一战以来黄梨罐头的生意呈下降趋势。于是，陈嘉庚从 1915 年开始收缩合并黄梨厂，减少黄梨罐头产量，到 1918 年果断把黄梨厂全部转让出售。[①]

在这期间，陈嘉庚凭借灵敏的市场嗅觉，抓住了一个非常有利的商机。他发现虽然黄梨罐头销量减少，但是制造黄梨罐头的白铁片倒是连年看涨。陈嘉庚每次都采购一年的用量，但是因为价格差价，例如 1915 年买来每箱 6 元，转手可以卖 12 元；1916 年买来每箱 9 元，转手可以卖 15 元；1917 年买来每箱 12 元，转手可以卖 20 元；1918 年买来每箱 16 元，转手可以卖 25 元。所以，除了一小部分用来制作罐头以外，陈嘉庚索性把大部分白铁片转手卖出去，赚取差价，四年间通过倒手白铁片竟赚了 80 多万元，足见陈嘉庚做生意的精明敏锐！

从 1904 年到 1918 年，如果把销售黄梨罐头和倒卖白铁片加在一起，陈嘉庚在黄梨业上共获利 109.5 万元（见表 3-2）。

表 3-2 陈嘉庚黄梨业项目投资和收益情况

时间	项目	黄梨业收益 / 万元
1904 年	1. 春季投资新利川黄梨厂； 2. 春末接手经营日新公司； 3. 创办黄梨种植福山园； 4. 夏季扩建新利川黄梨厂	5.9
1905 年	秋季投资日春黄梨厂	4
1906 年	福山园套种橡胶树种子	2
1907 年	无新投资项目	2
1908 年	无新投资项目	1
1909 年	无新投资项目	1

[①] 1918 年后，陈嘉庚还零星经营黄梨厂，如 1920 年收购远利火锯厂后兼营黄梨厂。

续表

时间	项目	黄梨业收益（万元）
1910年	无新投资项目	1
1911年	1. 在泰国投资谦泰黄梨厂； 2. 收购入股新加坡2～3家黄梨厂	2
1912年	无新投资项目	2
1913年	1. 收购两家新加坡处于困境黄梨厂； 2. 秋季出售泰国谦泰黄梨厂	2 （另外，谦泰黄梨厂三年得利5万元）
1914年	无新投资项目	2
1915年	合并几个黄梨厂，日产量压缩到两三千箱	黄梨罐头无利，但转卖白铁皮获利20多万元
1916年	把一个位于土桥头的黄梨厂改建为树胶厂	黄梨罐头无利，但转卖白铁皮获利20多万元
1917年	无新投资项目	黄梨罐头无利，但转卖白铁皮获利30多万元
1918年	黄梨厂全部转让出售	黄梨罐头无利，但转卖白铁皮获利10多万元
合计	黄梨业总获利（包括白铁片）	109.5

资料来源：作者根据陈嘉庚《南侨回忆录》相关信息整理制作。

米业是当时新加坡华商普遍青睐的商业项目，也是陈嘉庚从事最早，而且非常熟悉的行业。陈嘉庚在他父亲的顺安米店当过14年的学徒和经理。但是，正如上文所述，陈嘉庚在米业并没有因循守旧，而是通过生产加工熟白米，开辟印度市场等创新手段实现了差异化经营，获利颇丰。

从1904年到1920年，陈嘉庚创办的谦益和恒美两个米店共计获利54.3万元（见表3-3）。其中，恒美熟米厂从1906年到1917年经营11年共获利33.9万元。1916年开始，因为泰国、缅甸等大米产地也出现了很多熟白米厂，而新加坡不产水稻，熟白米的顾客又远在印度，所以新加坡的熟白米厂几乎没有竞争优势，很难与稻谷产地区域的企业竞争。陈嘉庚凭借敏锐的商业洞察，认识到"已现乏利气象，前程亦甚悲观无望矣"①。1917年,陈嘉庚果断停止生产熟白米,把恒美米厂改造为谦益树胶厂。

至于谦益米店,由于新马地区对生白米的需求稳定,生米销售的利润不多,但能稳定获利。从陈嘉庚1904年自主创业开始创办,到1934年陈嘉庚公司收盘歇业,谦益米店持续经营了30年。谦益米店1904年创立的时候在吊桥头21号,后来迁移到新加坡砻砻里路一栋二层楼的商业楼宇,掌管着陈嘉庚各个企业的财务与营销,成为陈嘉庚工商业王国的重要枢纽②

表3-3 陈嘉庚米业项目投资和收益情况

时间	项目	米业收益
1904年	夏季投资开设谦益米店	0.8万元
1905年	谦益米店	0.8万元
1906年	冬季租赁经营恒美熟米厂	0.9万元
1907年	无新投资项目	恒美获利10万元,谦益获利1万元
1908年	收购经营恒美熟米厂	恒美获利6万元,谦益获利0.8万元
1909年	恒美熟米厂火灾扩大重建	恒美无利,谦益获利0.7万元
1910年	无新投资项目	恒美获利4万元,谦益获利0.8万元
1911年	在泰国北柳建设采购稻谷的码头和仓库;在新加坡建造遮雨棚,改造恒美米厂	恒美获利2万元,谦益获利0.8万元
1912年	无新投资项目	恒美获利2万元,谦益获利0.7万元
1913年	在泰国曼谷租赁米厂经营白米,同时为恒美熟米厂采购稻谷	恒美获利2万元,谦益获利0.8万元
1914年	无新投资项目	恒美获利3万元,谦益获利1万元
1915年	租船运送稻谷供应米厂	恒美获利4万元,谦益获利1万元
1916年	恒美熟米厂面临泰国和缅甸等产稻国家的激烈竞争	恒美无利,谦益获利1.2万元
1917年	恒美熟米厂停业,改造为谦益树胶厂	恒美停业,谦益米店获利1万元
1918年	无新投资项目	谦益米店获利1万元

---

① 陈嘉庚:《南侨回忆录》,上海三联书店2014年版,第422页。
② 陈嘉庚在回忆录中并没有单独披露谦益米店在1920年以后的收益,而是跟火锯厂、黄梨厂一起合计披露,如1921年到1925年,谦益米店、火锯厂和黄梨厂共计获利4万元、10万元、30万元、30万元、20万元。所以,陈嘉庚在米业上的总收益绝对不止54.3万元。

续表

时间	项目	米业收益
1919年	无新投资项目	谦益米店获利6万元
1920年	无新投资项目	谦益米店获利2万元
合计	米业总获利	54.3万元

资料来源：作者根据陈嘉庚《南侨回忆录》相关信息整理制作。

陈嘉庚抓住的第二波商机是航运业，体现出了陈嘉庚背水一战和化危为机的能力。当代著名的创业研究学者、美国弗吉尼亚大学萨阿斯·萨阿斯瓦斯教授曾提出有名的创业思维五项原则，其中的"柠檬水原则"认为，在创业路上，各种意想不到的意外，即"柠檬"，会不断出现。专家型创业者面对意外事件不会气馁与沮丧，而是面对意外、变化、困难和危机，会从中积极寻找或创造机会（"制作柠檬水"）。"柠檬水原则"成为成功创业者在实践中应对变化和危机的重要思维。陈嘉庚在航运业所识别和创造的商机，是专家型创业者"柠檬水原则"的生动体现。

1914年爆发第一次世界大战后，船只紧张、运输困难，导致陈嘉庚的工厂内积压了"数万箱黄梨罐头"和"万余包熟米"，严重库存使工厂现金流紧张、经营困难。面对困境，陈嘉庚"逼上梁山"，果断破局，租了两条船自己运送产品。偶然涉足航运业后，陈嘉庚再次凭借敏锐的商业眼光，仔细观察形势，发现如果经营得当，船运航线有巨大的获利潜力。

于是，陈嘉庚看准机会，干脆"自觉上山"，再租了两艘商船，共4艘船，除了运输自己企业的产品之外，还承接了英国政府运送枋木到波斯湾的合同，并开辟了一些获利比较丰厚的船运航线，1915年船运业竟意外获利20余万元。后来，陈嘉庚认定机会，大胆出手，先后自己购买了两艘船搞运输，直至1918年两艘船在地中海先后被德军击沉。由于陈嘉庚风险管理意识比较强，两艘船购买的时候才花了72万元，但保险公司理赔就获得赔偿款120万元。

总之，陈嘉庚面对一战带来的局势变化，勇于正视困难，化危为机，果断出手，短短四年在航运业共获利160余万元，赚得盆满钵满（见表3-4），展现了令人惊叹的商业洞察力。

表 3-4　陈嘉庚航运业项目投资和收益情况

时间	项目	航运业收益
1915 年	先是租赁万达号和万通号,后从香港再租赁两艘商船	20 余万元
1916 年	停止租赁,购买东风号轮船	30 余万元
1917 年	购买谦泰号轮船	50 余万元
1918 年	东风号和谦泰号先后在地中海被德军击沉,获得保险赔款	60 万元
合计	航运业总获利	160 余万元

资料来源:作者根据陈嘉庚《南侨回忆录》相关信息整理制作。

众所周知,陈嘉庚识别和抓住的最大、最成功的商机是橡胶业,体现出他超前行动的能力和长期主义精神。陈嘉庚与林文庆、陈齐贤、里德利被称为新马"橡胶王国"的四大功臣,陈嘉庚的橡胶产业极大地推动了东南亚橡胶业的发展,为促进新马地区经济繁荣做出了巨大的贡献。

陈嘉庚(左三)与林文庆(右一)

天然橡胶原产于南美亚马孙河流域马拉岳，当地印第安人把橡胶树叫作"眼泪树"，并用土法制作成盛水器、橡皮球等橡胶制品。1852年，美国化学家查尔斯·古特义在做试验时无意之中把盛橡胶和硫黄的罐子丢到炉火上，橡胶和硫黄受热后流淌在一起，形成了块状胶皮，偶然发明了橡胶的硫化方法。天然橡胶从此成为一种正式的工业原料，从而使与橡胶相关的许多行业不断出现和发展[①]。

1876年，英国人魏克汉从亚马孙河热带丛林中采集了7万颗橡胶种子带回英国，送到英国伦敦皇家植物园。伦敦皇家植物园将橡胶种子培育成橡胶苗，然后将橡胶苗运往新加坡、斯里兰卡、马来亚等国种植并获得成功。1897年，新加坡植物园主任亨利·尼古拉斯·里德利在新加坡试种橡胶取得成功，他还发明了橡胶连续割胶法，使天然橡胶产量大幅度提高。从此，野生的橡胶树变成了一种大面积种植栽培的重要经济作物。

根据杨进发博士的研究，树胶种植业"历来被视为欧人之行业，华人商家少有染指者"[②]。里德利在新加坡试种橡胶取得成功之后，他向新加坡立法议员林文庆谈起种植橡胶的好处，林文庆看好橡胶的经济潜力和发展前景，鼓励好友华商陈齐贤试种。陈齐贤本来对热带植物颇有研究，他特意到巴西考察橡胶生产，并购回一批橡胶种子，1896年在马六甲市郊开辟了一块43英亩的橡胶园试植，把它命名为"武吉冷当园"，并发起成立了一个华人联营企业——马六甲树胶木薯公司。陈齐贤吃住在橡胶园，精心培育，细心观察，仔细记载橡胶的成长过程，认真总结经验，不断改进，终于获得移植成功。1898年，陈齐贤与友人一起斥资20万元，在马六甲武吉亚沙溪种植4300英亩树胶。后来，陈齐贤把种植橡胶的经验在新马积极推广，成为华人种植树胶的先驱人物。

1906年，陈齐贤把武吉亚沙溪4300英亩树胶园以两百多万元卖给一个欧洲商行，获利超过十倍，成为当时惊动新马商界的一件大事。陈嘉庚偶然听说了此项交易，虽然"其时南洋人种树胶尚未发达，所有者不外百余亩，仅几处而已"[③]，但敏锐的商业嗅觉使陈嘉庚感觉到这是一个潜力巨大的商机。他主动打听，获悉陈齐贤还有剩余的橡胶种子，几经周折，想尽办法找到陈齐贤，用1800元购买了18万颗橡胶种子，将树

[①] 橡胶轮胎的发明归功于英国人邓禄普，他在1888年将其应用于自行车轮胎。直到1895年，法国的米其林公司才首次将充气轮胎用于汽车。汽车工业的兴起激起了对天然橡胶的巨大需求。
[②] 杨进发著，李发沉译：《华侨传奇人物陈嘉庚》，陈嘉庚纪念馆2012年版，第41页。
[③] 陈嘉庚：《南侨回忆录》，上海三联书店2014年版，第422页。

胶籽播撒在福山园菠萝树之间进行套种。

南洋橡胶园

三年之后，陈嘉庚在"福山园"旁边又购置了 500 英亩的旧黄梨园，组织工人清除黄梨和杂草，专门栽培树胶，至此，福山园的树胶种植扩大到 1000 英亩。树胶种植业的前景未明，大部分华商还是习惯于传统的胡椒、甘蜜生意的时候，陈嘉庚先知先觉，凭借犀利和长远的商业眼光，看准机会，果断决策，大面积投入树胶种植，这是他创建橡胶商业王国的重要起点。

陈嘉庚涉足树胶种植业之后，从 1909 年开始，胶价走势一路昂挺，1910 年每担（约为 133 磅）卖价在两百多至三百多元之间。陈嘉庚趁胶市攀升之际，将 1000 亩福山园脱手转让，售价 32 万元，从 1904 年花费 2500 元和 1909 年花费 25000 元，一共花费 2.75 万元买下的福山园，到 1910 年卖了 32 万元，六年之间涨幅达到 11 倍！

1916 年，当新加坡橡胶工业刚开始起步，许多商人对是否进入新型橡胶工业举棋不定之际，陈嘉庚看清了橡胶工业的市场前景，捷足先登，果断地把土桥头的黄梨厂改建为树胶厂，把采割的树胶汁加工为胶片，实现了从树胶种植向树胶加工工业迈进。

第二年，他又把恒美熟米厂改建为谦益树胶厂，继续扩大生产树胶厂的产能。

1920年，陈嘉庚指示陈敬贤把土桥头树胶厂改为树胶熟品制造厂，开始涉足轮胎、胶管、胶靴等树胶成品制造业，从而完成了树胶产业链从种植、加工向制造胶成品的向后延伸的布局。

此后，陈嘉庚大举进军树胶产业，1922年趁行情低迷，低价收购了分布在马来亚各地的9间胶厂，再加上原来参股的槟城树胶厂复修扩大，此时共有12个树胶厂；同时大规模扩建土桥头熟品制造厂，并大量投资收购树胶园，最多时拥有15000英亩的树胶种植园。为了销售熟品厂制造的数十种树胶制成品，陈嘉庚在全世界范围内建立销售网点。至此，陈嘉庚缔造了集农、工、贸经营于一体，既有树胶园原料供应，又能自己加工、生产成品和销售一条龙的全产业链橡胶大企业。

橡胶业给陈嘉庚公司带来了滚滚利润，从1916年到1925年，仅树胶厂就一共获利1130万元，树胶园在高峰时资产估值达到600万元，熟品制造厂也创造了几百万的利润（见表3-5）。

陈嘉庚公司生产的部分箱包产品

1925年是陈嘉庚公司资产最巨、获利最多的一年，除了米店、火锯厂、黄梨厂等产业有20万元之外，其他利润都来自树胶业，其中树胶厂贡献了400多万元，胶园贡献了230万元，树胶熟品制造厂贡献了150万元。扣除伙伴红利之后，当年陈嘉庚获利790万元利润，创造了陈嘉庚创业以来年度利润最高纪录[1]。

---

[1] 陈嘉庚公司1925年之前6年获利情况：1919年得利90万元，1920年得利90万元，1921年得利100万元，1922年获利110余万元，1923年获利120余万元，1924年获利170余万元。1925年获利高达790万元，超过了过去6年的利润之和！

陈嘉庚公司鼎盛时期制胶机器车间

总之，陈嘉庚凭借敏锐的商业洞察力，果断购买树胶种子，大规模投资树胶种植园，并择机大举进军橡胶加工和成品制造，成为名震海内外的"橡胶大王"。

表3-5 陈嘉庚橡胶业项目投资和收益情况（1906—1925年）

时间	项目	橡胶业收益
1906年	花费1800元购买18万粒树胶种子，2个月内栽种在福山园黄梨树边上	
1909年	投入2.5万元购买福山园旁边500英亩旧黄梨园，专门栽种树胶	
1910年	出售福山园	32万元
1910年	在柔佛购买两块地创办祥山园和福山园，栽种树胶和黄梨	
1913年	祥山园因病虫害放弃种植，损失5.5万余元	
1916年	1.投资5万余元把土桥头黄梨厂改建为树胶厂，来料加工做胶片； 2.合伙购买位于柔佛的2000英亩三合园，种植黄梨，兼种树胶	树胶厂得利5万元

续表

时间	项目	橡胶业收益
1917年	投资20多万余元把恒美米厂改建为树胶厂,取商号"谦益"树胶厂,并把加工生产的胶布直接出售给美国商人	树胶厂得利15万元
1918年	投资40万元,在柔佛高踏丁宜路购买1000英亩橡胶园和2000英亩空山地,空地开始栽种树胶;福山园黄梨摘除,全部种植树胶	树胶厂得利80余万元,参股的三个树胶公司得利10万余元
1919年	无投资项目	树胶厂获利90多万元
1920年	1. 土桥头树胶厂改建为树胶熟品制造厂; 2. 参股的裕源、槟城、振成丰三公司损失30余万元	树胶厂获利90多万元
1921年	1. 继续投资树胶熟品制造厂; 2. 树胶价格下降,胶园停止采割	树胶厂获利100多万元
1922年	1. 投资20余万元,低价收购9个树胶厂,并花费10多万元扩建改造; 2. 花费数万元重建扩大原来参股的槟城树胶公司; 3. 继续投资十余万元树胶熟品制造厂	树胶厂获利100多万元
1923年	树胶厂竞争开始激烈	树胶厂获利90多万元
1924年	1. 扩大树胶熟品制造厂,筹备和尝试生产如各种车轮胎、各日用品、医生用具、胶靴鞋等等; 2. 在马来亚、荷属印尼各个港口城市开设十几处树胶制品销售点	树胶厂获利150多万元
1925年	1. 树胶价格猛涨,每担由年初30余元,上涨到年底高达200元; 2. 以100万元出售"三合园"; 3. 耗资220万元收购了五六个树胶园,8000多亩面积; 4. 在上海、香港等国内十几个地方设立销售商店	树胶厂得利400多万元,出售三合园得利100万元,树胶熟品制造厂得利150万元
合计	树胶业总获利[①]	1412万元

资料来源:作者根据陈嘉庚《南侨回忆录》相关信息整理制作。

---

① 这里指的获利仅包括1906年到1925年,陈嘉庚通过树胶园、树胶厂和熟品制造厂获得的收益,不包括陈嘉庚公司在树胶业的资产。根据陈嘉庚的估计,1925年他在树胶业拥有的资产包括:树胶园15000亩,每亩400元,价值600万元;谦益各个树胶厂的机器、工厂、仓库值100万元,流动资金400万元;树胶制造厂的机器、工厂值150万元,流动资金有150万元。共计有1400万元的资产。

三、量力而行的资源拼凑行为

1984年,伯格·沃纳菲尔特(Wernerfelt)提出了资源基础理论(Resource-based Theory),认为企业是一系列资源组成的集合体,并指出企业能否在环境中生存并赢得竞争优势取决于其资源的集合特征,即它是否是有价值的、稀缺的、难以模仿和不可替代的。

但是,在创业初期,创业者常常面临的是强资源约束,也就是说,创业者缺乏资源,甚至两手空空,创业企业往往很难拥有不可替代、难以模仿且稀缺的资源。在强资源约束的创业情境特征下,创业活动成为探索性、试错性、创新性、即兴性的快速行动机制,创业者需要通过特殊的行为去获取和整合资源。

2005年,特德·贝克(Ted Baker)和里德·纳尔逊(Reed Nelson)发表在《管理科学季刊》上的论文成为创业行为研究的重要文献,他们的研究回答了创业者如何在资源约束的情况下实现企业的成长。绝大多数的创业活动受到严重的资源制约,大部分新企业的启动资金很少,也往往没有雇员,只靠家庭成员分担工作。资源的严重缺乏使创业者不得不采取有别于成熟企业的行为策略。他们发现,资源"拼凑(Bricolage)"是创业者创业过程中获取和整合资源的独特而有效的方法。资源"拼揍"(bricolage)行为指创业者通过"凑合、将就"的手段,漠视不足,即兴而作,挖掘手头的资源,因陋就简,甚至能无中生有、即兴而作、主动行动。

陈嘉庚在经商创业过程中,非常重视采取稳扎稳打、因陋就简、量力而行、逐步发展的方针,这实际上就体现了一种有效的资源拼凑行为。比如,1904年陈嘉庚创业起步的时候,为了节约成本,他把新利川黄梨厂建在距新加坡城十英里的山地上,"按从简起手,用木料茅草造成,并买旧机器,一切按两个月完竣"[①]。城里的房屋和土地很贵,陈嘉庚就把黄梨厂建在郊外,厂房是凑合着用木料和茅草盖起来的,买的设备机器是二手的,通过这样的"拼凑",陈嘉庚只花了7000余元就把工厂建起来了。

---

① 陈嘉庚:《南侨回忆录》,上海三联书店2014年版,412页。

至于流动资金，陈嘉庚力争"无中生有"，通过赊账的方式解决。比如，向洋人购买制作罐头的白铁片，可以赊账两个月；向华商购买白糖和木箱，还款期有40天；工人的工资半个月才支付一次；只有生梨是需要支付现款的。但是，每箱罐头中，生梨的成本只占四分之一，至多三分之一。而生梨入厂以后三四天就加工完成，罐头交付给洋商之后就有款可以回收。所以，陈嘉庚说这是一门不需要大资本就可以撬动的生意。

因陋就简的新利川黄梨厂

也就是说，陈嘉庚创业之初，手头只有7000元资金，他没有能力在城里盖漂亮的厂房，买崭新的设备，他只能漠视不足，量力而行，在离城比较远的地方，盖个简单的厂房，铁皮、糖等原料想尽办法先赊账欠着，工厂建两个月就投产，几天之内黄梨罐头生产出来，交给洋行收到销售款之后，再去支付欠各个供应商的货款和工人的工资。通过这种不断利用手头资源，因陋就简，稳扎稳打慢慢发展，不断扩建和改善厂房，最终实现了企业的发展壮大。到1913年的时候，陈嘉庚已经拥有6间黄梨厂，年产七八十万箱，在新加坡黄梨罐头市场上占据了一半的市场份额。

陈嘉庚创办的恒美熟米厂也具有这种即兴而作和精益创业的特点。当时很多做米业生意的商人主要做普通的生白米，主要销售给华人。但是印度人喜欢一种熟白米，它的做法稍微复杂一点，先要把稻谷在水里浸泡两天后，用热气蒸熟，晒干后再用研磨机磨净壳糠。这种熟白米主要销往印度，比普通的生白米每担贵1元以上，陈嘉庚判断这个项目有很好的获利空间。

但是，陈嘉庚创业初期资金十分有限，根本没有能力创办一家制作熟白米的工厂。1906年，刚好碰上恒美米店因股东不合要解散，陈嘉庚想尽办法先是通过租赁的方式，伙同朋友和米厂经理仅投资6.5万元就办起了熟米厂。两年后，厂主印度人不愿意继续租赁，陈嘉庚和合伙人才不得已把米厂抵押获得贷款12万元，利息七厘半，然后再付现金4万元，共计16万元把米厂买下来。

陈嘉庚通过这种先租后买的方式，一方面有效地解决了资金困难，另一方面抓住了加工销售熟白米的商机。我们在前面已经提过，恒美米厂生意兴隆，像"性能卓越的印钞机"一样，仅1906年到1908年租赁两年就给陈嘉庚创造了16万元的利润。

陈嘉庚在橡胶业的起步也具有典型的资源拼凑和精益创业特点。例如，陈嘉庚虽然比较早就敏锐地洞察到橡胶树的经济潜力，看好橡胶业的发展前景，但他并没有孤注一掷，铤而走险，而是走一步稳一步。1906年他用1800元购买的18万颗橡胶种子，刚开始是套种在福山园菠萝树边上的，因为当时他经营的主要产品是黄梨罐头，他不可能拔掉黄梨树，全部种上橡胶树，也没有足够的资金可以去买山地专门种植橡胶树。而橡胶与黄梨兼种的方式，使得橡胶园的维持费用可以由黄梨的收入支付，陈嘉庚公司由此在开发橡胶园方面具有很大的成本优势。

到1910年，陈嘉庚在柔佛创办祥山园和福山园，也没有全部种植树胶，而是同时栽种树胶和黄梨。陈嘉庚通过这种套种的方式，在园地里面同时种植黄梨和橡胶，一方面可以降低经营风险；另一方面，因为橡胶树要种植七八年才可以割胶，这期间可以通过黄梨获得收益，从而大大降低了种植橡胶的成本。直到1918年，因为黄梨罐头生意日渐萧条，树胶业开始蒸蒸日上，陈嘉庚才把福山园的黄梨摘除，改为全部种植树胶，并开始大规模投资树胶园。

陈嘉庚在创办树胶厂、涉足树胶加工工业之初，也是充分挖掘和利用手头资源，先量力而行，试探性发展。例如，他1916年创办的第一个树胶厂是由位于土桥头的黄梨厂改建而来的，当时由于一战爆发后对新加坡的转口贸易冲击很大，黄梨罐头销量锐减，陈嘉庚需要及时调整经营。所以，他把制造黄梨罐头的机器设备拆卸掉，留下火炉不动，添置了加工树胶的机器、吊栈和加热风气，仅花费 5 万余元，就把树胶厂建立起来了。

陈嘉庚在 1917 年创办的第二家商号为"谦益"的树胶厂是从恒美熟米厂改建而来的。如上所言，恒美米厂自 1906 年冬天投资经营以来，获利颇丰。但是，到了 1916 年前后，由于泰国、缅甸等大米产地纷纷增设了很多熟米厂，熟米竞争开始激烈，而新加坡不产水稻，很难与这些地区的企业竞争，陈嘉庚认识到熟米业"已现乏利气象，前程亦甚悲观无望矣"[①]，而此时树胶工业开始兴起，于是，陈嘉庚改造了砖庭和栈房，安装机器，添置热气，把米厂改建为树胶厂。

总之，陈嘉庚在创建树胶厂之初也是因地制宜，充分利用已有的厂房、设备、火炉等，添加修补一下，以尽可能小的成本和资源把工厂开办起来，量力而行，然后慢慢积累、摸索和发展。通过这种不断进行资源"拼凑"的行为，到 1924 年，陈嘉庚已经拥有 12 个树胶厂，成为新加坡甚至东南亚的"树胶大王"。

① 陈嘉庚：《南侨回忆录》，上海三联书店 2014 年版，第 422 页。

四、以小博大的财务杠杆意识和资本运作能力

在物理学中,利用一根杠杆和一个支点,就能用很小的力量抬起很重的物体。这种现象在财务学里,叫财务杠杆。根据现代财务管理的严格定义,财务杠杆是指在企业运用如银行借款、发行债券、优先股等负债筹资方式后,所产生的普通股每股收益变动率大于息税前利润变动率的现象。用简单通俗的话来说,财务杠杆指的就是利用别人的钱,来为自己赚钱。

在经济学意义上,资本指的是如资金、厂房、设备、材料等用于生产,可以实现增值的生产要素。资本运作也叫资本运营,就是利用资本市场,通过买卖企业、资产或者其他各种形式的证券、票据,从而实现资源优化配置、赚钱获利的经营活动。资本运作的核心也是在企业经营中发挥出其杠杆作用和倍增效应。现代企业的资本运作方式很多,常见的包括企业兼并、收购、转让、托管、分立、上市(包括配股、增发新股等)、重组(包括资产剥离、置换等)等等。

在陈嘉庚所处的年代,没有众多让人眼花缭乱的财务杠杆工具和资本运作方式。但是,陈嘉庚在经商创业过程中,不仅在资源缺乏的情况下,具备充分利用手头资源,稳扎稳打、因陋就简、量力而行的资源拼凑能力,还特别具有现代财务学意义上的四两拨千斤、以小博大的财务杠杆意识和资本运作能力。

陈嘉庚的理财意识和能力在顺安号米店帮助族叔管理银钱货账时期就显露出来了。他刚到米店当学徒的时候,发现顺安米店批发给客户的账期长达五六十天,而普通账期只有三十天。米店账期太长,资金积压时间太久,常常导致米店经营中面临资金周转不灵。族叔回国后,陈嘉庚接理了顺安米店,下决心解决账期过长的问题。经过艰苦的谈判,陈嘉庚最终把应收账期缩减到了四十余天,加快了米店的资金周转。此外,他还非常重视利用银行的信用借款,利息也只有一分。

1900—1903年,在陈嘉庚回国安葬母亲期间,顺安米店由于族叔等人管理不善,面临破产倒闭边缘。陈嘉庚经过冷静盘算分析,发现米店的货款账期又回到六七十天,造成米店资金困难,由此导致产生了大量的借

款债务，而且利息竟然上升到一分三四。陈嘉庚认为，过重的利息负担是顺安米店破产的重要原因之一。

1906年，陈嘉庚打算租赁经营恒美熟米厂的时候，手头只有创业初期积累的3万元，但是米厂的租金和购买晒米的场地一共需要8万元。最终，陈嘉庚积极通过招募友人合股和抵押贷款的形式解决了资金问题，用3万元撬动了8万元的生意。

后来，恒美米厂的业主不愿意继续租赁，要16万元转让出售时，陈嘉庚又把米厂抵押获得贷款12万元，贷款的利息只有七厘到七厘半，然后再付现金4万元，"四两拨千斤"，用小笔资金把米厂盘下来。我们在前面已经提过，恒美熟米厂像印钞机一样给陈嘉庚带来滚滚利润，从1906年到1917年经营11年共获利33万元。

总之，陈嘉庚在经商创业过程中，非常重视利用银行的借贷融资或者通过跟人合伙招股等方式，发挥财务杠杆效应，利用有限的自有资金撬动了更大的生意。1925年，当陈嘉庚企业经营获利能力达到顶峰的时候，他的银行借款将近有300万元。

在资本运作方面，陈嘉庚通过黄梨园和树胶园的多次买卖，实现了资金周转、资产增值和优化配置。1904年，陈嘉庚独立创业第一年，投资2500元开辟了500英亩的福山黄梨园。1909年，在福山园旁边有几个旧黄梨园，面积达500英亩，园主嫌弃无利可图，想廉价出售。于是，陈嘉庚投入2.5万元，收购了这几个旧黄梨园。至此，福山园面积扩大到1000英亩。当年，由于恒美米厂遭火灾后需要重建和购买新机器，企业现金流比较紧张，为了解决资金困难，陈嘉庚对福山园做了一番巧妙的资本操作。

首先，他把福山园抵押给广益银行借贷7万元，然后跟陈齐贤签署了一个合约，以实收32万元的价格将福山园预售给他，约定到年底为止，任他经手转售，多卖出的部分归他，如果到时候不能出售，则合约取消。合约还规定，陈齐贤以利息七厘半借给陈嘉庚8万元，期限两年；这期间如果广益银行讨回7万元，则由陈齐贤代为清还。

结果，合约签署后不到两个月，陈齐贤把福山园以35万元卖给英国人。到了1910年秋季，陈嘉庚拿到了32万元，还清广益银行抵押借款7万元和陈齐贤借款8万元后，还剩余17万元。陈嘉庚拿这笔钱立马又在柔佛买了两块地，分别取名祥山园和福山园，栽种树胶和黄梨。这样一番巧妙的倒腾操作之后，陈嘉庚既解决了资金紧张问题，又保留和扩大了黄梨和树胶园。

1925年，树胶价格猛涨，陈嘉庚把兼种树胶和黄梨的三合园，以每亩700元的价格卖给英国人，获利100万元，而这个种植园在1916年购买的时候只付了一万余元

"讨山费"，资产价格上涨了100倍！同时，陈嘉庚又大量投资收购树胶园，一共买了五六个树胶园，分布在柔佛的有7000余亩，分布在新加坡的有1000余亩，每亩平均200余元，耗资220余万元。不难发现，陈嘉庚一边以每亩700元的价格卖掉经过耕种的树胶园，一边以每亩200元的价格低价买进更多新的树胶园。到1925年的时候，陈嘉庚共拥有15000亩树胶园，在他所有的资产中，树胶园资产价值最大。

1927年夏天，陈嘉庚把5000英亩树胶园卖给英国人，每亩500元，共计250万元，两年之内，资产价格上涨了1.5倍！1928年春，陈嘉庚又卖了6000英亩树胶，每亩400元，收入240万元，资产价格上涨1倍！总之，陈嘉庚看准商机后，经常利用树胶园市场行情的变化进行买卖，低买高卖，有胆魄、敢布局，资本运作能力超强！

陈嘉庚还善于通过抄底收购黄梨厂和树胶厂等资本运作方式，实现企业规模的快速扩大。1911年，黄梨罐头的市场行情最差，新加坡二十几家黄梨厂，亏本倒闭了约一半。陈嘉庚趁这个机会，收购控股了两三家黄梨厂。1913年，又收购了两家处于困境的黄梨厂。通过兼并、收购和入股等资本运作形式，在新加坡黄梨罐头市场上，陈嘉庚公司的产品最终占据了市场的一半份额，年产可达七八十万箱，成为黄梨罐头行业具有绝对优势的龙头企业。

陈嘉庚大规模挺进树胶加工业也采用了收购、兼并等资本运作手段。在涉足树胶加工业之初，陈嘉庚除了自己投资把土桥头黄梨厂和"恒美"米厂改建为树胶厂之外，还参股投资了裕源公司、振成丰公司和槟城树胶公司，陈嘉庚在这三个树胶公司都占有三分之一多的股份。到了1922年前后，新加坡的树胶业开始竞争激烈，马来亚各个地方的小规模胶厂，大部分都出现亏损，很多企业处于停业或半停业状态，都急着转让出售。

陈嘉庚认识到公司要扩大规模，需要靠规模效益获利。所以，他趁胶市行情不好，到处去考察，最后花费20余万元，低价买下了峇株巴瞎、麻坡、巴双、峇株牙惹、怡保、江沙、实吊远、太平、霹雳9个树胶工厂，然后每个厂都扩建规模，增加吊栈热房，改造和改良机器设备。到1924年的时候，陈嘉庚一共有12个树胶厂，树胶厂达到了很大的规模，陈嘉庚说"树胶厂营业扩充已足"。从1916年创办第一个树胶厂，到1925年陈嘉庚公司获利最巨之年，树胶厂一共获利1130万元，成为陈嘉庚公司赚钱最多的业务板块。

总之，陈嘉庚在经营实业过程中，善于利用财务杠杆和资本运作，实现了企业经营过程中四两拨千斤、以小博大，从而使企业快速成长壮大。当然，企业负债是一把"双刃剑"，适当负债可为企业带来厚利，但过度负债可使企业面临巨大的风险。陈嘉庚公司后来面临的经营困难，跟它沉重的利息负担有一定的关系，本书将在后面专门分析讨论这个问题。

五、循环经济产业链布局能力

产业链是产业经济学中的一个概念，指产业部门间基于技术、经济联系，依据特定的逻辑关系和时空布局关系，而表现出的环环相扣的链条式关联关系的描述。产业链中大量存在着上下游关系和相互价值的交换，上游环节向下游环节输送产品或服务，下游环节向上游环节反馈信息。

循环经济产业链是一种生态型产业链，是指以资源为纽带而形成的具有产业衔接关系的链式企业组织模式。循环经济产业链的形成是紧紧围绕资源的综合开发利用情况而展开的，包括对资源的减量使用、资源的充分利用和资源的循环再生利用等，从而实现经济效益、社会效益和环境效益共赢。

陈嘉庚在经商创业过程中，非常重视和善于利用星马地区的黄梨和树胶等自然资源优势，围绕着对黄梨和树胶等资源的深加工或综合利用而形成若干产业，从而通过接通产业链和延伸产业链，实现了循环经济产业链布局。例如，1904年，陈嘉庚独立创建新利川黄梨厂当年，就在工厂旁边买下五百英亩空芭地，积极砍芭种梨，一年内就完成黄梨种植，创办了黄梨种植福山园。对此，陈嘉庚说："余恐数年后生产退化，采买困难，乃思购地栽种。"可见，陈嘉庚对黄梨业一开始就重视产业链布局，在创办黄梨罐头和果酱加工厂的同时，就开辟了种植黄梨的果园，打通了黄梨种植、采摘、加工等产业链各个环节。因为当时新加坡的黄梨罐头主要做出口，而出口贸易被洋行垄断，所以，在黄梨产业链中，陈嘉庚唯独没能进入销售环节。

陈嘉庚在树胶业的全产业链布局，是使他成为东南亚"树胶大王"，从而被誉为"马来亚亨利·福特"的重要原因之一。陈嘉庚一手缔造的树胶商业王国，起步于树胶业最上游环节——树胶种植业，他在1906年购买了18万粒树胶种子，栽种在福山园的黄梨树边上。后来，不断通过买卖扩大树胶种植业，到1925年拥有的树胶园总面积达到15000英亩。

种植橡胶树十年之后，1916年，陈嘉庚把土桥头黄梨厂，改建为树胶厂，涉足树胶加工工业，开始向树胶产业的中游——树胶加工环节延伸，并最终到 1924 年的时候投资创办了 12 个树胶厂。

1920 年的时候，陈嘉庚又把土桥头树胶厂改建为树胶熟品制造厂，继续向树胶产业的下游——树胶成品制造环节延伸，并最终建立起了一个生产包括各种鞋子、轮胎、日常用品、工业用品、体育用品等大约两百多种产品的橡胶制造厂，并采用美国汽车大王亨利·福特的模式，引进欧洲先进机械设备与技术，实现流水线作业生产方式，成为达到当时国际标准的现代化工厂。

生产出大量树胶制品后，陈嘉庚发现销路是一个问题，

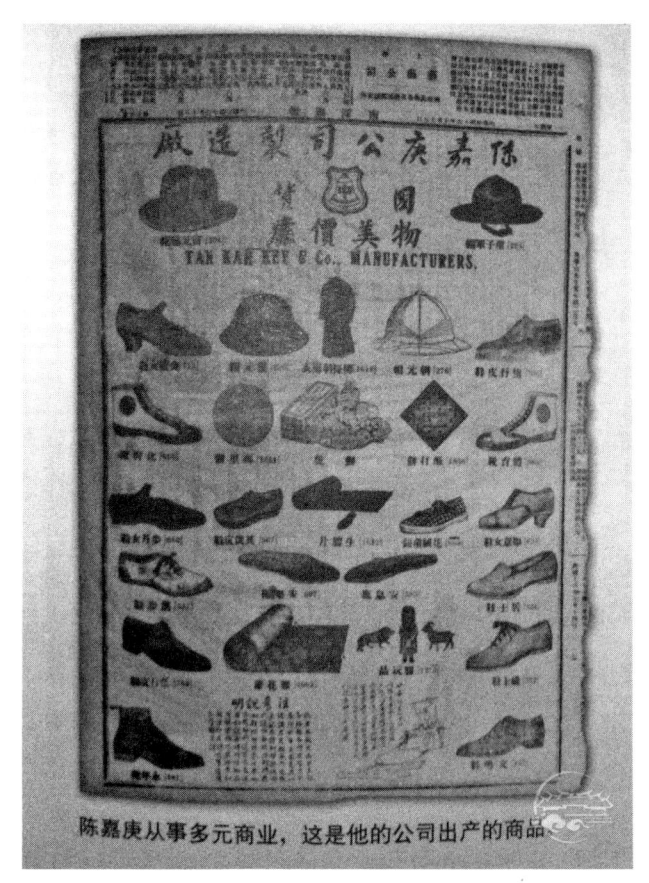

陈嘉庚公司生产的部分商品

于是陆续在东南亚和中国开设了 80 多处销售点，深度布局树胶产业的最下游——销售终端，并最终建立起了涵盖五大洲四五十个国家和地区的全球销售网络。

陈嘉庚的树胶熟品制造厂生产出大量的工业用品和生活用品之后，考虑到每年所用标签、商标、纸盒、广告等印刷品数额巨大，给人承印不合算，陈嘉庚甚至自办了一家印刷所，专门为自己产品的包装、商标、海报等提供印刷服务。

由于当时报纸是重要的宣传媒介之一，企业在宣传推广产品的时候也主要依靠报纸媒介。为此，1923 年陈嘉庚还创办了《南洋商报》，一方面介入新闻媒介业，另一方面可以更方便地为自己的产品做广告。为了满足印刷所、制造厂和南洋商报的用纸需求，陈嘉庚在 1925 年甚至准备创建一个造纸厂。为此，他已经在柔佛购置了 120 英亩土地，向瑞士的一家公司订购了价值 80 万元的机械设备。可惜后来经济形势逆转，陈嘉庚公司经营出现困难滑坡，这个项目最终搁置了。

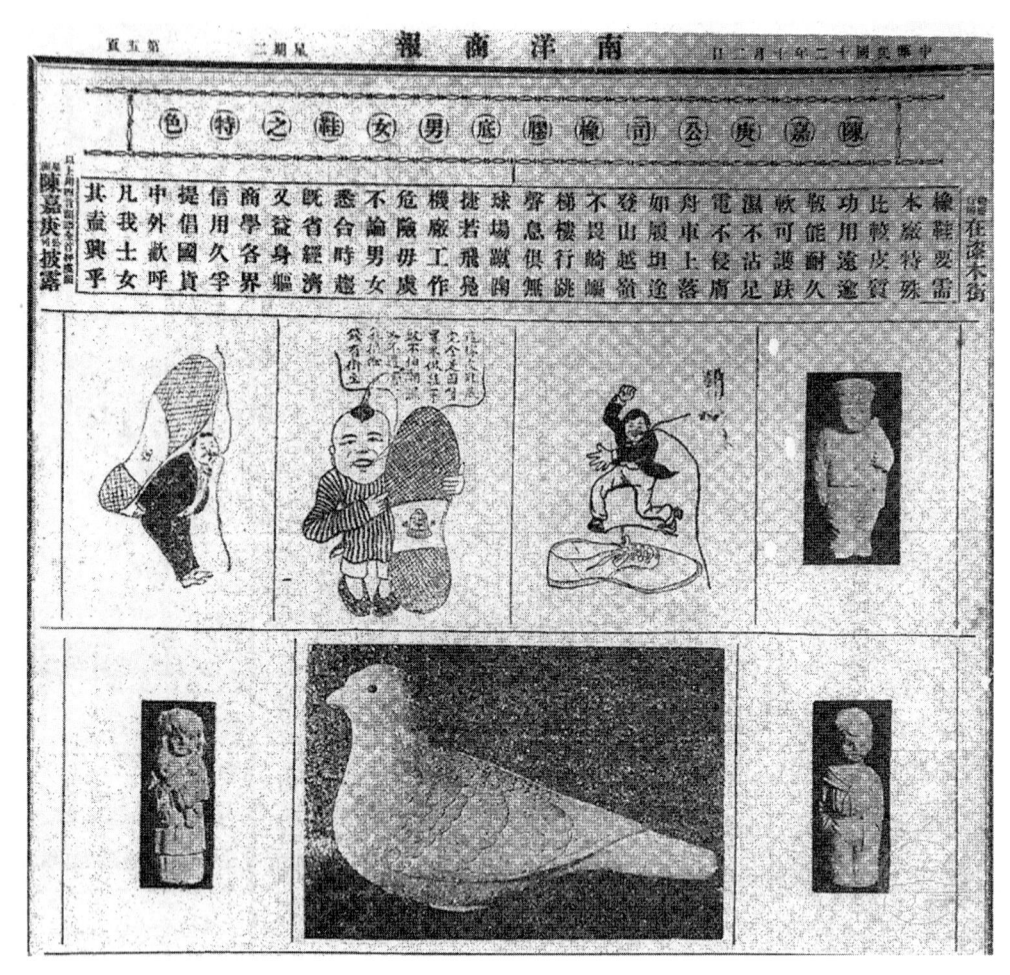

《南洋商报》刊登的陈嘉庚公司产品广告

总之,陈嘉庚在树胶业的产业链布局包括了种植、加工、熟品制造、销售等各个环节,从上游的原料生产和收购、中游的原料加工、下游的制造工业、终端的销售体系和品牌广告等,形成了一个垂直整合的、完整的、全产业链的生产和销售体系。这样庞大的树胶工业整合体系,在当时马来亚几乎是绝无仅有的,远远超过了其他众多马六甲华人树胶种植家、所有欧洲代理洋行和所有当地的欧洲树胶公司。①

---

① 根据新西兰奥克兰大学研究院戴渊博士的研究,在当时的树胶公司中,只有1888年成立于英国的邓禄普(Dunlop)公司才具有这样完整的产业链条,这家专门制造轮胎的公司规模很大,在马来亚拥有树胶园85000英亩,胶园里面有完备的树胶初级加工设施,但它的轮胎制造厂设在英国和其他国家,不在马来亚。

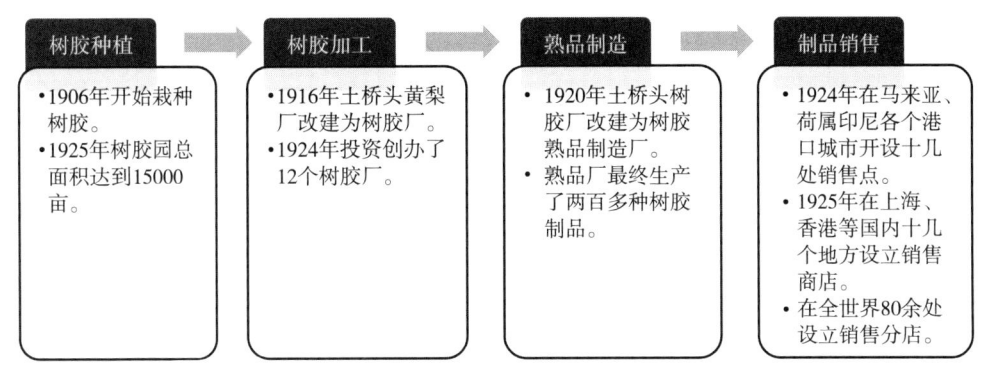

树胶种植	树胶加工	熟品制造	制品销售
• 1906年开始栽种树胶。 • 1925年树胶园总面积达到15000亩。	• 1916年土桥头黄梨厂改建为树胶厂。 • 1924年投资创办了12个树胶厂。	• 1920年土桥头树胶厂改建为树胶熟品制造厂。 • 熟品厂最终生产了两百多种树胶制品。	• 1924年在马来亚、荷属印尼各个港口城市开设十几处销售点。 • 1925年在上海、香港等国内十几个地方设立销售商店。 • 在全世界80余处设立销售分店。

陈嘉庚树胶产业链布局图

资料来源：作者自制。

陈嘉庚的循环经济产业链闭环思想甚至体现在他全力以赴的教育事业中。1913年创办集美小学后，他发现小学师资匮乏，严重影响了办学质量和规模。为了解决师资培养问题，1918年，他又创办了集美师范，招收愿意服务乡村教育的学生，学费、食宿全免费学习。为了解决小学毕业生的升学去向，陈嘉庚还创办了集美中学。为了给中学和师范输送良好师资，陈嘉庚在创办厦门大学时又强调把教育学作为重点建设科目，以便为集美乃至整个福建的中学培养良好的师资。同时，为了给接受教育的孩子找到更好的出路，能找到工作和活路，陈嘉庚又陆续创办了水产、航海、商科、农林等专门学校。总之，陈嘉庚的兴学理念就是这样围绕着人才培养，一环扣一环，形成了一个闭环的教育培养体系。

六、超强的执行能力

我们在前面已经分析过,陈嘉庚具有敏锐的商业洞察力,他识别和捕捉了众多商机,这些商机造就了他雄厚的商业实力。不过,就像众多杰出的商业领袖一样,他的商机识别能力不是独一无二的。也就是说,不是只有那些成功的创业者才能发现商机。事实上,机会窗口不会特意只为某人开放,很多成功的创业者往往也不是最早的商机识别者。但他们一定是能看准机会、当机立断、果断决策,具有超强执行能力和能把事情搞定的人,陈嘉庚身上的这种能力非常典型!

1903年,陈嘉庚在处理他父亲企业的破产危机时,就表现出快刀斩乱麻、精明而果断的能力。首先,面对顺安米店"凌乱不堪,似无人管顾"的乱象,他只花费半天的时间就查明了父亲企业面临的三重困境:被家人(苏氏母子)舞弊了十余万元;借重利之损失;遭屋地业大降价。其次,经父亲同意,他果断做出了一些决策为父亲企业止损:苏氏逐月只允许支取二百元;把金胜美、庆成、振安等几个店"数月内结束";黄梨厂出售或转让股份,以回笼资金;顺安米店质量不好的客户不欠账,优质客户应收账期缩短到四十天;卖空地还欠款。最后,顺安米店逐渐收缩经营规模,同时一边加紧催款收账,一边还清欠款,到1903年底就果断停止营业。同时,因父亲资不抵债欠下的约20万元,陈嘉庚表示"立志不计久暂,力能做到者,绝代还清以免遗憾"。陈嘉庚通过一系列冷静而果断的行动,妥善地处理了他父亲的破产事务。

陈嘉庚因为具有超强的执行能力,无论是买地建厂、安装机器,还是开垦种植黄梨和树胶,做事效率都很高,常常能快速地完成任务。1904年创建的福山园是一块长满了芭蕉的空地,陈嘉庚组织工人积极砍芭种梨,一年内就完成五百亩山地的黄梨种植。而当时别的黄梨园,面积虽然只有二三百亩,但栽种都需要二三年才能完成,没有像福山园那样一年就可以完成的。

1911年,陈嘉庚到泰国考察,发现北柳港盛产黄梨和大米,就当机立断决定在北柳开设谦泰黄梨罐头厂,兼为新加坡的熟米厂采购大米。说干就干,陈嘉庚立马买地建设厂房,并从新加坡和泰国购买配置各种机器。

同时，建设采购大米的码头和仓库。建厂房、修码头、盖仓库、安装机器，动工修建仅仅花费一个多月就完成了，这样的速度和效率是令人惊叹的！后来，因为北柳港的水质变咸，导致黄梨厂损失三万余元后，陈嘉庚又果断止损，把黄梨厂转让，把机器、仓库都廉价处理了。

1912 年，陈嘉庚在集美创办制蚝厂的效率也非常高。他在新加坡花了七千多元购买了制造生蚝罐头的机器、火炉等设备，运到集美，并且重金聘请日本做罐头的师傅，约好 1912 年冬天到集美。1912 年秋，陈嘉庚回国不到两三个月，工厂就建好开始生产。虽然这个项目最终"完全失败"，但仍然显示了陈嘉庚高效的办事和执行能力。

1916 年，自从第一次世界大战爆发后，因为欧洲需求锐减，黄梨罐头的销量减去不下十分之六。此刻，陈嘉庚果断调整经营业务，收缩黄梨业战线，把土桥头的黄梨厂，拆卸掉机器设备后，留下火炉，花费 5 万余元，添置机器、吊栈和加热风气，把黄梨厂改建为树胶厂。通过快速行动，当年改造完毕，当年就得利 5 万元。

1917 年，因为彼时在泰国、缅甸仰光等大米产地增设了很多熟米厂，而新加坡不产水稻，陈嘉庚认识到恒美熟米厂很难与这些地区的企业竞争，"已现乏利气象，前程亦甚悲观无望矣"。于是，陈嘉庚花费 20 多万元，果断改造砖庭、栈房，安装机器、添置热气，把米厂改建为谦益树胶厂。由于快速调整业务方向，谦益树胶厂当年就得利 15 万元，而且随着树胶行情看涨，谦益树胶厂日后给陈嘉庚公司带来了滚滚利润。

1920 年，陈嘉庚一方面看好树胶在生活和生产领域的终端应用，另一方面他想通过工厂培养大批树胶业技术人才和熟练工人。所以，他把土桥头树胶厂改为树胶熟品制造厂，开始生产各种树胶产品。此后，他看准机会，果断地在制造厂的研发、生产、机器、设备、销售等方面投入大规模资金，聘用大量技术人员和工人，生产出大量的胶鞋、轮胎等两百多种树胶产品，使陈嘉庚树胶制造厂迅速成为当时东南亚最大的工业制造企业之一。

在企业收盘清算的时候，陈嘉庚也表现出了这种果断决策的执行能力。1931 年公司改组之后，陈嘉庚失去了公司的控制权。他就像被捆绑住了手脚，无法像以往一样通过判断力、洞察力和毅力带领公司走出困境，也无法向银行获得融资输血。彼时公司董事会作出了很多错误的决定，并且想把饼干厂、黄梨厂、火锯厂、米店都转让卖掉。陈嘉庚对此无能为力，预料到制造厂寿命也会不久。因此，在 1933 年冬天，心灰意冷的陈嘉庚主动选择清盘止损，在充分考虑厦门大学和集美学校的后续办学经费和妥善处理供应商欠款之后，陈嘉庚把这些工厂要么收摊歇业，要么转让出售给别人。

陈嘉庚公司故址内景

　　总之，陈嘉庚是一位有想法，更有办法；有决断力，更能超强执行；能发现机会，更能抓住机会，能把梦想付诸行动，可以把事情搞定的人！

　　陈嘉庚的超强行动和执行能力也表现在他兴办教学、领导华侨的各项社会事业中。例如，1920年，厦门大学筹备委员、北京大学校长蔡元培先生认为厦大各方面筹备不足，提出"厦大不宜速办"；后来，首任校长邓萃英聘请派来负责具体筹备开学的郑贞文和何公敢教授也认为学校筹备至少需要半年，提出1921年暑假招生、九月开学的建议。但是，雷厉风行、敢作敢为、冲劲十足的陈嘉庚坚持厦门大学要于1921年4月开学。凭借只争朝夕、搞定事情的精神，陈嘉庚如愿以偿，把厦门大学的校庆定格在4月6日。

第二篇

陈嘉庚经营管理之道

陈嘉庚不仅具有识别商机和开发商机方面的创业精神与能力，而且在组织管理方面也表现出了卓越的管理能力。最早在顺安米店担任经理的时候，陈嘉庚就展现了出色的经营管理能力，尤其在运营管理、成本控制、应收账款管理、市场开拓、风险管控等方面成绩突出。在他独立创业的30年时间里，更是通过他独到的经营哲学、战略思想、财务金融、品牌营销、质量管控、人员激励等等方面的经营管理之道，成功地缔造和驾驭了一个工商业王国。

陈嘉庚对企业经营管理的重视还体现在他专门创办了集美商校，1921年厦门大学建校之初也设立了商科，旨在培养更多的商业人才。他认为中国"地非不大也，物非不博也，资本非不雄而厚也"，但商业"不振"，原因就在于"商人不知商业原理与常识"。所以，创办商校和商科，培养商业人才，成为陈嘉庚"教育救国"的重要使命之一。

本篇首先总结了陈嘉庚的经营管理哲学，接着从陈嘉庚公司分行章程、眉头警语、商号名称三个史料分析提炼陈嘉庚的经营管理思想和方法，然后专门介绍了陈嘉庚的企业社会责任思想，最后分析了陈嘉庚公司收盘的背景和原因。

集美学校商科的打字教室

陈嘉庚在厦门大学建校之初就设立商科,图为厦门大学早期商学院师生

第四章 陈嘉庚的经营哲学观[1]

[1] 本章由木志荣执笔撰写。

一、尽忠报国的价值观

我们在第二章描述了陈嘉庚从 17 岁到 61 岁，从米店"打工"到自主创业的生涯里，由于独具经商智慧，深谙经营哲学，眼光独到，敢拼会创，因此在商业舞台上创造了巨大的奇迹，成为新加坡乃至南洋商界的翘楚，蜚声海内外的大实业家，被誉为"华侨商圣""马来亚的亨利·福特"。我们认为，陈嘉庚的经营哲学是陈嘉庚精神的重要内容，是留给后人的重要精神遗产之一，本章将从六个方面分析和总结陈嘉庚的经营哲学。

任何一个经商创业的人都有一定的动机，创业动机是激发创业者行动和奋斗的内在力量。常见的创业动机包括寻求经济保障、创造财富、得到社会认可、获得声誉、追求成就、享受挑战、控制自己人生、实现梦想等等。而且，在创业过程中，创业者的创业动机会发生动态的变化。例如，从创业者的经济需要动机看，一般会从基本生存型向发展改善型动机发展；从创业者的社会需要动机看，会从个体社会动机向复杂社会动机发展。

毋庸讳言，陈嘉庚经商创业初期也是为了个人发展和家庭生活，如 17 岁被父亲召到新加坡负责顺安米店的经营，31 岁时开始自主创业，一方面为了替父还债，一方面"念不可赋闲度日"[1]。但是，陈嘉庚目睹当时中国内忧外患、国弱民穷的现实，萌生了一股强烈的"天职意识"。所以，陈嘉庚的创业动机很早就跳出了个人发家致富的经济性动机，表现出了对国家和民族忠心耿耿、鞠躬尽瘁的崇高风范，坚定地走上了一条为社会尽责、为国家尽忠的人生道路。关于陈嘉庚爱国爱乡的赤子之心和伟大贡献，及其企业社会责任思想，本书将在下面的章节专门介绍和分析。在本节，我们将重点分析陈嘉庚作为一位杰出的企业家，驱使他经商创业的终极力量是什么。

我们认为，陈嘉庚尽忠报国的价值观，尤其是"教育救国""实业强

---

[1] 陈嘉庚：《南侨回忆录》，上海三联书店 2014 年版，第 412 页。

国"的思想，是影响他经商创业的最根本的经营哲学。每个成功的商人都会面临一个问题：创造财富的目的是什么？具有不同价值观的人会作出不同的回答。正如我们在上一章所描写的，陈嘉庚经过艰苦创业积累了巨额财富。据统计，19世纪马来半岛的华侨，单个企业资产超过百万元的几乎没有。即使到了20世纪20年代，新加坡总商会领导层中，资产超过百万元的也只有8人。而陈嘉庚在1925年实有资产1200万元，合黄金100万两，称得上是"富甲天下"了。据此，很多人可能会猜测，陈嘉庚是不是因为创业成功，积累了巨额财富后，出于对故国故土的社会责任而慷慨大方？

我们认为，陈嘉庚不是因为有钱了才捐资办学，他忧国忧民的爱国情怀和尽忠报国的价值观是根深蒂固的，他在回忆录中特别提到"生平志趣，自廿岁时，对乡党祠堂私塾及社会义务诸事，颇具热心，出乎生性之自然，绝非被动勉强者"[1]。

陈嘉庚在20岁出头，在他父亲米店"打工"仅三年的时候完成的一件事，说明了他早期就树立了热心公益、服务社会的珍贵品质。他初到新加坡，就发现了友人珍藏的一本药书《验方新编》。根据朋友的介绍和自己的经验，陈嘉庚发现该书药方十分有效，油然"窃念吾闽乡村常乏医生，若每村有此书一本，裨益不少"[2]。于是，他想购买一批这本药书，送给福建故乡的各个村庄。但是，这本医书版权远在日本横滨中华会馆，陈嘉庚不辞辛苦，不怕麻烦，颇费一番周折，托香港的朋友汇款到日本横滨，前后数次，购买了六七千本，免费送给闽南乡民参考治病[3]。

陈嘉庚倾资兴学的志向也是很早就树立了。早在1894年21岁的时候，陈嘉庚回国完婚期间，他利用在父亲米店"打工"三年所得的薪酬积蓄和父亲给他的结婚费用结余，出资2000银圆，在集美创办了"惕斋学堂"，供本族贫寒子弟入学就读[4]。这是陈嘉庚在家乡捐资办学的开端。1906年，陈嘉庚还处在创业起步，正苦苦挣钱替父还债的阶段，就毅然省吃俭用，在新加坡集资创办了道南学堂，也拉开了陈嘉庚在海外热心教育事业的序幕。

---

[1] 陈嘉庚：《南侨回忆录弁言》，上海三联书店2014年版，第1页。
[2] 陈嘉庚：《南侨回忆录》，上海三联书店2014年版，第1页。
[3] 这个例子另一方面也说明了陈嘉庚具有尊重知识产权、尊重别人劳动成果的精神。
[4] "惕斋"源于《周易·乾》中的"君子终日乾乾，夕惕若厉，无咎"，意思是君子白天自强不息、孜孜上进，晚上深刻反省、没有懈怠，才不会招来灾难和犯错。陈嘉庚将他创办的学塾取名为"惕斋"，体现了他希望故乡的孩子通过读书学习、发奋努力、勤勉反省，来改变命运和摆脱愚昧。

辛亥革命推翻封建帝制，建立民国政府后，陈嘉庚备受鼓舞，他说"民国光复后余热诚内向，思欲尽国民一分子之天职，愧无其他才能参加政务或公共事业，只有自量绵力，回到家乡集美社创办小学校，及经营海产罐头蚝厂"[①]。至此，陈嘉庚经商赚钱是为了"教育救国""实业强国"的经营哲学已经十分明确。

1912年秋，陈嘉庚带着创业起步仅8年、积累不多的财富，从新加坡回归故里，筹办集美小学，全面展开了他倾资兴学的人生志向。如果从1894年在集美创办"惕斋学堂"算起，陈嘉庚一生办学的时间长达67年之久，创办及资助的学校多达118所，这些学校覆盖了福建全省各地和新加坡，学校层次包括幼儿园、小学、中学和大学。根据洪丝丝在《陈嘉庚办学记》中的统计，陈嘉庚一生对教育事业所捐献的钱，以1980年国际汇市比率计算，相当于1亿美元左右。如果加上陈嘉庚创办的集友银行的红利和经他筹募的办学经费，则数字更加惊人[②]。著名教育家黄炎培曾由衷赞叹："发了财的人，而肯全拿出来的，只有陈先生。"陈嘉庚一生办学时间之长、创办及资助学校之多、捐资之巨、成绩之著，堪称中国近现代史上第一人。

陈嘉庚21岁时创办的惕斋学堂

陈嘉庚矢志办教育的根本目的是培养人才、振兴实业，他坚信"教育不振则实业不兴。"所以，"实业强国"是陈嘉庚非常重要的价值追求。虽然他1912年在厦门创办生蚝罐头厂的项目没有成功，但他以更长远的眼光来践行"实业强国"的信念。比如，他非常重视职业教育，在集美学校积极培育水产、航海、商科、农林等专业人才，其目

---

① 陈嘉庚：《南侨回忆录》，上海三联书店2014年版，第4页。
② 陈村牧估计总数在2亿美元以上。

的就是为社会培养振兴实业所需要的专业人才。

另外，陈嘉庚为什么一直重视投资扩大树胶成品制造及销售？因为他认为20世纪是树胶时代，但中国的树胶工业几乎为零，连日本都有大大小小的树胶制造厂四百多家，中国没有一家像样的树胶制造厂。而新加坡的树胶制造厂，员工基本上是华侨，工人们可以学习掌握树胶制造过程中的化验、生产设备、操作机器、生产各种产品等等方面的技术和经验，训练和培养了这些技术工人和职员，"如师范学校之训练学生，俾将来回国可以发展胶业。愚于个人经营之外，尚抱此种目的，故不惜资本，积极勇进"①。陈嘉庚把他的橡胶厂也想象为一所学校，专门用来培养回国之后可以填补空白、施展才能的树胶人才。由此可见，陈嘉庚创办树胶制造厂是以中华民族工业发展与民族振兴的崇高理念作为出发点的。他为此拟定了一个宏伟的长远计划：首先在新加坡建立树胶制造厂，当新加坡的树胶制造厂在技术、产品和人才等方面都达到要求时，再到上海、天津和武汉等地设立大型树胶制造厂。他打算于1928—1929年在上海建立树胶制造厂，然后再到天津和武汉建立工厂。启动这三大工厂的初期投资总额预计将达到六百多万元。这些工厂将聘用在新加坡培训出来的人才和集美学校、厦门大学的毕业生，并且为集美学校和厦门大学提供经济支持②。陈嘉庚公司的确培养了大量橡胶业人才，其中像李光前、陈六使等成为东南亚的巨商，并成为陈嘉庚抗日救国、捐资办学等社会事业的忠实支持者。

总之，在陈嘉庚的经营哲学里面，艰苦创业、拼命赚钱的目的只有一个：实现"教育救国""实业强国"的人生志向。因此，财富只是尽忠报国的手段，而不是目的，在这个问题上陈嘉庚具有坚定的信念和无与伦比的高尚情操。在这里笔者只列举四个事例：

第一个事例是，1918年5月，陈嘉庚在新加坡患了一场病，得了阑尾炎，这个如今很普通的病症，当时是生死攸关的险症。陈嘉庚以为到了生死关头，于是请来律师和至交，立下遗嘱，将他所拥有的店屋、地产、树胶园等价值200万元的资产，全部划拨给集美学校为永久基金，以保证在他离开人世之后集美学校依然能发展。

第二个事例是陈嘉庚在一战期间，因看准机会涉足航运业，赚得巨额财富的时候，他想的不是荣华富贵，不是享受生活，甚至不是想如何赚更多的钱，他萌生了一个十

---

① 陈嘉庚：《南侨回忆录》，上海三联书店2014年版，第429页。
② "陈嘉庚书信第127封，18-8-1926"，见许金顶、陈毅明：《陈嘉庚文集.书信》，福建教育出版社2024年版，第230～235页。

分不寻常的想法：回国长住，专门办教育！他说"余自冬间欧战息后，便思回国久住，以办教育为职志，聊尽国民一分子之义务"①。陈嘉庚的这个举动不是一时兴起，也不是因为有钱了才想行善积德。实际上，从1912年起，陈嘉庚身上"尽国民天职"的思想和意识已经深入心膛。

1918年底，陈嘉庚决定长期回国兴办教育，并且在经济上做了认真盘算和妥当安排。他认真盘算了黄梨厂、树胶厂、米店、树胶园、参股企业等各个产业，厘清了发展思路，做好了战略规划，并决定让胞弟陈敬贤回新加坡看管这些实业。他所做的这一切，都是为了确保他可以回国安心办教育。1919年5月，陈嘉庚回到集美后，激情澎湃地投入公益教育事业中，其中最大的功绩是经过他亲自选址买地、设计建筑、物色校长、确定校训等工作，厦门大学于1921年4月6日正式开学。

可是，世事难料。陈嘉庚回国还不满三年，陈敬贤却在新加坡积劳成疾，需要回国修养，陈嘉庚不得不改变计划，于1922年春回到新加坡管理企业。起初，陈嘉庚"本拟数月后再回国"，但是，到新加坡后发现树胶业因竞争激烈，公司的利润一直在下降，"而厦集二校，均在扩充，所需经费多赖此途之利源，故不得不转变方针"。陈嘉庚考虑到厦门大学和集美学校的办学经费都依靠公司能否稳定盈利，所以，他"不得不"留在新加坡，打理公司的经营管理。陈嘉庚的这个行为已经充分体现，他兴办企业、创造财富，只是他报效祖国、支持教育事业的一个手段！

1926年厦门大学全景

---

① 陈嘉庚：《南侨回忆录》，上海三联书店2014年版，第423页。

第三个事例体现在陈嘉庚1929年亲自起草制定的《陈嘉庚公司分行章程》中[①]。《章程》序言明确指出:"本公司及制造厂虽名曰陈嘉庚公司,而占股最多,则为厦门大学与集美学校两校,约其数量,有十之八。盖厦集两校,经费浩大,必有基金为盾,校业方有强健之基。而经济充实,教育乃无中辍之虑。两校命运之亨屯,系于本公司营业之隆替。"公司章程是公司对外进行经营来往的基础法律依据,是公司建立和运作的最重要文件,公司章程所确认的公司义务和权利关系对外产生相应的法律效力。陈嘉庚把公司获得的利润,几乎全部用于支持厦门大学和集美学校,已经明确写入公司章程,这在商界是非常罕见的。从这个意义上说,陈嘉庚创办的企业,已经不是一个商业企业,而是一个具有特定社会目标的社会企业。

实际上,陈嘉庚在1919年5月准备长期回国专门办教育之前,在新加坡聘请律师按英国政府条例办理了财产转移手续,将在南洋的所有不动产,包括6500英亩橡胶园、货栈、地产等,全部捐作集美学校永久基金,并发表演讲,公开表示:"此后本人生意及产业逐年所得之利,除花红之外,我留一部分添入资本,其余所剩之额,虽至数百万元,亦尽数寄归祖国,以充教育之用,是乃余之大愿也。"

第四个事例是陈嘉庚在公司陷入困境之际,到底要救企业,还是要办教育之间作出的果断选择。陈嘉庚公司经历了1926—1928三年的树胶行情低迷,1929年开始又碰上经济大

《陈嘉庚公司分行章程》序言

---

① 本书在后面的章节会专门解读《章程》。

萧条，面临"避贼遇虎惨况"。经济困难，企业一直亏损，"有人劝余停止校费，以维持营业，余不忍放弃义务，毅力支持，盖两校如关门，自己误青年之罪小，影响社会之罪大，在商业尚可经营之际，何可遽行停止。一经停课关门，则恢复难望。若命运衰颓，原属定数，不在年开三几十万元校费也。"[①]陈嘉庚在公司困难重重之际，仍然坚持只要尚可经营，绝不会让厦大、集美两校缺乏经费而关门。

事实上，陈嘉庚是有机会停办教育、救活企业的。某国的一个大集团想注资收购陈嘉庚的公司，扶持其继续经营发展，但提出的条件是必须停办厦集两校。面对可以救活公司的绝好机会，连分管财务的长子陈济民都劝请父亲宜慎重考虑每月汇给厦大、集美的经费。但陈嘉庚断然拒绝，他说"宁可变卖大厦，也要支持厦大"，毫不犹豫把位于新加坡经禧律42号的3栋私宅卖掉，收到的房款用于支持厦门大学。他还说"我生活简朴，有一碗花生粥吃即行了"，他把作为陈嘉庚股份公司董事经理的4000元薪水，仅留100元作为生活费，剩余的钱全部按月汇往集美学校。如上一章所描述，在公司收盘之际，陈嘉庚尽力为两校经费奔波，为此做了很多细致的安排，比如，把树胶厂、饼干厂等出租或转让给李光前、陈六使等人，唯一要求的条件是这些厂的部分得利要捐献给厦门大学和集美学校。

新加坡经禧律42号

---
① 陈嘉庚：《南侨回忆录》，上海三联书店2014年版，第434页。

二、爱拼会赢的奋斗观

千百年来，勤劳勇敢的福建人走出家门，走出村庄，走向海洋，乘飓风踏大浪，在异国他乡拼搏创业，造就闽商精神，成就闽商事业。宋元时期，泉州刺桐港是东方第一大港，中外客商云集，福建人沿着海上丝绸之路，经商迁移，闯荡世界。即便明清时期朝廷时常关闭国门，实行海禁，也不能阻挡福建人尤其是闽南人往来海洋的步伐。

海洋文明造就了闽商一种敢闯敢拼、敢想敢干、敢为人先的精神；一种务真求实、乐业敬业的精神；一种百折不挠、永不言败的精神。2004年在福州举办的首届世界闽商大会，总结并提出了"善观时变、顺势有为，敢冒风险、爱拼会赢，合群团结、豪侠仗义，恋祖爱乡、回馈桑梓"的32字"闽商精神"。陈嘉庚作为历史上最杰出的闽商之一，"闽商精神"在他身上体现得淋漓尽致！其中，爱拼会赢的奋斗精神是陈嘉庚经营哲学的根基[①]。

从1890年在顺安米店学习经商，到1934年陈嘉庚有限公司收盘，陈嘉庚一生在商场打拼的时间共计44年。他经营的生意涉及制造、种植、加工、商业、贸易、航运、食品、制药、印刷、报业等多个领域。到1925年前后的极盛时期，陈嘉庚拥有树胶和黄梨种植园万余英亩，橡胶制品厂、生胶加工厂、米厂、饼干厂、木材厂、黄梨厂、印刷厂、皮革厂等大小工厂三十几家，负责销售的分支商店一百余处，常年雇佣职工数万人，

---

① 朱水涌在其著作《陈嘉庚传》中提到，17世纪发生在闽南海疆和台湾海峡的由郑芝龙与郑成功父子创造的海上传奇，对陈嘉庚的影响非常深刻。1633年，郑芝龙以厦门港为基地，带领150多艘郑家船舰，在金门大败荷兰入侵舰队。随后，郑家舰队发展成为规模超过3000艘船舰、西太平洋地区最大的海上力量，几乎控制了大半个太平洋的航运和贸易。1646年，郑芝龙遭清军诱捕之后，23岁的郑成功以鼓浪屿为基地，训练水军，重新聚集郑家势力。到1653年，郑成功已经拥有二十余万雄兵、上千艘船舰，他的舰队同时也是贸易船队，郑氏的海上贸易网络覆盖整个东南亚，比当时荷兰东印度公司在亚洲地区的实力强大得多。1661年，郑成功率领舰队横跨台湾海峡，驱除荷夷，收复了台湾。郑氏集团创造的海上传奇，成为以贩海为生的闽南人永远的骄傲与永恒的记忆，通过乡镇渔村大榕树下宗祠中的讲古，通过茶余饭后的代代相传，深入普通百姓心里。陈嘉庚也是在故乡郑氏海上帝国故事的熏陶与激励中成长起来的，"出生与成长在这段历史发生的地方，陈嘉庚的生命中有挥之不去的郑氏集团积淀"。朱水涌：《陈嘉庚传》，厦门大学出版社2021年版，第27页。

资产总值达到 1200 万元（约值黄金 100 万两），成为东南亚最大的实业家之一。陈嘉庚在商业上取得的这些成就，跟他爱拼会赢的奋斗精神息息相关。

陈嘉庚是一个"富二代"，他的父亲陈杞柏在 1890 年代，先后在新加坡创建了包括顺安米店、日升黄梨厂、庆成洋灰店、硕莪厂等 18 家商号，全部资产估计超过 40 万元。[①] 但是，陈嘉庚从小并没有过着富家子弟的生活，他在集美被母亲一手抚养长大，由于父亲给家里的汇款时断时续，陈嘉庚童年的家庭经济并不富裕。由于父亲不在身边，他作为嫡长子从小就参加劳动、担当家务，帮助家里拔花生、收番薯、抓鱼虾、剖海蛎之类的农活，逐渐养成了热爱劳动、刻苦耐劳、独立自主的性格。

17 岁到新加坡在顺安米店学习经商后，更是没有任何富家子弟的习性，从小职员做起，帮助族叔和父亲打理米店，工作兢兢业业、勤勤恳恳，表现出了勤奋扎实的事业心和进取心。由于工作努力积极，深受父亲的信任和器重。他说："在膝下三年，终日仆仆于事业，亦未曾撄其怒也。"[②]

但是，陈嘉庚后来创业起步的时候是一个"负二代"。1903 年他在集美安葬完母亲回到新加坡后，发现顺安米店"凌乱不堪，似无人管顾"，父亲脸色阴沉"亦无欣容快意"，族叔也病恹恹"神气丧失"。面对此景，陈嘉庚并没有慌乱无措，而是沉着冷静地通过半天的盘货算账，发现了问题症结。因为苏氏母子舞弊贪污、借债利息过高、房地产业贬值等各种原因，父亲事业已经负债累累。面对父亲资不抵债的烂摊子，陈嘉庚并没有被吓倒退缩，或者手足无措，而是知难而上，勇敢地直面问题去解决它。

为了使破产清算的损失最小，同时也为了保护父亲的声誉，陈嘉庚在父亲商号清盘之前做了很多细致安排：限制苏氏逐月只允许支取 200 元；把金胜美、庆成、振安等几个店转让收摊，"数月内结束"；柔佛、本坡等黄梨厂找人转让；缩短顺安米店应收账期等。最终，陈嘉庚妥善解决了父亲资不抵债的结局，一方面尽量把市面上所欠的款项都还清，一时还不了的债务承诺自己会归还；另一方面也尽力保护父亲的面子，实现了"体面"地清盘歇业。

1904 年，年过 30 的陈嘉庚两手空空，身负 20 万元父债，想尽办法筹集了 7000 元资金，在离城比较远的山地里，因陋就简，创办了一家黄梨罐头厂，开始独立门户，自主创业。他承认以前专注于米店，"至于黄梨厂如何经营，则不闻问。"但是他分析

---

① 杨进发著，李发沉译：《华侨传奇人物陈嘉庚》，陈嘉庚纪念馆 2012 年版，第 23 页。
② 陈嘉庚：《南侨回忆录》，上海三联书店 2014 年版，第 407 页。

说,"若能精于核算,用心选择制造出售,每箱可多获五六角之多",所以,他认为"此业急需有才干思想"。

彼时的黄梨罐头厂普遍生产的是形状比较单一的产品(普通庄),嫌弃做杂庄黄梨罐头复杂麻烦,需求数量少,也不知道怎么核算成本和收益,而且担心式样不对导致日后赔偿。而陈嘉庚拿出一股拼劲,知难而上,专门生产形状样式比较复杂的杂庄黄梨罐头,通过差异化产品获得市场。

此外,当时新加坡的黄梨厂主要靠欧美加拿大等洋行采购出口,这些厂通常等着洋行打电话来预定和采购罐头。但是,陈嘉庚并没有在办公室坐等客户电话,而是每天不辞辛劳,亲自到洋行上门拜访,天天跑市场、见客户,详细探寻信息,了解市场行情,"故凡诸什色庄头,大半被余售去"。除了跑市场,陈嘉庚还特别重视采购和生产环节。在采购生梨的时候,陈嘉庚会根据黄梨的大小、成熟度和坏烂程度不同,亲自靠眼力识别挑选。在生产环节,他每天清早和下午都要到黄梨厂视察几个小时,亲自把关产品质量。而且,在成本和收益的计算方面,陈嘉庚也不像其他工厂,按季度计算成本和收益。而是把当日采购的黄梨,第二天做成罐头后就及时精确地计算出每一批产品的成本和收益。

无论是创业起步阶段,还是事业取得辉煌成就阶段,陈嘉庚在事业上的投入和拼劲是无与伦比的,这方面的例子举不胜举。例如,1904年他买了福山园后,500英亩空地只用一年就完成了黄梨种植。而别的黄梨园,至多只有二三百亩的面积,栽种却需要二三年才能完成。1907年,面对黄梨罐头市场疲软,同行大部分都亏损甚至面临倒闭,但因为陈嘉庚锐意进取、精细经营,陈嘉庚黄梨厂当年还得利2万元。再比如,1914年第一次世界大战爆发后,因船运紧张,陈嘉庚的黄梨厂和米厂库存剧增,商号现金流非常紧张。如果是普通商人,面对外部国际局势剧变带来的严重打击,绝大部人会坐以待毙、认命"躺平",但陈嘉庚知难而上、见招拆招,大胆进入船运业,自己解决公司运输困难问题。没料到,"逼上梁山"进入的航运业给陈嘉庚公司带来滚滚利润,赚得盆满钵满,可谓天道酬勤。

陈嘉庚具有一种"毅"以做事的精神,对看准的事情意志坚定,咬紧目标,敢想敢干,持之以恒,锲而不舍,坚忍不拔地奉行长期主义。1906年,他在新加坡乃至马来亚鲜有人知晓橡胶树的经济价值,不敢轻易下手介入的时候,就果断购买大量橡胶种子,套种在黄梨园里,涉足橡胶种植业。橡胶种子在土壤里成长10年之后,1916年陈嘉庚开始把黄梨厂改建为树胶厂，开始了树胶加工工业。之后，陈嘉庚不断向树胶产业链上下游延伸。从1920年土桥头树胶厂改建为树胶熟品制造厂，尝试生产树胶终端产品四五年之后，陈嘉庚在1924年大举进入树胶熟品制造业，生产如各种车轮胎、各日用品、医生用具、胶靴鞋等等。陈嘉庚在树胶行业的这种超前、坚守、深耕和奋斗精神，最终使他成为闻名遐迩的"橡胶大王"，被誉为"马来西亚的亨利·福特"。

陈嘉庚爱拼会赢的奋斗精神和勤劳已经渗透在他每天的日常工作习惯和生活规律中。陈嘉庚是一个非常自律的人，他每天的工作时间都很长，除星期天外，每天只睡四五个小时。他每天清晨5点就起床，起身后出门步行半小时晨练，沐浴洗身完六点用早餐，早餐吃半熟鸡蛋三粒，喝一瓶牛奶。早上7点到土桥头工业大厦上班，上午一般步行到各个工厂巡视，巡视过程中不断停下来跟职工交谈并检视产品，直到中午。当员工们吃午餐时，陈嘉庚会召集各部门负责人开例会，听取各个部门的生产经营情况汇报，解决各个部门提出的问题。会议一般持续30～45分钟，会后陈嘉庚才到怡和轩或回家用午餐。餐后陈嘉庚会立即前往位于利峇峇里路的总行政部处理各项业务，包括树胶、黄梨、财务、销售、米业等等。直到下午5点，他才离开公司回到怡和轩。

怡和轩是华社工商界人士交流、联谊和休闲的俱乐部，1923年2月，陈嘉庚当选为怡和轩俱乐部总经理，至1947年卸任时累计任期20多年。陈嘉庚在怡和轩俱乐部倡导新风范，禁止抽鸦片，宴会提倡节约，并设立图书馆，培养阅读风气。至1934年企业清盘，陈嘉庚从来没有请过一天假。

陈嘉庚在下午公司下班后，都会回到怡和轩洗身和简单晚餐，然后夜以继日处理各种社会和教育事务，如集美学校、厦门大学及当地华社等种种事务，或者跟会员们交谈讨论各种事情。处理完公务，只要有时间，陈嘉庚就在怡和轩阅读大量书籍报刊。

怡和轩俱乐部

午夜时分,陈嘉庚才会回到家里就寝,然后次晨五时起身。①

在经商创业过程中,陈嘉庚经历过很多挫折、困难和危机,也经历了多次投资失误,但他都能以一种百折不挠的意志和永不言败的精神,越挫越勇,杀出一条血路,成为蜚声东南亚的大实业家。例如,1905 年陈嘉庚创办的冰糖厂只经营一年就因获利难而停止;1909 年恒美米厂遭遇火灾,重建米厂时资金非常紧张;1912 年回国在集美创办生蚝罐头厂,结果"完全失败";1913 年因水质变咸,泰国北柳黄梨厂损失惨重,最终廉价处理转让;1913 年因碰上虫病等各种困难,树胶园祥山园在花费了五万余元之后放弃种植;1920 年陈嘉庚参股的裕源、槟城、振成丰三家公司,因各种原因亏损三十余万元;1926 年以来,陈嘉庚还遭遇了树胶业市场行情持续低迷、有人故意纵火焚烧工厂、众多干将离职自立门户、世界经济大萧条、企业控制权被剥夺等各种危机与挫折。在困难和危机面前,陈嘉庚处变不惊、积极应对,在逆境中绝不屈服、逆来顺受,并努力想尽办法克服困难、渡过难关。

陈嘉庚的拼搏精神还体现在他特别强调竞争精神,认为企业经营实际上也是在进行一场战争。竞争不仅要敢于冒风险,还需要决策迅速、行动果断,充分掌握主动权。他说:"动作迟缓,处处输人,商战中必为败兵。"这就是陈嘉庚一贯提倡的"果"字,它强烈地体现了陈嘉庚在办实业中锐意进取、竞争制胜的气概。

此外,除了经商创业,陈嘉庚在兴办教育过程中,在社会风气的移风易俗改革中,

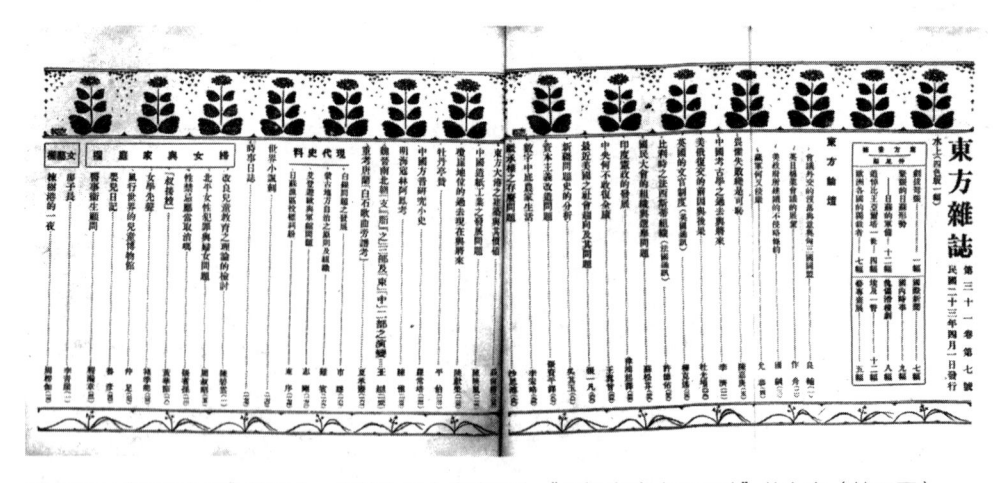

陈嘉庚在《东方杂志》第三十一卷第七号上发表题为"畏惧失败才是可耻"的文章(第五页)

---

① 杨进发著,李发沉译:《华侨传奇人物陈嘉庚》,第 27、50 页,陈嘉庚纪念馆 2012 年版。

在支持祖国抗战事业中,在新中国社会主义建设中,无不折射出刚健果毅、勇往直前和坚忍不拔的意志特征。1934年4月,在公司收盘两个月后,陈嘉庚在《东方杂志》第三十一卷第七号上发表题为"畏惧失败才是可耻"的文章,引用"美国汽车大王"福特的话"正当之失败,无可耻辱,畏惧失败,才是可耻",警示国人不要以他的生意失败为口实,阻碍公益事业的发展。陈嘉庚身体力行,在1934年公司清盘后,不屈不挠又全身心投入更广阔的社会公益和正义事业中,创造了流芳百世的丰功伟绩。

总之,在陈嘉庚身上,自强不息、奋斗不止的精神表现得淋漓尽致。他说:"世上无难事,唯有毅力和责任耳。"陈嘉庚一生提倡肯负责任、做事不中辍、尝试不成仍继续前进,反对苟安偷懒、容易满足,他毕生的艰辛历程和奋斗精神是这种"毅力"的真实写照。

三、诚实守信的信用观

陈嘉庚一生遵奉实事求是、言信行果和永不毁诺的为人之道。他曾说过"无论个人、社会、国家和事业的发展，全赖'忠诚信义'""我自己所能者仅为诚、信、公、忠四字"，陈嘉庚把"诚""信"放在最重要的位置。1918 年，集美中学和集美师范创办之初，陈嘉庚和陈敬贤亲自立"诚毅"为集美学校校训，号召全体师生以诚立身、以毅处事，发扬诚信果毅、百折不挠的奋斗精神。

在经商创业过程中，无论是对待外部的客户、供应商、债权人等，还是对待内部的员工、合伙人和股东等，陈嘉庚都以诚相待，以信交友，说一不二，一诺千金。这种诚实守信的信用观，在任何时代都是一种值得推崇的宝贵商业精神。

估计读者都听说过陈嘉庚"替父还债"的故事，的确，陈嘉庚履行诺言"替父还债"的举动已成为美谈。1903 年冬，陈嘉庚父亲陈杞柏的商号因资不抵债，破产停业，欠债 20 万元。这在当时是一笔数目不小的钱！按照当时当地的法律和习俗，父亲死亡或企业破产，后辈无须承担其债务[①]。陈嘉庚完全可以躲开父债，甩掉包袱，轻装上阵，开创自己的事业，但毕生以诚信立身的陈嘉庚，虽然身处窘境，仍"立志不计久暂，力能做到者，绝代还清以免遗憾"，挺身而出，表现出替父还债的坚定决心。

1906 年，陈嘉庚创业两年半，就开始考虑替父偿债的事情，"此为余最念念不忘者"。但由于当年黄梨价格下降，黄梨厂获利远不如预期，陈嘉庚手头仅有 3 万余元，"故尚无力可与顺安债主议还旧欠也"[②]。等到第二年，陈嘉庚投资入股的"恒美"熟米厂赚钱之后，开始跟父亲商号顺安米店的债主商议还债之事，陈嘉庚提出所有抵押物给债主，不足的部分用现金折还。

陈嘉庚决意还债的事情，曾遭到了亲友的反对，大家认为没必要打肿

[①] 当时，新加坡的"叻币"币值很高，一元叻币能够买 800 平方米的空置山地，20 万元实际上是很大一笔钱。朱水涌：《陈嘉庚传》，厦门大学出版社 2021 年版，第 33 页。
[②] 陈嘉庚：《南侨回忆录》，上海三联书店 2014 年版，415 页。

脸充胖子。但他坚决认为做人要诚以待人，信以处世，信守诺言，欠债当还，一日不还，无时得安。说来也不可思议，陈嘉庚决意还债的时候，甚至花了不少时间和精力才找到这些债主。因为很多债主其实对这笔债款的偿还根本不抱希望，没想到忽然接到欠债人的儿子代还父债的函件，喜从天降，最后达成协议，同意折还9万元结清债款。实际上，陈嘉庚当时也无法一下子拿出那么多钱，只好先还现金6万元，剩下的3万元分四个月还清，付给债主们一分的利息。

陈嘉庚替父还债的举动，令新加坡社会感到震惊，赢得了企业界广泛的声誉和赞赏，他身上一诺千金的诚信品质，是其最终能缔造辉煌商业王国、生意取得巨大成功、成为千万富翁的重要原因之一。这种品质也奠定了陈嘉庚成为众人信服、千万人追随、能联合团结各帮派的社会领袖的重要基础。

作为一名实业家，陈嘉庚无论是加工大米、生产黄梨罐头和黄梨果酱，还是制造橡胶制品，都非常重视产品质量，诚实经营，处处为消费者利益着想，极力为顾客创造最大价值。陈嘉庚工厂生产的"苏丹"牌黄梨罐头，因为从原材料的采购到加工环节都严把质量关，产品优质，成为当时业界口碑很好的品牌；陈嘉庚的树胶厂生产的胶片和树胶熟品制造厂生产的各种"钟"牌商品，出厂前必须要经过化学房、试验房、药房部等多道检验，完全合格才能出厂销售，产品的质量口碑非常好。他认为："品质精究优美，则畅销自然可期，良好之成功必矣。"陈嘉庚非常厌恶欺诈客户的行为，他说"货真价实，免费口舌；货假价贱，招人不悦"，因此他严格规定："货品损坏，买后退还，如系原有，换之勿缓""门市零售定价不二，以昭信用"。正因为他诚信经营、一诺千金，陈嘉庚公司的很多产品在各种展览会上获了大奖，陈嘉庚的名字、陈嘉庚工厂的产品都成为人们信赖的金字招牌。

陈嘉庚的诚实守信品质，还表现在他对合作伙伴和供应商以诚相待、言信行果。1903年，陈嘉庚作为米店经理，在处理其父的商号收盘事务的时候，一直惦记着顺安米店和黄梨厂欠供应商的货款，想尽办法还清供应商欠款之后，陈嘉庚才决定将顺安米店停止营业。

1933年，由于银行财团介入陈嘉庚股份公司董事会后，做出了很多错误的决定，陈嘉庚预料到企业无法持久了，他发现公司还欠市面各种供应商7万余元。陈嘉庚想到公司如果收盘，这些供应商的欠款就无法还清，就"通知各货主或原物领回或取制品抵额"，把市面的欠款都还清楚。此后，公司清盘前购买的用料都用现金付款，绝不拖

1929年7月陈嘉庚公司轮胎获得国民政府工商部第一次展览会特等奖

欠。可见，陈嘉庚在公司清盘前，还为市面上的众多供应商着想，敦促他们尽快取回物资或货款，丝毫没有想过要赖账，足见陈嘉庚诚实守信的高贵品质！

1929年，由陈嘉庚亲自制定的《陈嘉庚公司分行章程》充分体现了他诚实守信的经营之道。例如，第三章营业第五条明确规定"门市零售定价不二，以昭信用"；第十八条也规定：没有经过经理的磋商同意，各职员对货品价格不能随意加减。此外，《章程》的各页眉头印有他亲自拟定的80条警语，有些警语体现了陈嘉庚一生追求和提倡的诚实守信精神："待人勿欺诈，欺诈必败；对客勿怠慢，怠慢必招尤""以术愚人，利在一时；及被揭破，害归自己""与同业竞争，要用优美之精神与诚恳之态度""货真价实，免费口舌；货假价贱，招人不悦""待人要敬，自奉要约"。

四、重义轻利的金钱观

我们在上面已经分析过，在陈嘉庚的经营哲学里面，艰苦创业、拼命赚钱的目的只有一个：通过"教育救国""实业强国"来实现尽忠报国。在这样的价值观引领下，陈嘉庚自然表现出了淡泊名利、勤俭朴素和重义轻利的金钱观。

陈嘉庚对待金钱的态度从小受到其母亲的影响。从出生到17岁下南洋前，陈嘉庚一直与母亲孙氏生活在集美。他母亲勤劳坚强，任劳任怨，更重要的是识大体，凡事都会深谋远虑。她常常教导陈嘉庚："钱就是泉，只有流动起来才有用，只有播撒了才有价值。"这句少年时母亲的叮咛，成为陈嘉庚一生践行的重义轻利的金钱观[①]。

作为一个商人，陈嘉庚深知金钱的重要性，正如本书第三章所描写，他具有超强的经商赚钱能力。在经营过程中，会抓住一切商机，精打细算，不断创造财富。但是，陈嘉庚不是一个守财奴，他认为，一切财富取之于社会，就应该还诸社会。他在1919年5月回国之前，把在新加坡的全部不动产充为集美学校永久基金，并宣布各项生意和产业的利润所得，除一部分作为花红和添置资本之外，所剩金额全部寄归祖国，以充教育费用。陈嘉庚曾说过："本家之生理产业，大家可视为公众之物，学校之物，勿视为余一人私物。"

1919年7月，他在倡办厦门大学的特别大会上表示："财自我辛苦得来，亦当由我慷慨捐出。""金钱如肥料，播撒才有用"。他曾经批评那些只顾发财、不知救国的人，他说"我们如果终日只知赚钱不知救国，纵然发了财，但是做奴隶，做亡国奴，发了财又有什么用？"他自己身体力行，把一生所获的财利，全部献给了兴办教育和各项社会进步事业中，陈嘉庚

---

① 朱水涌：《陈嘉庚传》，厦门大学出版社2021年版，第17页。

没有给子孙留下任何遗产①。

陈嘉庚还主张"用钱必须得当"。他说:"应该用的钱,千百万也不要吝惜,不应该用的钱,一分也不要浪费。"陈嘉庚在这里说的"应该用的钱",指的是为社会为国家办好事办大事,他常说"人生在世,不要只为个人的生活打算,而要为国家民族奋斗"。所以,陈嘉庚毫不犹豫把所赚的钱全部花出去倾资办学和救国救民,而在家庭生活方面的开支却是斤斤计较,绝不铺张浪费。据有关统计,陈嘉庚从1904年独立创业到1931年公司临近收盘的28年间,其各种费用支出1331万元,其中家庭费用30万元,仅占总支出的2%,98%的支出主要花在捐资兴学等公益事业上。陈嘉庚在海外家庭人口众多②,但是家庭生活费用开支平均每月不到1000元③。

陈嘉庚无意留任何遗产给子孙后代,因为他非常赞同北宋司马光的一句话:"贤而多财,则损其志,愚而多财,则益其过。"④ 所以,陈嘉庚曾说过:"父之爱子,实出天性,人谁不爱其子,唯别有道德之爱,非多遗金钱方谓之爱,且贤而多财则损其志,愚而多财则益其过,是乃害之,非爱之也。"1961年,陈嘉庚在北京病逝也没有留分文给后代,在遗嘱中,他指示遗留的300万资产中,留200万作为集美学校的建设经费,留50万元作为北京华侨博物院的建设费用,50万则留为集美福利基金。

陈嘉庚17岁初到新加坡的时候,他是一个名副其实的"富二代"。1900年左右,陈嘉庚父亲生意达到顶峰,拥有的净资产高达40万元。但是,陈嘉庚丝毫没有表现出一个富二代公子哥的样子,他从小在集美农村长大,养成了吃苦耐劳、勤俭节约的好习惯。到新加坡跟随父亲学习经商,一贯非常重视践行勤俭、守职,在他父亲的商号工作,从来不浪费一文钱,也没有私自多拿一分钱,更不允许家属披金戴银、浪费钱财。他说:"自来洋及回梓三年,守职勤俭,未尝枉费一文钱,亦无私带一文回梓。执

---

① 陈嘉庚的这些言论和思想,让笔者想起被世人誉为"钢铁大王"的安德鲁·卡内基(1835—1919年)。出生在苏格兰的卡内基,也是一个传奇人物。他白手起家,通过艰苦卓绝的努力,成为19世纪末20世纪初美国的大实业家。功成名就之后,他又将几乎把全部财富都捐献给社会,成为一个大慈善家。卡内基在其经典著作《财富的福音》中,认为富人所创造的财富,除了一小部分"满足家人合理的生活需要"之外的"剩余财富",是"社会委托富人管理的信托基金"。也就是说,富人创造的财富不是富人自己的,而是社会的。既然是社会的,就要捐赠出来,捐赠给慈善事业来服务社会。
② 陈嘉庚共有九子八女,十七个孩子:长子陈厥福(陈济民)、次子陈厥祥、三子陈博爱、四子陈博济、五子陈国庆、六子陈元凯、七子陈元济、八子陈国怀、九子陈元翼;长女陈爱礼、次女陈来好、三女陈爱蕙、四女陈秀满、五女陈亚柿、六女陈爱珠、七女陈宝治、八女陈爱英。
③ 林斯丰等:《陈嘉庚精神读本》(第三版),厦门大学出版社2019年版,第37页。
④ 摘自《资治通鉴·汉纪·汉纪十七》,意思是:贤能之人,财产多了就会损害他们的意志;愚庸之人,财产多了就会增加他们的过失。

权两年家君未尝查问。在膝下三年,终日仆仆于事业,亦未曾撄其怒也。""至余原抱公忠尽职之心,无论在洋回梓,均不私储一文钱,家内亦不许有金饰。"[1]

陈嘉庚经商创业成功后,成为千万富豪,同样过着粗茶淡饭、勤俭简朴的生活。他吃得非常简单,早餐是牛奶一瓶,配半熟鸡蛋三粒;午餐晚餐主要为一碗饭,一碗番薯粥,一些家常菜肉。怡和轩俱乐部地处闹市,附近餐馆林立,有各地美味佳肴,作为怡和轩俱乐部的经理,陈嘉庚每天在怡和轩会客办公,后来还居住在俱乐部,但他始终都没有下过这些馆子。他在怡和轩俱乐部的居室非常简陋,仅有一张卧床、数张椅凳、一台书桌和一叠书本。陈嘉庚出门时身上极少带有超过五元的钞票,他几乎不去戏院看戏,滴酒不沾,从不参与赌博、打麻将,非常厌恶奢靡浪费、贪污舞弊等行为。

陈嘉庚晚年定居集美,享有国家领导人待遇,但生活上仍然保持简朴节约的一贯作风,蜗居旧屋,身穿旧衣,用旧家具;衣服破了就补,蚊帐也是一补再补。吃的是粗茶淡饭——传统闽南人常吃的地瓜(或高粱)稀饭,配青菜、豆类、小钱头鱼等。陈嘉庚把节省下来的每一分工资和补助用于学校建设,还曾留下两毛钱糖果招待陈毅元帅的佳话[2]。

总之,无论作为年少的富二代,还是商业大亨、华侨领袖、国家领导人,陈嘉庚从不养尊处优,一生克己奉公、克勤克俭、重义轻利。

陈嘉庚对待朋友、他人和友商,更是重义轻利,宁愿自己吃亏,也绝不让别人吃亏,具有宁人负我的牺牲精神。这里举几个例子:

第一个例子是1904年春末,陈嘉庚创业第一年就碰到参股的黄梨厂日新公司的潮州合伙人去世,按照当时的法律,陈嘉庚可以接手所有股份。但因为当时该厂获利不错,陈嘉庚不忍心独占股份,"往商其家人营业股份照旧",向合作伙伴的家人表达了可以继续保留股份。不过,该合伙人家人无意保留股份,最终,陈嘉庚才认真结算合伙半年的得利18000余元,连同母利17000余元,一分不少交给这家人。

第二个例子发生在1920年,陈嘉庚参股的裕源、槟城、振成丰三个公司,因为经营上的失误导致公司停业或重组,造成陈嘉庚损失30余万元。但陈嘉庚并没有责备负

---

[1] 陈嘉庚:《南侨回忆录》,第407、408页,上海三联书店2014年版。
[2] 1951年,当时华东的军委领导陈毅专程前去拜访他,消息传至陈嘉庚居所,他的炊事员自行购买了一斤糖果准备招待陈毅。陈嘉庚当面未说什么,等到领导离开,立刻把炊事员叫到跟前,对他说:"首长最多只会尝一两颗糖果,二角钱足够,你买这么多,稍稍浪费了。"

责具体经营的经理或合伙人,也没有斤斤计较金钱损失,而是以顾全大局、不伤和气的精神做出牺牲,妥善解决了问题。比如,裕源公司的经理兼股东因为存货囤积而造成了30余万元亏损,在公司清盘中,把价值20余万元的树胶园仅估价5万元就划拨给裕源公司,洋货店及招牌也归裕源公司。而陈嘉庚虽然出了二十几万元本金,却仅分得价值4万元的饼干厂股份及屋业。对此,陈嘉庚说:"念多年伙友,故不与计较"。

另外一家参股的振成丰公司,因为一个客家籍的合伙人舞弊侵吞公司款和私自经营他业,引起其他四个合伙人的强烈不满,从而导致内部纠纷。对此,陈嘉庚并没有埋怨计较,反倒以包容宽厚的心理"函劝须念多年伙友勿复计较"[1]。最终因为其他合伙人不肯,大家只好退伙解散。

1923年,当时树胶厂的竞争开始激烈,除了谦益树胶厂外,较大的竞争者有振成丰、通美、信诚三家公司。为了保护共同的利益,在竞争中实现合作共赢,经信诚公司创始人陈延谦提议,谦益、振成丰、信诚三家公司在律师事务所立约达成三年合作协议。根据合约,起初的四个月,谦益公司每个月支付1万余元给其他两家公司。接下来的六个月,振成丰和信诚两家公司需要支付7万余元给谦益公司,但他们想撕破三年合约,不愿意付这笔款,而且打算把公租的一个胶厂私自开工复业,陈嘉庚根据合约阻止这件事情,没想到被他们告上法庭。

振成丰公司有一个姓叶的合伙人,在良心上过不去,就积极争取总商会薛会长调停斡旋此事。陈嘉庚告诉薛会长他们两家公司欠款七八万元不还就拉倒,但不愿意上堂打官司,伤了大家的和气。最后在薛会长的强烈要求下,陈嘉庚从信诚公司仅拿到5000元补偿金。对于此次事件,陈嘉庚说"余素抱宁人负我宗旨故即了事"[2]。

陈嘉庚的这种宁人负我、重义轻利、顾全大局、不伤和气的胸怀,赢得了无数人的爱戴和尊敬。

---

[1] 陈嘉庚:《南侨回忆录》,上海三联书店2014年版,第425页。
[2] 陈嘉庚:《南侨回忆录》,上海三联书店2014年版,第427页。

五、放眼全球的国际观

陈嘉庚出生在我国东南福建省同安县集美村，只读过八年的私塾，一生只会讲闽南话，不会讲普通话和英语，更不会讲马来语，他家祖父之前世代以渔耕为生。但他在商业最辉煌的时候，建立起了遍布英国、法国、德国、美国等全球五大洲40多个国家的商业网络体系，陈嘉庚公司所雇佣的职员达到3万多人，职员中不仅包括大量的华侨工人，还包括来自英国、德国、法国、意大利等国家的技师和工程师，还聘用美国陆军退休少将担任旧金山分公司经理，这一切都显示出了陈嘉庚在生意场上放眼世界的国际视野。

陈嘉庚身上表现出来的胸怀天下、闯荡世界的精神首先跟他的出生地闽南有关。闽南地区海岸港口便利、航运发达，素以东南亚、中东及欧洲商贸往来频繁而著称。早在宋明时期，泉州和漳州即为华南重要的造船中心，国际商贸发达，成为重要的海上丝绸之路起点。厦门于1840年开辟为通商口岸，自此成为南方门户之一，数以百万计的福建人从这里涌往海外各地谋生闯荡。陈嘉庚出生在海边，从小受到闽南地区出海、经商等文化传统的影响，他的父亲及两个伯父就是离开集美、远涉重洋到新加坡闯荡谋生的。从小耳濡目染，陈嘉庚身上逐渐形成了独立、冒险、奋发、开放和包容等品行。

另外，陈嘉庚经商创业活动能实现跨国经营，还跟他当时所处的时代背景和新加坡作为重要转口贸易港口的营商环境有关系。这个问题已在本书第一章具体分析介绍。根据杨进发博士的分析，当时控制新加坡的英国海峡殖民政府为了维护统治利益，一方面在政治和思想意识方面加强对马来人、华人等的严格操控；另一方面在经济政策上却显得开明多了，"他们（英国人）鼓吹自由竞争与发展个人企业"，"允许勤力、精明、目光远大、坚忍不拔的人获取财富、名望乃至社会地位"[1]。陈嘉庚身处这种相对有利的经济环境中，立足新加坡，以非凡的商业眼光和格局把生意做到了东南亚乃至世界各地。

---

[1] 杨进发著，李发沉译：《华侨传奇人物陈嘉庚》，陈嘉庚纪念馆2012年版，第14页。

陈嘉庚17岁时第一次下南洋到新加坡，在其父亲经营的顺安号米店学习商业之初，就开始投身国际化经营实践了。顺安米店从暹罗（泰国的古称）、安南（越南古名）、缅甸等国家采购大米，然后卖给新加坡的各个零售米店，以及马来半岛其他国家或地区的米店。1892年，19岁的陈嘉庚担任了顺安米店的经理，全面负责米店的进货、运营、销售、财务等各项事务。在经营米店的过程中，陈嘉庚需要跟印度、泰国、越南、缅甸、印尼、菲律宾等国家的华人或本地人打交道，逐渐培养和积累了跨国经营的商业经验。

1904年，陈嘉庚独立创业第一年的两个项目都具有国际化经营的特点。1904年春创建的新利川黄梨厂，其原材料生黄梨虽然在本地采购，但是加工生产的黄梨罐头或黄梨膏（黄梨果酱）却通过欧美和加拿大的洋行，出口到欧洲和北美很多国家。1904年夏投资开设的谦益米店，从暹罗（泰国）、安南（越南）、缅甸等国家采购大米，然后批发销售给新加坡及周边国家和地区。可以这么说，陈嘉庚在创业之初就树立了放眼国际市场的格局和抱负。

陈嘉庚跟友人合作收购的恒美熟米厂，从产稻国家进口稻谷，然后制作成熟白米后销往印度市场，实现了两头在外的跨国经营。从1906年盘下恒美熟米厂，到1917年由于竞争激烈而被迫停业并改建为树胶厂，历经12年，恒美熟米厂获利丰厚，陈嘉庚在这个项目上赚了很多钱。

1911年，陈嘉庚亲自到泰国曼谷考察，并果断决定在盛产黄梨和大米的北柳港创办谦泰黄梨罐头厂，兼为恒美米店采购稻谷。这是陈嘉庚在跨国经营中直接在海外建厂生产，经营3年获利5万余元。后来因为北柳港的水变咸，不合适生产罐头，陈嘉庚最终把黄梨厂转让处理。但是，陈嘉庚仍然在曼谷租了一个米厂经营白米，同时为恒美公司采购大米。

1915年，第一次世界大战爆发，造成船运紧张和运输困难，导致陈嘉庚黄梨厂和米厂的库存剧增，企业现金流非常紧张。陈嘉庚"逼上梁山"先后租了四条船，运稻谷供应米厂。后来，陈嘉庚看准机会，"自觉上山"，花巨资先后买了东丰号和谦泰号两艘轮船主动涉足航运业，船运航线从东南亚各国到波斯湾、地中海，从事远洋国际货运业务。从1915年到1918年，短短四年，陈嘉庚从远洋航运业获利超过160万元。

橡胶业是陈嘉庚商业版图中最重要的产业，他的橡胶产业融合了包括种植、加工、成品制造、贸易等全产业链一体化的经营活动，建立起了一个名副其实的"橡胶王国"。

陈嘉庚缔造的这个"橡胶王国"更是实现了很大规模的跨国经营。陈嘉庚树胶厂生产的胶布，一开始就绕过新加坡洋行，直接卖给美国商人，实现了直接出口。1920年，陈嘉庚树胶厂开始生产熟橡胶制品，并于1924年大举进入树胶熟品制造业，生产诸如各种车轮胎、日用品、医疗用具、胶靴鞋等品种繁多、数量巨大的橡胶制品。陈嘉庚重金聘请了一批具有高技术水平的外籍工程师，以新加坡、马来亚作为主要种植和加工生产中心，在分销方面通过在东南亚各国大商埠和中国各大中城市建立了87家分公司，并在欧洲、美洲、非洲等五大洲四五十个国家和地区建立了直接代理商，开辟了一个

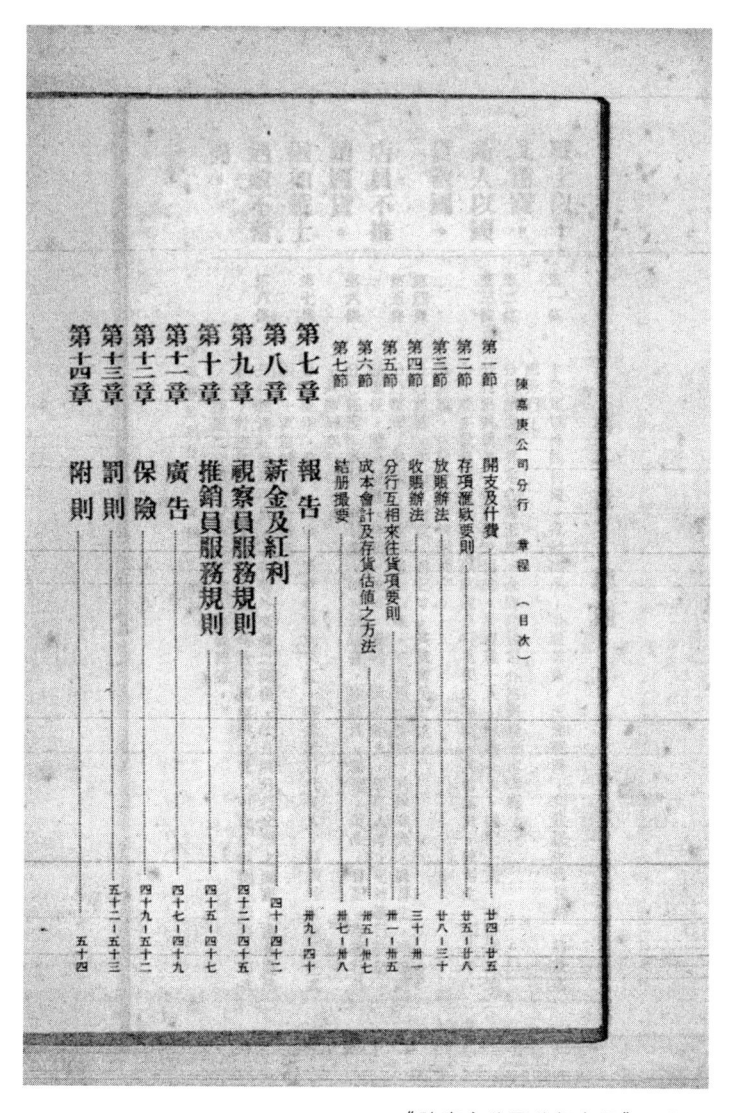

《陈嘉庚公司分行章程》目录

庞大的橡胶产品全球市场销售网络。

　　根据1929年陈嘉庚亲自修订的《陈嘉庚公司分行章程》，陈嘉庚把公司销售分支机构，按地理位置划分为华属西区、华属南区、华属东区、华属中区、华属北区、英属东区、英属西区、荷属东区、荷属中区、荷属西区、荷属南区等几大区域，每个区域有一个核心城市作为区域总部，区域下面又有众多分行。例如，华属西区的总部在香港，管理的分行包括广东、广西、云南、海南等国内几省的销售分公司，还包括位于菲律宾和越南的分公司。英属西区的总部在仰光，下设敏建分行、勃生分行、峇淡棉分行、瓦城分行等[①]分公司。

　　总之，陈嘉庚从创业之初经营的米店和黄梨厂，到后来建立起来的庞大的橡胶产业王国，都具有跨国经营的特点，这要归功于陈嘉庚具有放眼全球的世界观，敢于在国际市场上拼搏经商。

---

① 这些都是位于缅甸的一些重要城市。

六、乡情浓厚的本土观

陈嘉庚在异国他乡闯荡立业，一方面表现出了放眼世界的国际视野，开展跨国经营，与东南亚、欧美等国家的客人和合作商打交道，在全球市场做生意；另一方面他又具有浓厚的乡亲本土情怀，时刻眷念故土，心系祖国，对祖国、家乡、亲人怀有深厚的感情和赤子衷肠。陈嘉庚的这种乡土情怀不仅表现在如上面所分析的尽忠报国、鞠躬尽瘁的爱国主义精神，还表现为他在新加坡创业经商过程中对老乡亲人、华人华侨的信任和依赖。

根据杨进发博士的研究，1819年新加坡社会已为多元民族共处状态，由于英国海峡殖民地政府在经济方面施行自由贸易和开放政策，引来了中国沿海一带的大量移民。从1860年开始，新加坡总人口中，华人已经占据多数。当时在新加坡的华人社会，主要有七个大小不同的帮派，它们分别是福帮、潮帮、广帮、琼帮、客帮、侨生帮和三江帮。[①] 福帮在人口数量和经济实力方面都具有较大优势。1881年，福帮人口在新加坡华族人口中占28%，这一比例到1921年上升到了43%，成为新加坡华人中最主要的族群。从经济实力看，19世纪的新加坡产生了很多福建人的商业泰斗，到了20世纪，更是在银行、保险、金融、船务、树胶加工制造、进出口贸易等方面独占鳌头。[②]

1890年，17岁的陈嘉庚来到新加坡的时候，他面对的是一个人数众多、资力鼎厚、生机旺盛的华侨社会，尤其是大量操着闽南语的乡亲。在经商创业的过程中，陈嘉庚表现出了浓郁的血缘和地缘情怀，充分调动和利用了华人社会的资源、网络和力量，尤其是福帮的势力。同时，他也是华侨利益的坚定捍卫者和代言人，为争取和维护华侨的利益鞠躬尽瘁，做出了重大贡献，受到东南亚各地华侨的爱戴和拥护，成为杰出的华侨领袖。

陈嘉庚开始学习经商的顺安号米店就是一个典型的家族企业，他的

[①] 福帮指来自福建泉州、漳州、厦门等地的移民；潮帮指来自广东潮州、汕头、揭阳等地的移民；广帮主要指来自广州、肇庆、顺德等广东南部地区的移民；琼帮指来自海南文昌、海口、琼海等地的移民；客帮指来自广东省东部（如梅州）和福建西部（如永定）客语区的移民；侨生帮是指在海外出生成长的后代华侨；三江帮是指来自浙江、江苏和江西三省等地方的移民。

[②] 杨进发著，李发沉译：《华侨传奇人物陈嘉庚》，陈嘉庚纪念馆2012年版，第15页。

父亲陈杞伯拥有企业所有权，但米店的日常经营和财务则由他的远房族叔陈缨和负责。1892，由于远房族叔回乡探亲，陈嘉庚接任米店的经理和财务主管，成为受父亲器重和赏识的支薪经理。

后来，陈嘉庚在自主创业和企业经营的管理过程中，非常重视利用具有血缘和地缘关系的亲人、族人或同乡。他的胞弟陈敬贤从1904年到新加坡后，就一直跟随陈嘉庚开拓经营，"打虎亲兄弟"，陈敬贤成为陈嘉庚推进各项事业的得力助手。尤其是1919—1922年陈嘉庚回国办学期间，陈敬贤在新加坡全面负责陈嘉庚公司业务，竭力排除经济衰退带来的不利影响，呕心沥血，苦心经营，三年获利280万元，为集美学校、厦门大学的建设和发展提供资金。

陈嘉庚还让自己的四个儿子，陈济民、陈厥祥、陈博爱及陈国庆，到企业从基层开始工作锻炼，后来都委任为独当一面的业务负责人，陈济民是陈嘉庚公司生橡胶业务负责人，陈厥祥和陈博爱共同负责熟橡胶制造业务。

除了让具有血缘关系的亲人负责企业重要的经营管理活动，陈嘉庚还聘用和重用了一大批族人、同乡和华侨。例如，在土桥头树胶熟品制造厂1926年录用的两百名员工中，就有122名是来自泉州府的族人和同乡[①]。在陈嘉庚公司规模最大的时候，公司雇佣的3万名职员，多数是福建人，甚至有不少是集美学校的毕业生。

被陈嘉庚委以重任的人主要有：(1)陈六使，来自同安县，是陈嘉庚的族弟，由于工作干练有魄力、做事认真负责，从树胶园的普通员工被陈嘉庚培养为公司的高级管理人员。(2)李光前，泉州南安人，是陈嘉庚的闽南老乡，为人诚实，有才华，通晓中英文、进出口业务和金融财务，被陈嘉庚从别的公司挖过来并委任为谦益树胶厂的总经理。(3)温开封，厦门海沧人，毕业于美国麻省理工学院，化学科技师，曾在美国固特异轮胎公司(Goodyear)工作，后参与陈嘉庚公司的研究开发工作，对橡胶制造厂尤其是轮胎厂的发展作出很大贡献，被聘为橡胶熟品制造

李光前（1893—1967）

厂总经理，辅佐陈厥祥和陈博爱。(4)傅定国，漳州人，早年在新加坡道南学校肄业，后毕业于厦门大学，中文造诣甚佳而且熟悉中国各地情况，经常被陈嘉庚派往上海视察陈嘉庚公司在中国各地分店的财务状况，还被派访问西贡、仰光、加尔各答等地，

---

① 《南洋商报》，1926年4月10日。

致力于拓展陈嘉庚公司的海外市场，20世纪10年代后期被召回担任总部部门经理，30年代任《南洋商报》督印。（5）侯西反，1931年，具有丰富的社会活动经验，在陈嘉庚公司改组为陈嘉庚有限公司后，受聘为公司经理，负责处理当时公司面临的各种难题。来自闽南地区的李光前、温开封、傅定国后来都成了陈嘉庚的女婿[①]。

1920年，李光前与陈嘉庚长女陈爱礼在新加坡结婚（前排左四为李光前，前排左五为陈爱礼）

1949年陈嘉庚回国前跟家人合影

---

① 李光前娶了陈嘉庚的长女陈爱礼，温开封娶了陈嘉庚四女陈亚妹，傅定国娶了陈嘉庚三女陈亚辉。

总之，陈嘉庚具有浓厚的血缘和地缘情怀，他的公司雇用了大量的族人、乡亲和华人，他的三个儿子和三个女婿是公司的高管，陈嘉庚公司是一个典型的家族企业。陈嘉庚商业上取得的巨大成就，离不开大量乡亲华人雇员的辛苦劳动、支持和信任。

而陈嘉庚的各个企业，也为华人和乡亲提供了良好的就业和职业发展机会，陈嘉庚公司培养了很多在行业、管理、技术等方面有丰富经验的雇员，他们中的很多人后来自立门户，如李光前、陈六使、陈文确、刘玉水、杨六使、陈水蚌、张两端、刘登鼎等等，活跃在银行业、树胶业等各行各业，成为有名的大企业家和华人领袖。

陈嘉庚与李光前（右二）、陈六使（右一）合影

第五章 陈嘉庚的企业管理思想[1]

---

[1] 本章由木志荣执笔撰写。

一、《陈嘉庚公司分行章程》管理思想

陈嘉庚用30年时间成功地缔造了一个工商业王国，在他公司最辉煌的时候，职员有两三万人，分支机构有上百家，产品两百多种，业务遍及四五十个国家。时任英国殖民大臣翁斯比·戈考察完陈嘉庚公司后，曾感慨"陈嘉庚先生在新加坡的工厂，是亚洲（如果不是世界）最令人瞩目的大企业之一"[①]。

陈嘉庚要成功驾驭这么庞大的一个跨国企业，除了依靠上一章分析的独到经营哲学之外，更需要卓越的企业管理科学和艺术。遗憾的是，笔者能找到的陈嘉庚在企业管理方面的具体史料太少，无法完整深入地还原、总结和分析陈嘉庚的企业管理思想。已有史料中，最能体现陈嘉庚经营管理思想的是《陈嘉庚公司分行章程》（以下简称《章程》）。陈嘉庚亲自修订的章程共有350条正文和80条警语。因此，本章主要从陈嘉庚公司分行章程、眉头警语、商号名称三个史料，分析提炼陈嘉庚卓越的经营管理思想和方法。

按照现代公司治理框架，公司章程是公司设立和运营的最重要文件之一。我国现行《公司法》明确规定，订立公司章程是设立公司的条件之一。在一百多年前，陈嘉庚就很重视公司章程，陈嘉庚公司原来就有章程，但他认为不够周详和完备，所以在1929年他亲自重新修订了《陈嘉庚公司分行章程》（以下简称《章程》）。

陈嘉庚公司分行的主要任务是销售陈嘉庚公司生产的各种产品，我们在本书第二章介绍过，在20世纪20年代中期，处于商业巅峰时期的陈嘉庚，拥有1间橡胶熟品制造厂，12间生橡胶工厂，1.5万英亩橡胶种植园，2间黄梨厂，他还拥有饼干厂、火锯厂、肥皂厂、制药厂、制革厂、皮鞋厂、制砖厂、米店，他所组建的销售网络直营分行有80多家，代理商有100多家，这些销售网点覆盖了东南亚各个主要商埠和国内40多个城市，

---

① 杨进发著，李发沉译：《华侨传奇人物陈嘉庚》，陈嘉庚纪念馆2012年版，第54页。

以及英国、法国、德国、美国等全球40多个国家。

可以说，陈嘉庚公司已经是一家业务多元、产品众多、规模庞大的集团公司，为了有效管理遍布世界的众多分支机构，需要一套严格的规章制度和标准化的管理方法。《章程》的修订和实施，体现了陈嘉庚在管理企业方面的先进理念和科学方法，《章程》内容包括序言、总则、职权、服务细则、营业、货物、账务、报告、薪金及红利、视察员服务规则、推销员服务规则、广告、保险、罚则、附则等14章，共有350条（见表5-1）。

《陈嘉庚公司分行章程》封面

这些内容明确规定了公司各分行的管理架构、职权责任、经营方针、财务制度、薪酬管理、营销推广、服务态度及商业道德等等，要求所有员工严格遵守与切实履行。《章程》最有特色的地方还在于，在《章程》的各页眉头印有陈嘉庚亲自拟定的81条警语。这些警语通俗易懂、富含哲理，生动体现了陈嘉庚公司的企业宗旨、价值观和企业文化[①]。

表5-1 《陈嘉庚公司分行章程》内容结构

内容（章）	节（条）
序言	
第一章：总则	28条

---

① 将在下面一节单独解读《章程》警语。

续表

内容（章）	节（条）
第二章：职权	24条
第三章：服务细则	24条
第四章：营业	32条
第五章：货物	第一节：定货要则：13条 第二节：存货要则：6条 第三节：点查存货要则：11条 第四节：领货时应注意之点：5条 第五节：开箱点货之手续：5条 第六节：货品保护法：12条 第七节：运货车兑货办法：35条
第六章：账务	第一节：开支及什费：7条 第二节：存项汇款要则：12条 第三节：放账办法：14条 第四节：收账办法：9条 第五节：分行互相来往货项要则：6条 第六节：成本会计及存货估值之方法：2条 第七节：结册撮要：10条
第七章：报告	甲：15条 乙：3条
第八章：薪金及红利	7条
第九章：视察员服务规则	17条
第十章：推销员服务规则	14条
第十一章：广告	16条
第十二章：保险	甲：水险 乙：火险（7条）
第十三章：罚则	13条
第十四章：附则	3条
眉头警语	81条

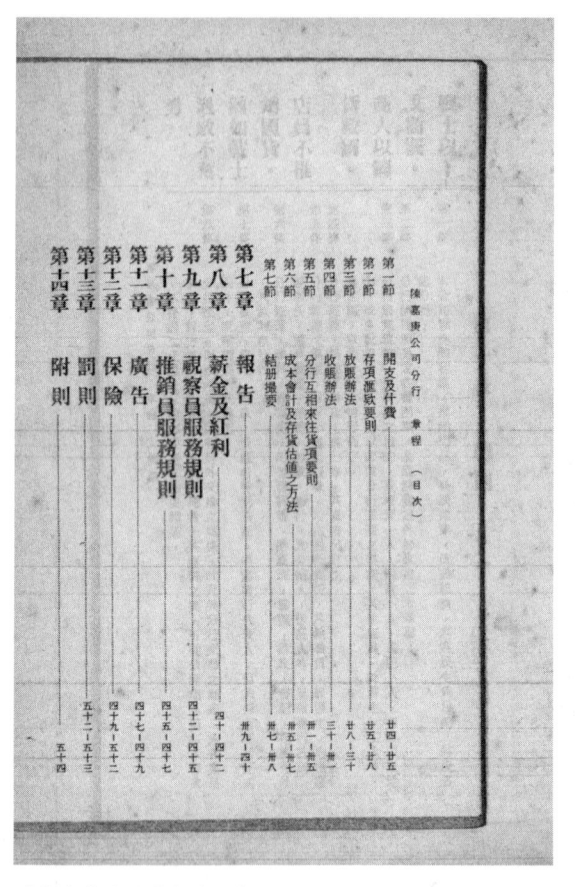

《陈嘉庚公司分行章程》目录　　　　　　　　　　　《陈嘉庚公司分行章程》序

（一）《章程》序言

1. 原文

《章程》开头是陈嘉庚亲笔书写的序，他写道："章程之设订，在训练办事人员，使其共同遵守，则思想集中，步趋一致，实收指臂相使之效，宏建事业发展之功。本公司自昔固有章程之草订矣，惟多略而不备，兹特重新厘订，较前更觉详要。是于付印之日，略抒数言为同事诸君告焉。本公司及制造厂虽名曰陈嘉庚公司，而占股最多，则为厦门大学与集美学校两校，约其数量，有十之八。盖厦集两校，经费浩大，必有基金为盾，校业方有强健之基。而经济充实，教育乃无中辍之虑。两校命运之亨屯，系于本公司营业之隆替。教育实业相需之殷，有如此者。况制造工厂为实业之根源，民生之利器。世界各国奖励实业，莫不全力倾注。在其国内，一方讲求制造，抵抗外货之侵入；一方锐意推销，吸收国外之利益。制造推销，兼行并进，胜利自可握诸掌中；否则一动一止，此弛彼张，凡百事业，皆当失败，况正在肉薄相搏之经济战争哉。我国海禁开后，长牙利爪，万方竞进，茫茫赤县，沦为他人商战之场，事可痛心，孰逾于此。然推其致此之由，良以我国教育不兴，实业不振，阶其厉耳。凡我国民，如愿自致国家于强盛之域，则于斯二者，万万不能不加之意也审矣。惟然，则厦集二校之发达，本公司营业之胜利，其责尤全系于同事诸君。诸君苟奋勉所事，精勤厥职，直接兴教育实业，间接福吾群吾国矣。庚十年心力，悉役于斯，耿耿寸衷，旦夕惕励，窃愿与诸君共勉，以尽国民一份之天职焉。"[1]

2. 解读

陈嘉庚在序言中，首先明确了章程设立的目的是训练工作人员，使全体员工有共同的思想观念和行为规范，从而齐心协力实现事业宏图。其次，陈嘉庚明确了公司的大股东是厦门大学和集美学校，占股约有十之八，因为两校经费浩大，必有基金为盾，校业方有强健之基。陈嘉庚还指出了"兴实业"与"办教育"的密切关系，面对外货入侵和殖民资本统治，他强调了中国振兴实业的紧迫感和重要性，并指出发展实业一方面要重视生产制造，另一方面要重视推广销售。

因为《章程》主要是用来管理和规范陈嘉庚公司遍布全球的经销商和代理商，陈嘉庚在序言中特别强调了销售推广的重要性，"制造推销，兼行并进，胜利自可握诸掌中"。所以，他指出厦集二校能否顺利发展、公司营业能否胜利，尤其要依靠公司分行的各位同事员工。

总之，序言开门见山、提纲挈领，充分体现了陈嘉庚尽忠报国的经营哲学，他鼓励和号召公司分行全体同事，为了厦门大学和集美学校的发展，为了公司经营取得胜利，勇于担当、努力奋斗、勤勉尽职，"以尽国民一份之天职焉"。特别值得一提的是，《章程》序言明确了公司的大股东是厦门大学和集美学校，本书在前面已经多次强调，支持厦门大学和集美学校是陈嘉庚经商创业的重要目的，但把这样的决心明确写入公司章程，在商界是非常罕见的。

---

[1] 《陈嘉庚公司分行章程》原文为繁体字，本章作者在解读时，已经把原文繁体字转换为简体字。但为了尊重原文意思，个别地方保留了繁体字和异体字。

（二）《章程》第一章：总则

1. 原文

《章程》第一章是总则，共28条，原文内容如下：

第一条 本公司以挽回利权，推销出品，发展营业，流通经济，利益民生为目的，特设各处分行。

第二条 分行除遵照另定各种函单及临时规定外，均应遵守本章程。

第三条 分行为实现第一条所订之目的，设经理一人，财政一人，书记一人，有必要之地方，或多设协理一人，皆以处置分行重要之事务。其他店员、练习生、工人等，无定额，以视分行之情形而定。

第四条 分行经理、协理、财政、书记等，其职权另订之。

第五条 分行经理、协理、财政、书记四职，均由总行委任。其余职员、练习生，均由经理选任，开具履历、年龄、籍贯、品行及介绍人、保证人等，呈报总行注册。

第六条 分行经理、职员、练习生，所有保证书，除经理、协理、财政、书记，存总行外，其余则存分行。

第七条 分行经理、协理、财政，受总行特别委托，得为总行代表人，但须持总行正式函件或律师委任状为凭。

第八条 分行经理、财政两员，因有对外交接之关系，故凡与分行交易之商家，逢有庆吊事项，对方仅知会私人，而不及公司者，其应酬之费，可从公开出，但每人每次不得过二元以上，非必要者，务要节省。

第九条 分行无论何人，应守下列禁例：

甲 不准以分行名义，代人作保，暨拖欠债项。

乙 不准兼营他业。

丙 不准侵欠公款。

丁 不准放货项于兄弟、亲戚。

戊 不准在行内外赌博及违禁之事。

己 对于有嫖赌之公馆及俱乐部等，不可加入。非有重要事务，与人交涉，并不可涉足。

第十条　经理、财政、书记，遇有交替，应立具交替报告书，新旧人皆须签押呈报总行。经理交替时，须另具存货簿、银钱往来簿及交易各账簿，职员练习生保证书及各种章程，历次通告及其他重要契据等，附记入簿，签押交送新经理接收。

第十一条　社会上发生之事件，如公益慈善等，分行经理及重要职员，如欲加入服务，须以不妨碍办公之时间方可。唯含有政治关系之事，本行一概拒绝加入。

第十二条　分行职员等，总行得酌量情形，调至总行及他分行，并得以总行职员练习生派往分行，充任职务。

第十三条　分行认为必须添聘交际员或顾问调查员时，应先将被聘人履历、薪水，呈报总行核准，方得延聘。

第十四条　分行每年之支出，分营业费、事务费两种，应于年首之一个月前（即先一年之十一月）造具预算书，呈报总行核准。

第十五条　分行遇有房屋装修、添置器物，及购买店屋建筑等临时特别支出，非先呈报总行核准许可，不得迳自行之。

第十六条　分行存货、家私装修，以及自置房屋或货栈，均应估值，就地向妥实保险公司投保火险。此项保险单及收据等件，应寄至总行代为收存（保险手续详见本章程第十二章）。

甲　存货，照资本及所欠总行货款保足之。

乙　家私装修，照实数保足之。

丙　自建房屋，照原建筑费保足之。

第十七条　分行图章，由总行颁发。特约经理处招牌，由总行制发或该分行自制，然须先给样式一份，呈报总行核准。

第十八条　分行无论何种簿据，及有关系信件，均应保存十年。

第十九条　分行凡订立特约经理处，及与人设立合同，或奉请官厅事件，非先呈报总行核准，不得迳自行之。

第二十条　分行不收外来存款，亦不得侵过银行钱庄银项，如有特别情形，经总行之字据许可者，则不在此限。

第二十一条　分行例假，阴历元旦日，休业一天，阳历元旦、国庆日、国耻日，视就地情形由经理酌定之。

第二十二条　分行经理、协理、财政，因事请假，或因公赴外，应先呈报总行核准，其川资若干，如应由分行开支，亦须呈明总行。

第二十三条 分行职员，因公赴外，或调查或收账等，须据实开支，或由经理酌定相当额数为准。

第二十四条 分行职员、练习生，薪水之增减，应由经理于每半年，造具办事成绩表，呈报总行核准办理。

第二十五条 分行全体职员、练习生，每年初应填具另式同人检查册，呈报总行备查。

第二十六条 总行另设视察员，常川往来各分行，视察一切事务。视察员服务规则另定之。

第二十七条 视察员或总行特派员，到分行时，出示总行正式函件为凭，分行应供给膳宿。其他费用，不得开支。若要支取银项，须凭总行函件为准。

第二十八条 分行经理、财政、书记等，得陈述意见于总行；其他职员，得转由经理陈述意见。

2．解读

我们在前面已经介绍过，陈嘉庚经营的生意涉及商业、贸易、制造、种植、航运、报业等多个领域，到1925年前后的极盛时期，陈嘉庚拥有树胶和黄梨种植园万余英亩，橡胶制品厂、米厂、饼干厂、木材厂、冰糖厂、皮革厂等大小工厂三十几所，负责销售的分支商店一百余处，常年雇佣职工数万人。所以，按照现代公司治理的语言来说，陈嘉庚已经建立起了一个庞大的集团公司，如何处理总行（即集团总部）与遍布世界各地的分行（即集团分支商行）之间的关系，是陈嘉庚在公司管理中需要解决的重要议题。

《章程》第一章用28个条款，详细规定了设立分行的目的、高管设置、人员聘用、职权责任、财务管理、行为规范、总行与分行之间的关系等等，这些规定有以下特点：

第一，人员精简。第三条明确规定了分行的高管一般由经理、财政、书记三人构成，如有必要可以多设协理一人，他们都必须要由总行委任[①]。而其他职员、练习生、

[①] 这些职位称呼中，"经理"称呼没变，"财政"指负责财务或会计的人员，"书记"指专门负责公文记录的人员，"协理"是指协助经理的人员。今天在台资企业管理组织架构中，仍普遍使用"协理"职位称呼，相当于副总经理。

工人等，没有规定人数定额，全权由经理选任确定，但是要开具履历、年龄、籍贯、品行，及介绍人、保证人等，并呈报总行备案。可见，陈嘉庚公司分行经营领导班子最多四个人，经理拥有定岗定编和聘用职员的权力，公司管理很精简，且有相应授权。

第二，纪律严明。从第六条可看出，分行经理班子和所有职员都要写保证书，经理班子的保证书还需要上报总行备案存档。第九条明确规定了分行所有人都必须要遵守的负面清单：不准拿商号去做担保，不准兼营他业，不准放货项于兄弟、亲戚，不准在行内外赌博及违禁之事，不准加入有嫖赌之公馆及俱乐部等，说明陈嘉庚公司对高管和职员的纪律要求是非常严明的。

第三，管理规范。《章程》第一章针对分行全体职员，尤其是针对经营班子，设定了非常具体的权责和行为规范。例如，第八条规定分行的经理和财务，如果碰上跟商号有业务来往的合作伙伴有婚丧嫁娶等红白喜事（庆吊之礼），即便是只知会私人，也可以从公司开支应酬费用，但每人每次不得超过 2 元以上。第十一条还规定了分行经理和重要职员去开展公益慈善等社会服务时，必须是不妨碍办公时间为前提，该条还特别强调含有政治关系的事情，本行一概拒绝加入。另外，这一章还在经营班子交接、人员调动、年初预算、临时开支、资产保险、图章管理、重要文件与函件管理、合同管理、财务管理、请假制度、放假制度、差旅管理、薪酬管理等方面做出了具体的规定，体现了陈嘉庚公司严谨、规范、细致的管理风格。

第四，巡查制度。第二十六条规定，总行设立了视察员巡查制度，派出专门的视察员或特派员，在各个分行中来往走动，视察各种事务。视察员或特派员到分行时，必须要出示总行正式函件为凭证，分行只提供膳宿，不负责其他任何开支。如果视察员要支取款项，须凭总行函件为准。视察员巡查制度是陈嘉庚公司管理上的一大亮点和特色，《章程》后面的第九章，详细规定了视察员的服务规则。

（三）《章程》第二章：职权

1. 原文

《章程》第二章是职权，共 24 条，内容如下：

甲 经理及协理

第一条 分行经理受总行命令，并对总行负责，主持分行对内外之全部事务。

第二条　分行经理负监督财政责任。

第三条　分行发电、通信及一切营业契据，非由经理签押，不生效力。凡要寄发以上各项文件时，并须按数编号，留存底稿。

第四条　经理有管辖分行职员、店员、练习生、工人之全权，如认有不称职者，得随时辞退，呈报总行备案。唯协理、财政、书记三职，须声请总行核办，经理不得径行处置。

第五条　经理对于交易上之外，有特殊支出之事件者，须先与总行磋商，方得进行。如该款仅在十元以内者，不在此限。对于社会教育慈善事业之捐题，亦同此例。

第六条　协理职在辅助经理，其主持事务及应负责任，与经理同，其权力则略次于经理。

第七条　如该分行未有设协理，则以财政员兼行其职权。

第八条　分行所有账簿，及来往各函件、单据，经理须置在账房公共处，不得私贮独览。

乙　财政与书记

第九条　分行财政员受总行命令，及对总行负责，管理分行财政，并存货栈（所有内外栈存货均须负责）。

第十条　分行财政员受经理之相当监督，同时，对于经理处置店务有建议权，对总行有直接报告权。

第十一条　分行图章、柜匙及重要单据、银行支票簿等，由财政员掌管，如无总行命令，不得私交他人。

第十二条　柜内逐星期存款，各类若干，须列明备经理考查，然后经理、财政，均签押寄交总行。

第十三条　银行款项进支，及对总行公务上之报告，财政员有副签押权。

第十四条　柜内款项，财政员不得私借与人，或浮借同伴，款项收至百元以外，须即存入银行，不得留存柜内。

第十五条　存在银行如在千元以上，当汇交总行所指定之收银处。

第十六条　财政员对于买入或卖出货品，如有知其错误者，须即与经理人讨论解决方法，或去函与总行磋商。

第十七条　财政员对所出之款，务要单据分明、有所把握，勿随便口头相信，以致自误。

第十八条 财政员当知本行素持以现款交易为宗旨，对于货未交先支款，及并非采货而为特殊之支出者，要特别注意，详知底蕴。

第十九条 财政员所有出入款，或由经理经手之出入款，如有疑问地方，务须修函报告总行。

第二十条 书记员直受总行任命，办理分行文书及账务，其办事须受经理协理等指挥。

第二十一条 书记员有辅助经理协理之责任，关于店务，有对经理建议权，对总行有直接报告权。

第二十二条 书记员对经理财政所记之货项，如有怀疑，可提出疑问，方可下笔，不得误会与己无关。

第二十三条 书记员对于逐日各账务，要日日抄清，不得延搁。

第二十四条 书记员对于月结册①，逐月不得延过十日寄出。

2．解读

《章程》第二章用 24 个条款，详细规定了分行经理、协理、财政员和书记员四个高管的具体职权。

《章程》明确了经理是分行最高主管，直接受总行命令，负责分行对内外之全部事务，尤其是分行的文件及财务票据签字、人员聘任辞退等事务。协理协助经理开展工作，权力仅次于经理。并不是所有的分行都需要设置协理岗位，如果没有设立协理，则权力仅次于经理的是财政员。所以，分行财政员也是重要高管，受总行命令，管理分行的财务、仓储货物，并掌管分行图章、钱柜钥匙、重要单据、银行支票簿等。

为了加强风险管控，《章程》对财政员的财务工作，尤其是现金管理有明确的规定：钱款每个星期都要存入银行，百元以上的款项需要马上存入银行，不得存放在公司钱柜里面。存在银行的钱如果达到千元以上，则要汇交给总行所指定的收银处。财政员在支付货款的时候，不能口头相信，要单据分明，务必货到才付款。

书记员负责抄写分行重要文书、账务等工作，也受总行任命。《章程》对书记员的工作也有严格要求，如每天的账务都要当天抄清，每个月的会计报表（月结册）要寄回

---

① 结册：明朝末至清，民间工、商企业把"龙门账"和"四脚账"所编的会计报表称"结册"或红账。

总行，逐月不得延过十日寄。书记员如果对经理和财政员所记的货项有怀疑，要提出疑问，方可下笔，不能觉得与己无关。

《章程》第二章在明确分行经理、协理、财政员和书记具体职权的同时，对他们还有一定的限制，如分行经理不能独自辞退协理、财政和书记，分行经理有10元以上的特殊开支需要总行磋商批准，经理不能私自保管分行账簿及来往各函件、单据，这些单据材料必须放置在账房公共处。而且，虽然经理总负责，但是财政员、书记员对经理有建议权，必要的时候他们还可以直接向总行报告。这些规定体现了分行高管之间有一定的制约和监督，有利于总行的管控。

（四）《章程》第三章：服务细则

1. 原文

《章程》第三章是服务细则，共24条，内容如下：

第一条 分行职员，定每日上午八点即须到办事室，下午如事务完毕，须八点方可出店；如不能完者，须候到锁门之时方可。（至所定时间，如与地方不合，亦可变通办理，但须呈报总行）

第二条 经理在营业时间，非因公事不得外出，如个人有要事外出者，须通知财政员暂时代为管理。店内并设一黑板，凡经理及各店员因事出门，约几点钟可回，用粉笔记在板上。

第三条 经理对逐日进出之银项，与各种重要单据，须不时查察，是否符合。

第四条 凡未经训练之店员，初次犯规，经理切勿严词责备，宜以和婉态度，恳切指导，俾知所感，乐于任事。若屡戒不改，度其人难于教导者，当即开除，以儆效尤。

第五条 担负在店外做事之职员，如所办之事已完，外间已无他事，勿得故意逗留，须即回店。至于要调查有关系事，不在此例。

第六条 各职员既担任本店职务，当尽职本店，不可再兼任他店之职。

第七条 各职员对店中电讯函件及所到各种消息，非得经理许可，不得向外人宣泄。

第八条 各职员现日经手出入货物之各种单据码只簿，经理须令人查复，签名于上。

第九条 每夜闭门后，集诸职员店员共同清算总款，设未能齐到，至少要二人共同清算，并签名簿内。

第十条 清算总款，能否与兑账符合，凡有涨失，须登记于簿条及日清簿。

第十一条 各职员因办公须开各项什费①，须逐日列明，逐条开出，不得合拢为一大条，以致糊混。

第十二条 本公司店内设一记事簿，以经理、财政负责记录店内发生之事如下：

1. 职员有失职事或错误事者。

2. 职员与职员一切争执事件。

3. 职员间不论对内对外，发生关于钱财事件。

4. 职员报告事件。

5. 店内一切账目不完事件。

6. 本店与外人如款项交涉事。

7. 本店与他人来往账事。

8. 本店或职员有与政府交涉事。

9. 本地方有突然发生与本店有关之事件。

10. 政府变更法律。

11. 特别开支。

12. 货物出入。

13. 职员进退。

14. 关于厂内事件。

第十三条 在办公时间内，有因私事出店者，须通知经理，倘经理不在，应当记入记事簿。

第十四条 各职员所担负职务，如即日可理清楚，切不可积搁至明日。

第十五条 各职员于驻在地，非有住家（如有妻子或其父母兄弟之家等），应住在本公司之宿所。

第十六条 在办公时间内，不论有事无事之职员，概不得阅看书报，以免妨碍店务。

第十七条 店前排列各物，每七日翻换一次，并着店员扫拭窗户橱柜，务使清洁，

---

① 什费：杂费。

以新观感。

第十八条 店员于顾客稀少、事务略暇之时，不可闲坐谈笑，宜注意整理各胶品之清洁，及以毛扫勤拭镜橱客座，或由经理委定几人工作，几人招待顾客，庶不致互相推诿。

第十九条 在办公时间内，不得昼寝，及为各种无益之游戏，如围棋行直等事。

第二十条 在办公时间内，不可喧哗戏谑，以及轻薄举动。

第二十一条 无顾客时，店员切不可互相倚立门前，以致时有青年妇女或乡村顾客临门，望而却步。

第二十二条 无顾客时，诸职员切不可坐在顾客试鞋椅上，或坐于门首，应坐在连柜前，或办公处面前，或店前较旁边之处。

第二十三条 服务时间，精神贵有专注。如他人正在服务，自己偶得闲暇时，切不可围绕其旁，发言兜笑。

第二十四条 各职员店员，宜以互相敬爱为心。职务虽有高下，人格原是平等。凡侮慢倾轧种种恶德，皆宜屏除。

2. 解读

《章程》第三章"服务细则"规定了经理和职员们的各种工作规范与道德准则，这些规定非常细致和具体，体现了陈嘉庚公司当时的管理已经非常标准、科学和规范化。比如，规定所有职员都必须上午八点上班，下午八点下班；凡经理和店员因事出门，都要在店内黑板上用粉笔写明约几点回来；店员在外面办完事，必须尽快回店，不得在外面故意逗留；职员不允许在其他店里兼职；职员对店中的电讯函件及各种消息要保密，不得向外人泄露；在办公时间内，职员不得读书看报，不可闲坐谈笑，不得睡觉，不准玩游戏，不可喧哗戏谑，以及轻薄举动；等等。

这些"服务细则"充分体现了陈嘉庚公司以顾客为中心的经营理念，这种理念对于今天的现代企业也是至关重要的。比如，规定店员要每七日翻换一次陈列物品，经常擦拭窗户橱柜，保持店面的清洁干净，给顾客好的体验；店员不允许挡着门站在门前，要考虑到青年妇女或乡村顾客望而却步的感受；店员服务顾客的时候要精神专注。

"服务细则"还体现了陈嘉庚公司以人为本、追求平等的思想。比如，店员初次犯规的时候，经理不能严词责备，而是要以委婉的态度，诚恳地教导下属，使他们明白道理，愿意承担责任。细则最后一条提出各职员要互相敬爱，提倡职务虽有高下，但人格是平等的。凡侮慢倾轧种种恶德，都应该摒除。

值得一提的是，"服务细则"第十四条规定，各职员所担负职务，如即日可理清楚，切不可积搁至明日。这个经营思想跟当今著名商界领袖、海尔集团创始人张瑞敏1994年提出的"日事日毕，日清日高"的管理方法①，高度相同，体现了陈嘉庚公司经营管理思想的先进性和现代化。

（五）《章程》第四章：营业

1．原文

《章程》第四章是营业，共32条，内容如下：

第一条 分行营业时间，由经理就当地情形酌定，呈报总行。

第二条 经理负一切关于营业上事务之责任。

第三条 分行应在本埠外埠派员或委托妥友粘贴招纸，及其他推广事务，其费用由分行认付。

第四条 分行批发成宗为贩客折扣，可参照该地情形，如逢他厂出品竞争剧烈者，由分行自定加扣，呈报总行，或因汇水升降关系亦然。

第五条 门市零售定价不二，以昭信用。

第六条 门市交易，一律大洋交易，小洋照市贴水，该地方币制情形，应随时呈报总行备查。

第七条 凡贩客或零售，如因货办不合，或大小不适用，若无污点或褪色者，切宜换之，不可因退账困难，借口拒绝不换，致损前途营业声誉。

第八条 本行以现款交易为宗旨，非得经理人许可，店员不得擅自赊人货品。

第九条 门市零售各物，均须开单存底，及注明何人经手。

第十条 经理对本公司新出货品，应注意设法推销。

---

① "日事日毕，日清日高"，即每天的工作每天完成，每天的工作要清理并每天有所提高。海尔提出的这个工作方法被称为OEC管理法（overall every control and clear），即全方位优化管理法，指全方位地对每一个人每一天所做的每一件事进行控制和清理。该法为海尔集团创造了巨大的经济效益和社会效益，获得国家企业管理创新"金马奖"、企业改革"风帆杯"，时任总理朱镕基曾批示在全国推广这种管理经验。

第十一条　经理或专委一人，逐间招徕采办本公司新出货品，如不肯，则作寄售之法，订每逢月终往查一次，计兑出若干项，再宽以两三礼拜，然后还银。设一两次往招还不成，须多次招之。

第十二条　如新出货品，买客有用不久，致自然破坏者，准其来换新货，可以此例通知各代售店。

第十三条　若新出货品，由现银交易之顾客，要求特别减价者，本分行当酌量减少售之，因新唛货当求推销为先，勿求急利，设其损些，亦无妨碍。

第十四条　经理应时查本分行内存货是否充足完备，以供顾客之需求。

第十五条　市上他人有兑与我同样之货品者，宜常查其销路并价格及货品耐用与否，告知总行。

第十六条　各职员对经手出入之货物，均须注意其安全，及患燥湿朽蠹之责任。

第十七条　各职员对于经手收入之货，如货办之好丑对否，数量之多寡和否，均须负相当之责任。

第十八条　各职员兑出之货品，当依本分行所定之价，勿得自由加减，如视为有加减之必要者，须与经理磋商为是。

第十九条　装配货物与买客，经理须亲身监视。

第二十条　买货手要采货之先，须先与经理讨论。

第二十一条　新出货品，如接到样本，须陈列玻璃橱内，预先鼓吹，在初次试销，切知按算，勿贸然多办。

第二十二条　新开设之分行，买客购去之货，尚未知能达销路与否，本分行勿以一时批发误为好销，而竟发电多办，须候调查买客该货果能推销，方可派单按定。

第二十三条　各货品须注意先到者先售，不可在店员随意取兑，以致先后颠倒，久积变坏。

第二十四条　凡存积不通销之货，须极力设法推销，以免物质变态，一面函报总行，共筹方法。

第二十五条　凡有加存过多货品，切应暂时停止定办，并将加存之货品品名、号头、件数，抄列一表，悬在本行办公处，经理须时加查察。

第二十六条　凡通销货品，应留意招徕，使销途与日俱进，万勿以其能销而不在从事继续鼓吹。

第二十七条 经理应时常在店前监督店员招徕顾客。

第二十八条 经理对新来店员，应负指导之责。

第二十九条 经理指导店员，应注意下列事件：

（一）辨别货物，认识货名。

（二）熟记货价。

（三）明了货物用途。

（四）确知货质之优点。

第三十条 店员之如何贩卖、如何招徕，经理应时时视察，善为招徕顾客者，应奖励之，傲慢顾客者，切惩戒之，功过分明，俾知奋勉。

第三十一条 店员衣履须整洁（切记踝足拖鞋与穿汗衣等），顾客入门，应即向前招待，辞令要谦谨，容色要和善。

第三十二条 妇女临门采购货物，如见有一店员招待，其他店员不可向前环集而观，此种举动有失礼貌，切严戒之。

2. 解读

《章程》第四章详细规定了分行各个门店的营业规范，纵观32条营业细则，具有以下几个特点：

第一，顾客至上，以顾客为中心。如第七条和第十二条都规定，批发或零售客户，如果货物大小和规格买错了，或者刚使用就坏了，只要没有污点或褪色，都可以调换新货。《章程》还规定，店员穿着要整洁，招呼顾客要热情友善，言语要谦虚谨慎，如果店员对顾客傲慢无礼，就要受到惩罚和劝诫。《章程》强调对女性顾客更要礼貌招待，不允许有任何不尊重妇女的失礼举动。

第二，加强管控，重视经营风险管理。如第二条明确规定了经理对商店所有营业事务负责任，货物交易的时候要用现款和大洋交易，没有经过经理的许可，店员不得擅自赊人货品，而且规定所有的交易都要开单存底，及注明何人经手。《章程》还规定，如果是委托别人寄售的货物，要专人负责每个月催账和清点货物。此外，经理要经常检查存货是否充足完备，以免断货；职员在经手货物的时候，要对货物的安全存放、品质、数量等问题负责任；店员要先销售早生产的货品，不能先后颠倒，避免货品积压过久而变坏。如果货品库存过多，就要停止进货，并把货品名称、号码和件数等信息，抄写在一个表格里，悬挂在办公室，供经理经常督促检查。

第三，以诚相待，恪守信用。《章程》规定的分行营业细则，充分体现了陈嘉庚一生遵奉的实事求是、言信行果和诚实守信的经营之道。例如，第五条明确规定"门市零售定价不二，以昭信用"。第十八条也规定了没有经过经理的磋商同意，各职员对货品价格不能随意加减。

第四，重视营销推广和市场调查。《章程》第四章多次提到经理和店员要重视货品的市场研究和营销推广工作，体现了陈嘉庚在经营管理方面已经具备现代市场营销理念。《章程》规定了分行要安排专人专款，完成招贴广告等推广产品的任务，经理要经常监督和指导店员如何招徕顾客，要奖励善于招徕顾客的员工。《章程》还特别重视推销新产品，规定新产品要"预先鼓吹"，陈列在显眼的玻璃橱内，而且可以适当降价，"勿求急利，设其损些，亦无妨碍"。对于滞销的产品，"须极力设法推销，以免物质变态"；对于畅销的货品，要继续重视招徕顾客，"使销途与日俱进，万勿以其能销而不在从事继续鼓吹"。

《章程》还规定了要加强对竞争对手、顾客等行业现状调查工作，如第十五条规定，要调查了解竞争对手的销售状况、价格以及货品质量等情况，并告知总行；第二十二条规定，新开设的分行在决策进货多少的时候，要基于详细的顾客调查，不能盲目进货。

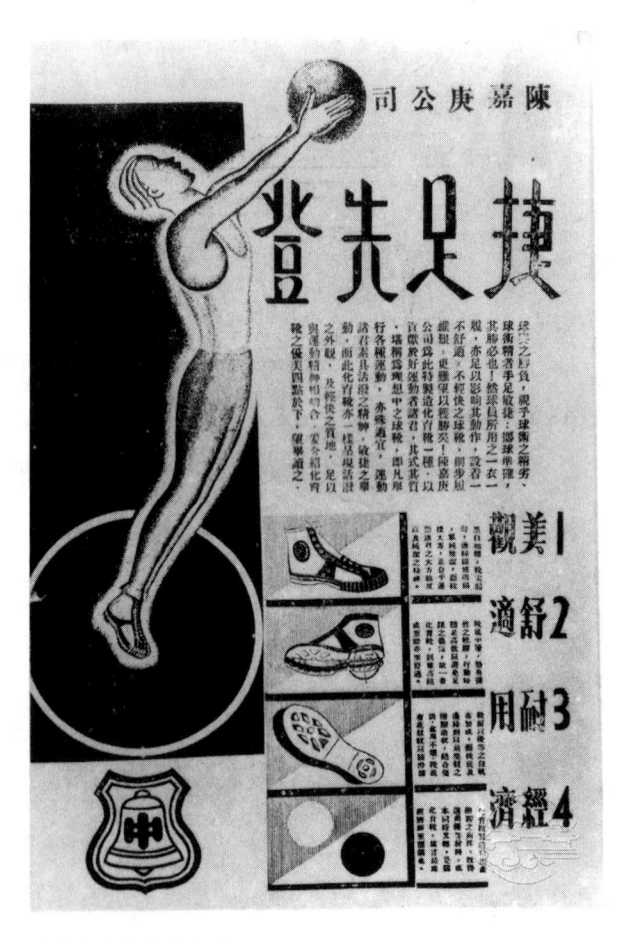

陈嘉庚公司产品广告

（六）《章程》第五章：货物

1. 原文

《章程》第五章是货物，本章分7节，前面6节共有52条，第七节分为甲、乙、丙、子、丑、丁、戊、己、庚9个部分，每个部分又有若干要点或条文，共有35个要点或条文。内容如下：

第一节　定货要则

第一条　凡派定各货，须由经理先将存货详细查明，并按销额，而后酌定派办，列明定货单，经理签号盖印，寄交总行。

第二条　分行应设缺货簿，将应定之货，由经理随时登记，随时检阅，如定单已经发交总行，即在该货名下注一记号，以资辨别。

第三条　定单发出后，另备存底一本，如某帮之货已到，即在该存底注明已到字样，以便检查。

第四条　定单须列帮数，并将收到第几帮本单列明，以便参考。（粘鞋、缝鞋、胶杂鞋，可列同一帮数；饼干、饴糖、药品、雪文、黄梨，各须另编帮数。）①

第五条　定单分粘鞋、缝鞋、胶杂鞋、饼干、糖饴、药品、雪文、黄梨、化妆品、毡帽十类。列单时，须分别另列。

第六条　列单须用复写纸，货名、号数各写清楚，不可疏忽，封寄时须将副张其一其二，一齐寄出。

第七条　定货不论多少，应用定单，不得仅写在函上。

第八条　定货如用电报，同时应列寄定单，并注明此单抵今日电定之额，以免重复。

第九条　定单如曾注明某日可付字样，而因该货确系急需，不能待至某日者，可再列寄催货单，并详述其事由。

第十条　催发货物，须另开催货单，并注明为第几帮所定，其定单系于某月日发出，及附注已收到第几帮本单字样，倘以电催，亦须电明定单帮数。

---

① 雪文：闽南语，指的是肥皂或清洁剂等日化产品。

第十一条 定单发出后，如遇特别事故，欲将某帮之定货取消，来电须列明定单帮数。

第十二条 顾客临时订购大宗货物，分行无货可应付时，应将顾客姓名、住址，并订购货名数目，列入缺货簿，一面速向总行催货。

第十三条 如有缺欠之货品，经理应知按算列单定办应市，对于存货，经理人应亲自查检何货欠缺，较有把握，切勿使什工或新店员查验报告。

第二节　存货要则

第一条 凡售出之货，须将先到者发行，不可任意不顾。

第二条 各货须按销路而定，不得存积过多，预计运货在十日之内可到者，约备一个月销数，在二十日内可到者，则备两个月销数。

第三条 凡阴历年终之内，各货较可畅销，各分行有多积者，当知按算，发脱以后，再来添办货品，亦须留神按额告办。至每年分四季，何季多销，何季少销，尤当按谱预防。

第四条 各分行凡有积存难销之货，须列单报告总行，俾总行可设法转寄他分行，以免久积变坏。

第五条 凡寄存代售处之货，须时时考查有无售去，如寄至二个月以上尚未售去者，则须讨返，免久积生弊。

第六条 各分行应设"存货日积表"，凡何货将完，当办何货充足，俾得一览便知。

第三节　点查存货要则

第一条 点查存货（以下略称点货）时期，分普通期、特别期。普通期即每月终点查存货一次，特别期如遇经理易人交卸期间，点查存货一次。

第二条 点货时，须将栈房橱架，及店口橱架排列位处，编列号数，用纸片（如小名片大）粘贴其上，点时须就排列位处，及所编号数，列点货单上。

第三条 点货之前一日，在栈房橱架上货品，宜排列次序，至点货之日，日间先点查栈房存货（如经理在栈房监督，财政及一店员应在店前售货），晚间点店口及店中货品，然无须闭门，当点货时，如顾客欲购买货物，不可拒却，以免妨碍营业。

第四条 点货时，由一人过点，一人复点，经理、财政应负监督之责，书记亦应在场，点货完毕，点货单交书记结核，若与归原账所存差数太多，书记宜报告经理，须就该货所点之位处，再复点一遍，如再无着，当考究其致失之原因，速函报告总行。

第五条　点货单须有点货人、复点人，及经理财政书记签号，方为合格，若特别期，新旧经理皆须签号于该单，至寄结册时，一齐呈报备查。

第六条　点货单上所列之货品件数，不可只列总数，盖货品点数，如合为一条，是就账记存，抑有过点，难以分别，如白平等在店口点一百遍，而栈房点一千零五十遍。若点货单有照第二条办法，分为两纸，一望而知有过点，反之，点货单仅列白平一千一百五十遍，实难明其有无过点。

第七条　普通期逐月所点涨失之数，可暂登货品涨失集为来往账，而照过各货集账内，俟年终，将逐月涨失额数列为一单，寄呈总行，候总行查阅函复，然后可开出账。

第八条　逐月点货，如有涨失，须注明存货清册各货品之涨失栏内。

第九条　特别期，如点货完毕，书记应就点货日止，与归原账核算，其涨失额数，另列一单，新旧经理，皆须签号，而后寄呈总行，同时并将特别期点货单寄来，如特别期点货完毕，核算失数最多，切应再复点一次，果系失额，速来电报告，如各鞋失若干双，等候总行复电办法。

第十条　点货完毕，如某货存数太多，经理派定时，切知注意，若不通销货品，亦应时常报告，或设法发售。

第十一条　普通期点货，须移动各种胶品一次。

第四节　领货时应注意之点

第一条　本箱两端之铁皮及铁钉，曾否脱出或改移。

第二条　箱外四周之木板，及两头木抽，有无受过钳凿伤痕。

第三条　领货员于起货时，倘遇有上述两项，或其他可疑之点，可将儎[①]字审视，苟无被其批破，【儎字如有盖舱口未囘[②]之印者，（华船用汉文之印，洋船则用英文之印），可视其舱口簿有无注明】，可报告该船之管事人，会同舱口书记，即时将该箱开譣[③]，倘该箱之货，与装货单有所差失，当知报告经理，向该船局（或轮船公司代理人）交涉要求赔偿。

[①] 儎：读 zài，指船装运的货号或封条上的字。
[②] 囘：同"回"。
[③] 譣：同"验"。

第四条 凡转运之货物，亦依以上办法，倘领后再运在大舢，或寄在货仓，迨至再转配轮时，（如大舢上或货仓上）有发现箱皮破损，箱中货物无饱满，应向其交涉，如箱有裂痕，而铁皮依然封固，可将箱再加钉固，而后转寄。

第五条 领货员须派妥当店员（或有专责之人）往领，不可随便派一工人往领，盖领货时，遇有发生事故，非认真之领货员，不知向其交涉。

第五节 开箱点货之手续

第一条 货运入店时，于未开点之前，经理须先将各箱外皮四周，详细查验，倘有可疑之点，对于该箱开验，当注意详察该箱所装各货之位置，有否空地，或移动，然后将该箱各货逐层搬出，（逐层搬出时，当逐层细查）与箱内装货单核对，若有涨失，当再复查一次，再将该装货单与装货表核对，两表符合，然后将所涨失之额，批明于装货单寄叻[①]。至该箱开验，有现上述诸疑点，应另函详细报告总行，俾知考究。

第二条 货物领至店时，如地方宽大，固可同时开点。若地方狭小，可一箱先开，再开他箱，以免混乱。

第三条 装货表、每箱之号数所列各货，皆有界线，如第一箱之货下划一界线，再列第二箱，余类推。

第四条 货至店时，如经理无暇过验，可派一诚实店员过验。

第五条 装货表、每箱之号数，及货名件数，须详细，不可相混。

第六节 货品保护法

第一条 各车轮外胎，宜放置竖式，不可放置倒式，恐底下受上压力，易于僵坏，最好作木架放置竖式。

第二条 各车轮内胎，胶质尤多，若久贮纸盒中而无翻动，亦易僵坏，故每月须从盒中取起翻动一二次，并照此保护法，通知买客。

第三条 各种胶粘鞋，每月亦要移动一二次，凡事务稍暇，经理应集合各店员分部翻阅，或委定何人，依法工作。

第四条 雨衣如自身之衣服，须每星期启阅一次，以防虫霉等弊，其盒内须放置药粉或臭丸以保护之。

第五条 毡帽之保护法，与雨衣同，但须时常于日光处晒曝之。

[①] 叻：读 lè，我国侨民对新加坡的称呼。

第六条 皮鞋工作，含有湿气，易于生菇，每月亦要开视一二次，有上述之弊时，切早修整妥善。

第七条 各缝线鞋有粉糊关系，若多雨时，最易发生污点，每月亦要开视预防。

第八条 各种胶品，最忌日光晒照，因能损害胶质，凡有日光之处，不可放置胶品，其他保护法，亦须时时注意，与前几条所言相同。

第九条 饼干、糖果，宜置架上，不宜放在地面，及近水湿之处，尤须切防蚂蚁侵入。

第十条 各种药品，最怕透风反润，故亦须贮放干燥地方。

第十一条 雪文不通空气，容易发生水分，但置于通风处，又易消蚀，故以放在干燥地方，及风日不易吹晒之处为佳。

第十二条 店内栈内各货品，经理须时常视察，并指示各店员整理秩序，月终点货时，方不致差错。

第七节　运货车兑货办法

（甲）运货车兑货，其主旨有下列数端：

（一）辅助本分行推销之不及；

（二）引起观众之注意；

（三）辅助广告之效力；

（四）招徕新交易商店及顾客；

（五）利便顾客之需求。

（乙）运货车推销员必具之条件：

（一）手腕敏捷；

（二）善词劝诱；

（三）做事勤慎。

（丙）运货车推销员性质分两种：

（一）推销员领薪金者；

（二）推销员抽甘仙[①]者。

[①] 甘仙：也叫巴仙，东南亚一带的华人用语，意思是百分比或点数，由英语的"percent"音译而来。抽甘仙者就是抽取一定百分比例作为佣金的销售员。

（子）推销员领薪金者之办法：

第一条　本分行应设一本运货车进货簿，（复写式，一张交推销员为据，一张存底），每次推销员取货若干，经理财政推销员三人均须签名于簿上。

第二条　本分行应设一本运货车兑货簿，（复写式）给予推销员，货品如有兑出，推销员应将所兑货名、号数、件数、银数，详细抄列簿内（一张与顾客为凭，一张存底备查）。

第三条　推销员兑货完毕返分行后，应将本日所兑银数，并兑货簿，交分行财政，而分行经理应将所交还银数，与兑货簿查对是否符合，簿内所列号头页数是否照次序编列不紊。

第四条　推销员兑货时，须签名于兑货簿上。

第五条　分行应设一本运货车什费簿，每日该货运车，如有开出之杂费，应详细抄列簿内，以备书记入账，而经理每日亦应查阅一次，其所开之数，是否合宜。

第六条　分行经理，每星期应将运货车内所存货品，全数查检，其原收出存，是否符合，切不可于每月始查检一次。

第七条　推销员领薪金者，应择诚实可靠者为合格，以之任事，始能完全负责。

第八条　推销员虽领薪金，亦可另给少可甘仙，以为勤劳之劝，若经理认为必需者，可来函商总行同意，便可施行。

第九条　运货车须逐月结得失一次，报告总行。

（丑）推销员抽甘仙者之办法：

第一条　推销员既议欲抽甘仙，即不得再向本行支领薪金。

第二条　推销员应有妥当人担保负责。

第三条　推销员于每月中能兑出若干银数，则本行应给与若干甘仙，以酬其劳。

第四条　推销员不得向本行预支及浮借银项等事。

第五条　分行经理，每星期须将运货车内所存货品，查检一次，其所存额，是否符合。

第六条　推销员向本行接洽就绪后，自经手发兑日起，不得兼营他业。

第七条　推销员若欲解约，须将一切手续清理明白，及货款交完本行清楚为宜。

第八条　推销员有违背本行条约时，担保人应负责任，本行如有损失，由担保人赔偿。

第九条 进出货品手续，与领薪金者同。

（丁）运货车推销员，对本公司货品销售情形，应时常报告本分行经理。

（戊）经理每月份须汇集推销员报告填表，寄呈总行。

（己）运货车推销员，出发推销之路线，及推销计划，应与经理讨论，或由经理指定。

（庚）运货车推销员所应推销之地点，约如下列四项：

（一）吧刹[①]，热闹市场，住家之处。

（二）市镇，村落。

（三）甘光[②]（近在路线能到之处）。

（四）外埠[③]（约在路线廿卅英里远）。

2. 解读

陈嘉庚公司分行的主要任务是销售各种货品，所以，怎么定货、存货怎么管理、货物怎么验收、货物怎么保护、货物怎么促销等等，这些问题对分行的经营管理十分重要。《章程》第五章"货物"用了7节，共87个要点或条文，用较大的篇幅制定了分行货物管理各个环节的操作规范。《章程》要求的这些操作规范具体明确、科学合理、可操作性强，总结起来有如下几个特点：

第一，定货环节强调以销定采和手续规范。《章程》要求经理要亲自随时了解和掌握各货品的存货情况，并且根据货物的实际销售情况，酌情向总行采购进货，不能盲目进货，以免导致过高库存，造成浪费。另外，向总行定货时要手续规范，比如，不能用函件或电报代替定货单，定货单要写明帮数、货名、号数等详细信息，而且要用复写纸存底一份，以备检查和核对。取消定单和催发货物也要认真细致，以免差错。

第二，存货管理环节强调要合理库存，加速周转，避免浪费。《章程》规定各分行要制作一个"存货日积表"，使各种货物每天的库存情况一目了然，知晓哪些货品畅销、哪些货品滞销，并且根据销售情况合理安排库存，以免货品积压或变质变坏。如果是十天之内可以到货，就准备一个月的销量库存；如果是二十天之内才能补货到位，就

[①] 吧刹：也称为巴刹，来自马来语，原来的拼法是 pasar，意思是市场、集市。
[②] 甘光：马来语，"村子"的意思。
[③] 外埠：指本地以外较大的城镇。

要准备两个月销量的库存。如果有难销的货物，就要报告总行，总行想办法让其他分行销售。另外，《章程》还规定每月的月末（普通期）和新旧经理交接时（特别期）需要清点存货。至于怎么清点存货，也作出了十分严谨和细致的规范要求，这里不赘述。

第三，领货与验货环节强调要仔细查验和核对。《章程》要求领货员要仔细检查货品包装外箱在运输过程中有无破损，如发现破损，要马上处理加固或者向船运公司索赔。开箱验货时，要根据装货单和装货表，逐箱对货品进行认真核对。如果发现问题，要及时把情况上报总行。

第四，货品存放环节强调科学管理，防止货品变坏。《章程》详细规定了车轮外胎、内胎、胶粘鞋、雨衣、毡帽、皮鞋、缝线鞋、胶品、饼干、糖果、药品、肥皂等分行销售的各种产品存放和保护方法，诸如不同货品要考虑到通风、燥湿、日晒、防虫等各方面的存放和保护要求。

第五，货品销售环节提出了用"运货车兑货"方法进行广告宣传和刺激顾客消费。"运货车兑货"像一个流动的商铺，可以实现辅助分行推销产品、广告宣传、招徕顾客、方便顾客等各种综合功能。《章程》从运货车推销员的选拔、管理和激励机制，以及运货车经营中的进出货品手续等方面作出了详细的规定，这里不一一赘述。值得一提的是，从《章程》的相关规定可以看出，陈嘉庚公司十分重视对销售人员的激励机制。比如，运货车的推销员可以通过销售提成的方式获得报酬（即推销员抽甘仙者），即便是领取薪金的推销员，也规定可以另给佣金予以奖励。

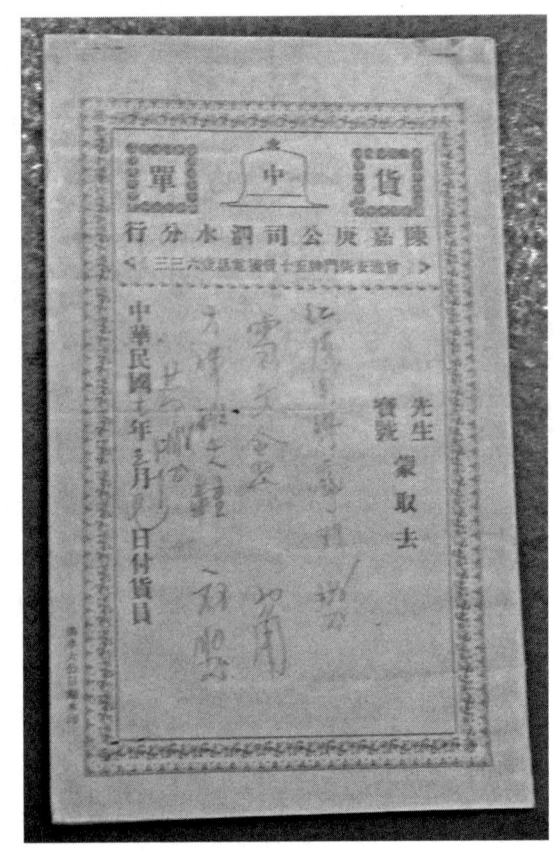

陈嘉庚公司泗水分行货单

（七）第六章：账务

1. 原文

《章程》第六章是账务，本章分 7 节，共有 59 条。内容如下：

第一节　开支及什费

第一条　分行无论何项付款，均应开具支单，非有经理签字盖章，不得照付。

第二条　分行一切开支，均应力从俭省。

第三条　凡无关分行之用款，及挪借等事，无论何人，不得开单支款，遇有此项行为，财政应予拒绝。

第四条　分行自用物品在购置支款时，须由经理签字。

第五条　分行日常所开各种费用，须分类归集，以详细为要。

第六条　凡有大宗款项之支出，无论为建设，为消耗，如在一百元以上者，须得总行之同意，方可开支。

第七条　关于告白①费之办法如下：

（甲）分行所登营业广告费，共有几处报馆，需费若干，应先报告总行同意，逐月所还报费，可过总行出账。

（乙）分行如有登短期必要之告白，及印刷件，均属少可费者，可就分行开出。

第二节　存项②汇款要则

第一条　每星期柜内存款，财政员如过点完毕，经理须再复查，其银数与银清簿是否符合，苟有差错，切报告总行，详述缘由。

第二条　柜内存款如上百元（或盾③），应寄存该地银行为活期存款，（如无银行可寄在稳固之钞庄），经理切须时常负责遵行。

第三条　分行柜内存款，及寄放银行存款，如上一千元者，应速汇交总行，以资周转，不得借故延缓。

---

① 告白：这里指的是广告。
② 存项：指余存的款项，富余的钱。
③ 盾：指印度尼西亚、越南等国的货币名称。

第四条　每星期一，须将星期日柜内存款，及银行存款，合计其总数，报告总行，例如存银行壹千壹百元，柜内五百元，合计壹千六百元，中已汇交总行壹千元，则电报可云"汇某银行壹千元，存银六百元"，如所存尚不足壹千元之数，未曾汇交总行，则云"存银〇百元"便可。

第五条　每星期存银报告，及出入款报告表，经理财政须共同签号盖印，至迟星期三，（无论有无船期）须一起付邮，不得延滞。①

第六条　汇款来叻，有两种办法如下：

（一）电汇，电汇可通之处最好由银行电汇，较为妥当，盖电汇与票汇，（现票）汇水相差有限，其交款迅捷而且便利。②

（二）票汇，电汇不通之处，如有银行可向汇现票（即现期汇票）或支票，（即所谓喤籍），该票须由邮局挂号寄交总行，其信封面，写英汉文，交总行经理收。③

第七条　无论电汇票汇，皆须汇交本公司之名目，如向银行汇现票或支票，其票上原注明之携票人 Bearer 应割死（此条最关紧要乃将该字英文用笔划去），改为 Order（音译为乌拉），可依此办法，其式如下：④

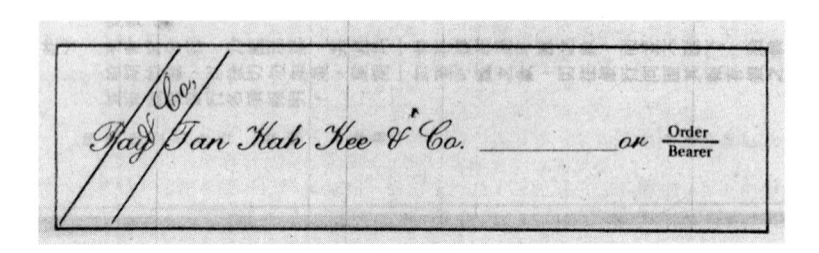

如银行无盖此印者，本分行可刻一橡皮印，以备不时之需。

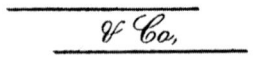

（附注）现票或支票，如仅书 Bearer，可以转让他人，如该票中途遗失，被人拾得，该由号签号盖章于票背，便可至银行兑取现银，候他日察觉，欲与交涉，恐不生

---

① 付邮：指交给邮局递送。
② 电汇：指通过电报办理汇兑，即付款人将一定款项交存汇款银行，汇款银行通过电报或电话传给目的地的分行或代理行（汇入行），指示汇入行向收款人支付一定金额的一种交款方式。
③ 票汇：由汇款人向当地银行购买汇票，自行寄给收款人，由收款人凭以向汇票上指定的银行取款。
　　喤籍：喤指的是马来亚的"钱"，"籍"是"簿"的误写或印刷错误。
④ Bearer 指的是无记名支票，即支票上不记载收款人姓名，取款时持票人无须在支票背后签章，即可支取。Order 是记名支票，即在支票的收款人一栏，指定收款人姓名，取款时须由收款人签章，方可支取。

效力矣，此层切须注意。

第八条 每星期经理与财政员，将一周间来往银项之银清簿、日清簿，并其他有关于银款之账务，须与书记员共同详查一次。

第九条 每逢汇款来叻时，汇水若干，须注明于每星期出入款报告表上。

第十条 每星期一电报存银，如超过可汇之数，并无汇下，须将其理由附电内通知，（如欲还饷费可电明 OME 作 OEJ，别项用途另详）（OIV 关税），俾免去电询问，多耗电费。①

（附注）有数处分行，乃汇现票，其星期一报存银超过可汇之数，而并不汇下，迨候至有船期始汇，以后切勿如是，星期一如至可汇之数，切往银行向汇其报存银之电，并报汇但银行名须报明。

第十一条 银行电汇，必有收据，财政员于汇款后，须将该收据交与经理签号，收贮柜内，以备查考。

第十二条 寄存银行之入喱簿（即入银簿），经理每天须细阅一次，并签号于存根上。

第三节 放账办法②

第一条 本公司定章，无论何埠，只许人（代理），而不许人（总代理），盖（总代理）一埠只限一家，而（代理）则无定数。

第二条 凡属发售本公司之制造品，无论现款或期账，皆称之曰代理。

第三条 本公司素以现款交易为主，倘欲代理本公司货品，有商改为期账者，如属稳固商号，或有殷实商店担保，可先按放账数百元，苟无明底蕴，而营业尚见发达，只可先按放百数十元。

第四条 期账之限定一个月期，或两个月期，本公司可视该号之妥当与否而定。

第五条 附近之埠，该地方如热闹可以推销本公司之货品者，可往调查，并将详细情形，函达总行，倘该地之商店有欲代理者，可依第三条办法而行。

第六条 凡期账代理至期到而不还款者，可即往催讨，如再延久仍不清还，本分行可暂停止付货，待后观局进行。

---

① 饷费：笔者猜测可能指手续费。
② 放账：指货品赊销。

第七条 凡代理本公司货品，如销售无几，货物积存，致账期延岩①，可速向代理人询明情形，果无销路，可将货品取回，账款收清，免被倒去。

第八条 总行寄下商店调查录，每一个月该分行须报告一次，如初次交易期账，须先将其店号、地址、店主人姓名、营业年数、所营何业，按放银数若干，一一函告总行。

第九条 凡代理本公司货品之商号，或大宗顾客，本分行可照本厂扣与本分行之甘仙②，给与③之，以广招徕。

第十条 若放账一字号上一千元者，须将其人可放之状况，来书报告，若要上二千元者，须先来书报告，待总行同意复可，方可放足。

第十一条 凡外埠商号有请求分行放期账者，该分行须先函询附近分行，有无放该号期账，若未曾放者，方可许放，庶免彼此争放之弊，致欠数太多，被其拖累。

第十二条 各售车轮之店，如查不甚稳妥之家，亦可放数十元，或成百元，设被倒去无妨，惟勿放过多。

第十三条 货品赊出，如无抵押品者，放出之款不得过（酌衷④）百元，如有相当抵押品者，得放出至　　元。⑤

第十四条 凡各交易货品之商号，必须经过详细调查，确保殷实可靠，并详知其主人或股东之履历，然后可以赊之。

第四节　收账办法

第一条 收账单须经理签号，并盖本分行之图章（此图章交财政收贮铁柜内），方为合法，如经理及财政无遵此办法，将来发生弊端，经理及财政应负其咎。

第二条 收账人欲往本埠或外埠收账，所带往之收账单有几张，须列一个小册子，将每单之日期、欠户⑥、银数列明，签"单收"两字，俟收回时，所收银数，立即交与财政，由财政签"银收"，而所未收之单，亦须一并交回，财政应将小册子签"单收回"，

---

① 延岩：估计是延宕的误写，拖延的意思。
② "仙"就是英语 Percent 这个词的广式音译，是"百分之几"的意思。另外，在香港，"仙"是一个货币单位，一仙相当于1分。
③ 给与：现为"给予"。
④ 酌衷：即酌中，表示折中、适中。
⑤ 《章程》原文这里是空白的，估计意思是抵押品估值多少元，就可以赊货物多少元。
⑥ 欠户：指的是购买或销售公司产品的顾客、代理商、经销商等。

以明交接手续。

第三条 账期之到期与否，责成经理检查，一经到期，在埠收账人，须立即往收，在外埠如到期尚不寄还，可先函往催，苟无答复，则须停止再付货物，至到期过一个月，仍无寄还者，可报告总行，及设法或派人往收。

第四条 收账人对于欠户营业上之变迁，如有所闻，宜报告经理及财政，苟账期已到多日而延宕未还，亦应将宽缓理由，详细报告，以便设法催讨。

第五条 收账单宜编列号数，以便检查。

第六条 每月终，经理须着① 书记列名欠户之对账单，直接由邮寄往各欠户所在地，其对账单，应盖"如有差错，请速指示"，印在结欠共码之上端。

第七条 本分行就原有之收账单，再增设一种收银单，该单书明收到收账单列某号之银数若干，须经经理签号，并盖图章，临收时，由收账人贴印花签号于其上面。

第八条 收账单及收银单，由书记开列，经理过对。

第九条 所未收之收账单及收银单簿，交财政收存，但每星期点柜时，经理应将该未收之收账单及收银单簿，查核一次。

第五节　分行互相来往货项要则

第一条 各分行互相来往货项，规定分作二项：

（甲）分行互相来往款项。分行互相来往款项，只限于华属，华属暂分作五大区，香港为西区，广东、广西、云南三省分行属之；厦门为南区，福建全省分行属之；上海为东区，江苏、浙江、江西、安徽、山东五省分行属之；汉口为中区，湖南、湖北、河南、西川、陕西、贵州六省分行属之；天津为北区，北平、陕西、东三省分行属之。此五区所属之分行存款，如按可汇之数，须照规定汇往该区分行，候总行每月份寄汇票相抵，但厦门集通，得自立汇票，向其他分行支款，（如向香港、汕头、上海、广州等处支款，无论多寡，须用汇票，每月份或存或欠由叻过账）。

（乙）分行向分行办货。华属各分行向上海、香港办货，如申式鞋裤类，得直接向办，惟英属、荷属如欲向办，须先将定单寄交总行，候鉴定后，由叻寄往。②

（丙）分行代分行还运费。有数处分行，须由转运者，其关税及运费应由代转运之

---

① 着：旧时公文用语，表示命令、责成。
② 申：上海的别称。

分行代纳，但所还关税及运费若干，逐期船须列单通知寄往之分行登账，每月列对账单两份，及通知单一纸，寄往该分行，其列单及过账与本节（二）（三）条同。

兹将上述三项，用图以明之①：

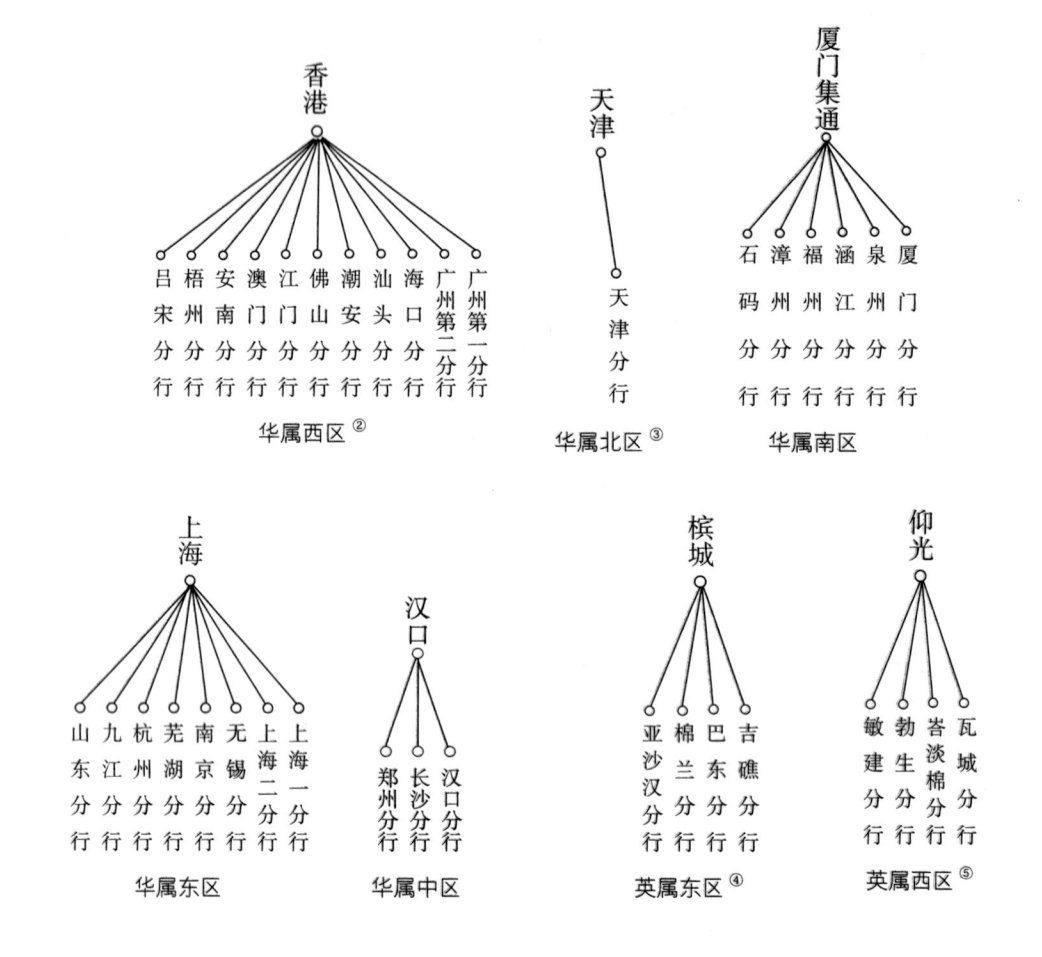

华属西区②：香港 — 吕宋分行、梧州分行、安南分行、澳门分行、江门分行、佛山分行、潮安分行、汕头分行、海口分行、广州第二分行、广州第一分行

华属北区③：天津 — 天津分行

华属南区：厦门集通 — 石码分行、漳州分行、福州分行、涵江分行、泉州分行、厦门分行

华属东区：上海 — 山东分行、九江分行、杭州分行、芜湖分行、南京分行、无锡分行、上海二分行、上海一分行

华属中区：汉口 — 郑州分行、长沙分行、汉口分行

英属东区④：槟城 — 亚沙汉分行、棉兰分行、巴东分行、吉礁分行

英属西区⑤：仰光 — 敏建分行、勃生分行、峇淡棉分行、瓦城分行

---

① 这里所画的图与《章程》原文的图有差异，《章程》原文使用的是线段和圆点表示层次关系。作者在这里重新画的图使用了线条和文本框。
② 吕宋：菲律宾群岛中的吕宋岛。宋元以来，中国商船常到此贸易，明代称之为吕宋。过去华侨去菲律宾者多在吕宋登陆，故以吕宋为菲律宾之通称。安南：越南的古称。
③ 按照前面描述，华属北区还应包括北平、陕西、东三省的各个分行，但这里只画出了天津分行。
④ 槟城位于马来西亚西北部的槟城洲。亚沙汉、棉兰、巴东都是位于印度尼西亚苏门答腊岛的城市。
⑤ 敏建：位于缅甸中部的城市。勃生：缅甸重要港市，伊洛瓦底省省会。峇淡棉：即毛淡棉，缅甸孟邦首府，莫塔马（马达班）湾重要港口，全国第三大城市。瓦城：指曼德勒，位于缅甸北部，华人称之为瓦城。

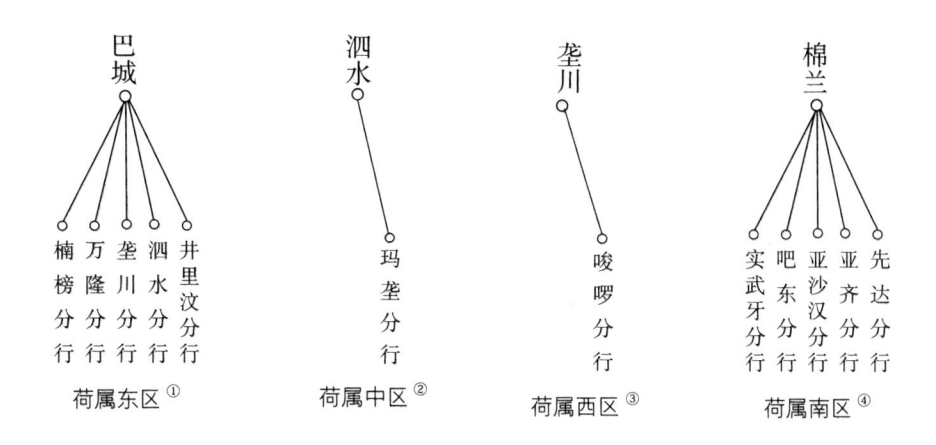

```
        巴                泗              垄              棉
        城                水              川              兰
        ○                ○              ○              ○
    ┌─┬┼┬─┐              │              │          ┌─┬┼┬─┐
    ○ ○○ ○ ○            ○              ○          ○ ○○ ○ ○
    楠 万垄 泗 井          玛              唆          实 吧亚 亚 先
    榜 隆川 水 里          垄              啰          武 东沙 齐 达
    分 分分 分 汶          分              分          牙 分汉 分 分
    行 行行 行 分          行              行          分 行分 行 行
              行                                      行   行
       荷属东区①        荷属中区②      荷属西区③        荷属南区④
```

除上列各地分行，可以互相往来外，其他分行如无征求总行同意，不得来往账，唯上海多有新式时髦之出品，或者中国分行及吕宋分行有向办者，则可之。

第二条　每月份由各属每区总汇之分行，列对账单两份，及对账通知单一纸，寄往所属各分行，该各分行如对符合，须将对账单一份，签对及盖印，（由经理并书记两人签号并盖分行图章）寄交总行备考，又一份保存，另将对账通知单寄返该区总汇之分行，例如华属西区总汇之香港分行，应列对账单两份及通知单一纸，寄与所属之各分行，余类推。

第三条　除用总行汇票抵账之分行，可长作来往账外，（如厦门集通之与福州、漳州，香港之与广州、海口、江门、佛山、澳门，上海之于第二行、南京、杭州、无锡、芜湖等），其余每月份所存或欠之数，须由总行过账。

第四条　每区所属之分行，如互相往来依分区表所列之次序，由右一位顺序列下，譬如海口分行与广州分行来往，由广州列往，佛山与海口来往，由海口列往，澳门与佛山来往，由佛山列往，余类推，其列单及过账，与（二）（三）条同。

第五条　每月份各属每区总汇之分行，须列一份总单，将各分行来往长短账项，逐一列明，寄呈总行。

第六条　各分行既得总区分行列去对账单两份，至迟于五日内立即寄一份来叨，交总行存底，若因账中差错，务须急切核对，速行会清，至迟于七天内尚未能会清者，

---

① 巴城：就是现在的印尼首都雅加达，以前雅加达叫巴达维亚，华人简称为巴城。楠榜、万隆、垄川、泗水、井里汶都是印尼的重要城市或港口。
② 泗水（Surabaya），是印尼东爪哇省省会和最大城市，位于爪哇岛东部，东北沿海的泗水海峡西南侧，隔峡与马都岛相望，是印度尼西亚的第二大海港、第二大城市，早在中世纪开始就为爪哇的对外贸易港口。玛垄：即玛琅，印度尼西亚爪哇岛东部商业城市。
③ 垄川：即三宝垄，华侨称垄川，是印度尼西亚爪哇岛中爪哇省省府和最大城市，是印尼仅次于泗水、雅加达的第三大港。唆啰：应写为梭罗，印度尼西亚中爪哇省主要城市之一，为众多华人聚居的印尼城市之一。
④ 棉兰、实武牙、吧东（巴东）、亚沙汉、亚齐、先达都是位于印度尼西亚苏门答腊岛的重要城市。

须将理由详录，报告总行。

第六节　成本会计及存货估值之方法

第一条　成本会计之方法

（甲）费随本加计算法。每帮进货，可就运费、饷费、起货费，均摊在各货之中，不必设立箱袋、驳力、傤资①、饷费等集，似此计算，虽无不合，但手续殊繁，且每帮之货，如欲登记，须多延时日。

（乙）费作来往计算法。每帮进货，可依原本置去，而各货费集，照为过账，候至月终，以一个月中所兑各货若干件，而均开各货费，（包括箱袋、驳力、傤资、饷费等），按所开之数，开各货费去账，而所存额，仍为来往，照此算，如货物种类简单，且系大宗，应以此法为宜。如种类繁多之货品，欲仿此法而求计算之精密甚难。

（丙）费开出账计算法。每帮进货，就原价为置本，而各货费集悉数开去，若此计算，殊觉简单，但采此法对于售价如知加入各货费，及每月估存货之价格有加入各货费，则于成本计算，当无错误。

以上三项计算法，殊途同归，但忽略店中开销一层，惟求成本会计之方法，以下列三项为精确：

（一）原本。就本厂定价扣实，谓之原本。

（二）进本。就原本加入运费（包括木箱、驳力、保险、傤资等）、汇水②、关税，及起货费，谓之进本。

（三）总成本。进本加入店中开销（即行佣③，如经常费等）即为总成本。

成本会计表

品名	号码	件数	原本		进本				总成本		售价净利	
			原价	七五折实	叻运费、木箱、驳力、保险、傤资	汇水一二五申	关税	起货费	行佣	总共	价	九折实
平等	三一	一双	一元一角半	八角六占	五占	二角三占	八占	二占	五占	一元二角九占	一元五角	一元三角半	六占

---

① 傤资：运载货物的费用。
② 汇水：指银行或邮电局办理业务汇款时，按汇款金额所收的手续费。
③ 行佣：店铺中的开销。

就此表以观，行佣如不在成本项下并计，售价虽有利益，不能谓之准确，但欲就开销而加入，以何为标准，似不能不将某月中计所兑货物若干件，而以店费开销百分之几为率。如粘鞋计兑三千双，而一月间店费计四百五十元，则以百分之十五计算，每双应加一角五占在总成本内。

如上所述，对于新开设之分行，或货物销售无几，而店费开销又多之分行，欲似此法加入，成本殊形昂贵，并恐阻碍销途，经理人可观察之，应否酌加行佣，或此时为可加入，得就地观情形而裁夺，凡各分行之经理人，对于成本会计，须特别留意，照上列表式，将各货品合列为一总表，精密计算，时加考查，至每月份之成本，及兑价报告，尤应照格填入，俾总行明了一切。

第二条 存货估值之方法

存货估值之方法，各有不同，有就厂家之定价者，有另加运费者（包括关税一切），有复加起货费者，有再加店中开销者，有依厂家实价者（即由定价减去折扣），有照售价者（即按平日卖价而定存货之价值）。上述各种计算法，不无畸重畸轻之弊，欲使其勿失平均，唯有就实价（本厂定价除去折扣）加入运费（包括箱袋、驳力、保险、傤费）、汇水、关税、起货费为适当，又存货虽依本厂实价，但有时本厂改订价格，或加折扣，则于是月份之估存，不能不随之增减。

（附注）各分行每月份存货之估价，大都以实价而不加入运费及起货费，以致结册中，时有货费多开，而结亏甚巨，虽是月份货物多到而多开费，于以加亏，然下月份货物兑后，其利收加无有差异，但表面上观之，其所亏甚多不能予人无疑，自是以后，各分行如存货估价，切以实价加入运费、汇水、饷费，并起货费为宜（各货估存之加均须照此法一一加入各费）。

第七节　结册撮要[1]

第一条 结册时，书记员须将说明细阅，并照定式填结，以趋一致。

第二条 结册附有存货清册、欠户表、饷费报告表、成本及兑价报告表，书记员应照说明之填法填列，不可疏忽。

第三条 结册内盘之开费、其货费、店费，须划分清楚，货费先列，再列店费，每种计银若干，亦应载明。

---

[1] 结册撮要：指财务会计总表的要点。

第四条　书记员每星期须将副日清抄寄一次，不得间断，经理并须负督促之责。

第五条　每月份之结册，至迟下月中旬，须寄到总行，不得延滞。

第六条　每月份之欠户表，经理应查核，倘本月份无还款而再付货，或还款少而付货多者，经理须将其理由注明于该表之下端。

第七条　每月份须点货一次，涨失若干，可注明于存货清册涨失栏内，若失数过多，经理应过查核，并将原因详明在清册末。

第八条　结册录就，书记员宜交经理过对，经理对后，须签号于结册纸之末页。

第九条　结册完毕，其点货单正张，须寄呈总行备考。

第十条　每月份之结册，如无盈利尚须亏本者，经理应推究其原因，并设法补救，万勿以结册完毕，便算了事。

2. 解读

陈嘉庚在年轻的时候，在他父亲的顺安米店做学徒担任记账员，帮助族叔管理银钱货账，后来成为米店经理后更是非常重视财务工作，这些经历使得陈嘉庚积累了丰富的财务管理经验。

本章从开支、存款现金管理、赊销、收账、货项往来、成本会计、存货管理、财务总表等方面，对分行的财务（账务）管理做出了详细的规定。这些规定非常具体、严格、操作规范，体现了陈嘉庚具有突出的风险、成本、资产、收益等方面的管理能力。具体来说，有以下特点：

第一，《章程》强调了分行开支要节约和规范。本章第一节第二条明确指出，"分行一切开支，均应力从俭省"。此外，分行对外付款开支，有很多明确的规范。例如，所有对外支付的单子，都需要经理签字盖章；任何人都不能挪借分行的款项；一百元以上的开支都需要总行的批准；在报纸上做广告产生的费用也要总行同意。

第二，《章程》十分重视分行的现金管理和周转。在存项汇款要则中明确规定，分行柜内现金如果超过一百元，就必须在当地银行存为活期存款；如果柜内现金和活期存款超过1000元，就必须马上汇交给总行，以便资金在总行周转。为了加强对资金的管理，要求各分行每周一都要向总行汇报资金余额，《章程》还详细规定了电汇和票汇两种向总行汇款的方法，甚至规范了银行汇票和支票填写的具体格式。

第三，《章程》强调了对代理商的风险管理。例如，对代理商的选择要"经过详细调查，确保殷实可靠，并详知其主人或股东之履历"。在代理商的货品交易方式上，强调以现款交易为主，如果有的代理商需要赊货期账，则需要调查这个代理商是不是稳固可靠的商号，或者要由其他有实力的商号做担保。而且，赊销放账金额超过 1000 元的，需要向总行汇报代理商的情况；如果放账金额超过 2000 元，则需要经过总行的同意才可以放账赊销。赊货账期一般为一个月，特殊情况最多两个月。如果代理商货品销售情况不理想，分行要查明情况，果真没有销路的，要及时收清货款，把剩余货品取回。《章程》还详细规定了分行对货款的收账管理办法。

第四，《章程》对各分行之间的款项和货物来往，以及由此产生的运费结算做出了详细的规定。例如，以香港、厦门、上海、汉口、天津五个城市为中心，把华属销售区域分为五大区，规定各区分行之间可以互相来往款项。华属各分行和吕宋（菲律宾）分行，可以直接向上海和香港分行采购货物，但是英属和荷属分行只能向总行采购货物。总区分行要对各分行之间来往的所有对账单，让各分行确认无误，并向总行汇报。

第五，《章程》明确了各分行成本计算和货物估值的方法。关于成本计算，规定分行的会计成本主要有三项：原本、进本和总成本。《章程》还特别强调了分行店铺的日常开销还计算在总成本中，否则销售的净利是不准确的。关于货物估值，《章程》提出要根据货物实价（总厂定价除去折扣），加入运费（包括箱袋、驳力、保险、儎费）、汇水、关税、起货费等确定价值，但是总厂价格和折扣会发生变化，所以，货物估值也会随之增减。

第六，《章程》还规定了分行每月须提交总行的财务会计报表要点（结册撮要）。例如，分行书记员要按照格式认真填写财务会计报告（结册），报告里面要附有存货清单、欠户表、饷费报告表、成本及兑价报告表等，并规定最迟于下月中旬，把报告寄到总行。《章程》还特别强调经理要重视财务会计报告（结册）体现的相关信息，比如，对于没有还款或者还款少的欠户要慎重继续付货；要寻找存货损失过多的原因；对于亏损的货品，经理要分析原因，并设法补救。

总之，《章程》财务（账务）部分内容翔实，操作规范、具体、严格和专业，体现了陈嘉庚在经营管理中，具有十分突出的财务管理意识和能力。

（八）《章程》第七章：报告

1. 原文

《章程》第七章是报告，本章分甲、乙两部分，共有18条。内容如下：

（甲）定期报告

第一条　星期存银报告表，及出入款报告总表，须两日内寄呈总行。

第二条　旬日①兑货报告表，及旬日店口兑款表，须过旬五日内寄呈总行。

第三条　每星期杂费报告，须三日内寄交总行。

第四条　副日清每星期亦须抄寄一次。

第五条　每月份营业及管理报告书，过月十日内，须同结册一齐寄交总行。

第六条　全月查复公函，接到后五日内寄。②

第七条　点货单须十日内寄。

第八条　逐月存货报告表，须过月十日内寄。

第九条　对账通知单，接到后五日内寄。

第十条　查存不通销货品报告，每三个月报告一次。

第十一条　每月份运货车兑货报告，过月五日内寄（指有设置运货车分行而言）。

第十二条　每月终核查货底一次，有无涨失，分别注明于存货清册，报告总行。

第十三条　每月终核结得失一次，至迟过月十号内寄交总行。

第十四条　每月终须将货品调查表，及运输费调查表，则要报告。

第十五条　每年阳历年终，造具另式总结册，连同盘货簿，于次年一月底前，寄呈总行审核。

（乙）随时报告

第十六条　本厂所有之货品，如发现缺点等情，须随时函告总行。

第十七条　新出货品如有破坏来换者，约用若干久，及将破坏处剪寄总行，报告详情，俾本厂可以研究改良。

第十八条　其他关于分行临时发生重要事件，亦须随时报告。

---

① 旬日：指十天。
② 查复：指查询回复。

2. 解读

本章详细列举了分行需要向总行提交的各种定期报告和临时报告。从这章可以看出，陈嘉庚公司总行对遍布各地的分行的管控比较严格，各分行必须定期向总行报告的事项很多，包括星期存银报告表、出入款报告总表、旬日兑货报告表、旬日店口兑款表、每星期杂费报告表、副日清、每月份营业及管理报告书、全月查复公函、点货单、逐月存货报告表、对账通知单、查存不通销货品报告、每月份运货车兑货报告、每月终核结得失表、每月终货品调查表、年终总结册、年终盘货簿等十七个方面，而且每个报告都有明确的寄交总行的截止日期。除了定期需要报告这些事项之外，《章程》还特别强调各分行要向总行随时报告发现的产品缺陷和临时发生的重要事件。

总之，陈嘉庚公司分行数量众多、分布广泛，覆盖了东南亚各个主要商埠和国内40多个城市，以及英国、法国、德国、美国等23个国家。在当时交通和通信技术条件下，公司总行只有通过分行递交的这些全面和严格的报告制度，才能了解众多分行的经营管理情况，从而才能针对情况和反映的信息，及时出台和调整经营管理决策。

（九）《章程》第八章：薪金及红利

1. 原文

《章程》第八章是薪金及红利，本章共有7条，内容如下：

第一条 分行职员薪金，由总行规定标准，接照①分行事务烦多，与职员勤劳加升，但经理财政书记薪金，由总行决定。

第二条 分行职员薪金标准如下：

（一）经理

甲种由七十元至一百元，乙种由五十元至六十九元，丙种由三十元至四十九元。

（二）财政

甲种由五十元至八十元，乙种由三十五元至四十九元，丙种由二十元至三十四元。

（三）书记店员

甲种由四十元至六十元，乙种由三十元至三十九元，丙种由二十元至二十九元。

---

① 原文"接照"有可能为"按照"的笔误。

（四）练习生

由十元至十九元（练习期限，由经理考查练习生办事成绩酌定）。

第三条 凡新换经理、财政、书记，薪金若干，亦须由总行主裁，如总行未曾通知，须来函询问，待复方可入账。其他职员，由经理主账。

第四条 各分行情形不同，而各地生活程度高低，亦由此相异，凡经理、财政、书记、店员，调换他行，不得取在前行较高之薪金为例，而自行支领。

第五条 分行职员薪金，定于阳历每月终发给，平时不得预支，以重公款。

第六条 红利无限，待年终结账后，由总行酌衷奖给。

第七条 分行辞退之职员，或职员自行告退者，均不得派给红利。

2. 解读

这一章规定了分行高管和职员的薪水报酬，虽然条文内容不多，但对薪酬发放原则和标准做出了明确的规定：

第一，规定分行经理、财政和书记三位高管的薪金，由总行决定。这与《章程》第一章的相关规定是相符的，第一章总则第五条规定：分行经理、协理、财政、书记四职，均由总行委任。既然由总行任命，自然要由总行决定其薪水。

第二，分行职员的薪金标准要根据各分行的情形和各地生活水平来确定，没有一刀切、吃大锅饭、实行平均主义。所以，《章程》将经理、财政、书记三个高管的薪金划分为甲种、乙种、丙种三个档次，但每个档次的具体薪金又有一定程度的浮动，有利于调动人员的积极性。例如，甲种经理的薪金在70~100元之间浮动。而且，明确规定薪金在月底发放，不得提前支取。

第三，分行职员可以得到总行的年终分红奖励。为了激励各分行的经营积极性，总行在年终结账后，根据绩效给各分行职员发放红利，并明确规定红利无限。根据绩效奖励分红的做法，体现了多劳多得的报酬原则，有利于激发职员的工作积极性。同时，《章程》还规定辞退和辞职的员工，不得派给红利。

(十)《章程》第九章：视察员服务规则

1. 原文

《章程》第九章是视察员服务规则，本章共有17条，最后还附有关于视察员差旅标准的七个要点。内容如下：

第一条 点查存银。视察员无论至何处，抵步之第一日，宜通知财政员，先清算柜内存银，以后视察员应将该星期银清①复算，并点查其存银与银清所存，有无符合，由财政员先列存银表，一候复点完毕，视察员签对，该存银表由视察员寄呈总行。

第二条 稽核银数。凡与银行来往单据，及汇票存根，视察员须核对，并签号于背面，若收银单所有收到款项，亦须对银清有无照登，各欠户账期之拖欠，亦须切嘱经理设法催收，并将情形报告总行，余如每月之结册，视察员亦应细阅，若费多而利少，尤须与该分行经理商量开源节流。

第三条 营业状况。视察员至该地后，对于分行营业状况，及该埠商情如何，宜切实调查，报告总行。

第四条 店友勤怠。视察员初到是地，各职员自必照常办事，然欲确知职员之行为，应从旁考查，如店内秩序整肃、货物整洁与否、职员本身衣履是否整齐、招待顾客是否周到等。

第五条 查察点货。总行规定，每月份各分行须将存货查点一次，所存之额，经理、财政、书记三人，均要签押，寄来总行，然实行者有之，而未实行者亦有之，若点货仅就点货单正张列明付下，而该货物有无确实存数，难以查核。视察员须询经理人，每月有无点存，并询书记点存之数，与账目有否差额过巨，同时并询店员对该货之点存，与他货有相混淆否，如失数过多，切须再行查察一次，并报告总行。照总行规定，凡月终点货，该货主是谁伴所点，须要签押存据，然后由书记核算，合共总数，并经理财政均签号。

第六条 同途②概况。同途之营业概况，欲调查确实，殊难，视察员就所闻并向各代理人探询，或能知其大概，譬如某货某厂，每月进口若干，销数多少，其价格与吾所兑，相差几何，代理家有几处，该厂扣予代理家甘仙若干，账期须几个月，就调查

---
① 银清：指收银清单。
② 同途：指同行，竞争者。

所得，报告总行。

第七条 布置适宜。分行之布置，如店口窗橱陈列与装饰，及店内橱架陈列有无适宜，视察员须向经理道明，若不合宜，尤须纠正。

第八条 成本会计。总行会规定有成本会计，及存货估值之方法，但未知各分行有无实行，视察员须切实考查，如未实行或经理人不甚明了者，须详为指导。

第九条 审查售价。售价过高，货物销流不广，如过廉又有关于营业损失，最要在乎中庸，如本厂所订价格折实，分行计入运费、关税、起货费、汇水之总成本，其售价可以此为标准，不可再加，视察员对于分行之售价，不可不加以审查。

第十条 指导推销。推销之法最多，若贩卖员之善招徕顾客，或派员外出推销，及用广告推销法，难以尽述。总之，视其地方情形，而施以推销之手腕，视察员到该地方，观分行有无推销，如经理不知推销，视察员须指导之，再如地方情形不同，视察员当审查该分行应否专设推销员，往附近各较小市镇推销，或现金交易，或放账等责任。

第十一条 考查存货。存货额太多，不特有碍周转，而且货物积久变坏，受莫大损失，视察员考查存货，如过每月销额数倍，切嘱经理人设法招售。

第十二条 考查职员。各分行经理、财政、书记三职，由总行调用，或由视察员荐用，但须先征总行同意，问有职员如书记等，因总行急切未派，而经理自行委用，且至店员亦全用其亲戚，甚非所宜。视察员到处，如觉有此项事发现，认为不妥者，须报告总行。

第十三条 查核月费。分行每月间，店费所开若干，有否合式，视察员宜知查核。其货费项下，每月所开多少，有无实在，各职员每月支款，有否过额太多，并一概查明，报告总行。

第十四条 列明旅费。视察员每月抄，须将是月份所开旅费若干，逐条列一单寄呈总行过账，如有向分行支款，须有总行凭证，并立一收据交该分行，并来函报告。

第十五条 轮流视察。视察员每逢月尾，必到一分行，公同①点查存货，例如该员所任视察，计有八处，则一月一视，八月便完，依次轮流，周而复始。

第十六条 注意调查。视察员所经各城市，须并调查该处对于本公司货品，有无通销，及他家通销情形如何，汇报总行。

第十七条 停留时间。视察员每到一分行，除月尾点货外，不可停留过久，至多

---

① 公同：共同。

三四天，即宜转往他处。

附　视察员及创办新分行

1. 不得开支与人应酬费，设有不得已亦当报告总行，承认，方可有效。

2. 舟车来往，至多以二等位为限。

3. 如不得已，须寄宿旅馆，每日房金至多以二元为限。

4. 伙食每天至多以一元至一元半为限。

5. 有分行之埠，则住食均在分行，不得复开旅食费。

6. 除应用什费外，概须以俭省撙节为尚。

7. 本公司章程，须随带身边，暇时阅看，俾对分行改革，方有把握。

2. 解读

视察员或总行特派员制度是陈嘉庚公司分行管理中的一个特色。《章程》第一章总则第二十六条规定：总行另设视察员，常川往来各分行，视察一切事务。本章详细规定了视察员在巡视各分行时候需要完成和遵守的服务规则，这些服务规则按其目的和作用可以分为以下几种：

第一，监督检查分行事务。视察员的首要职能是检查监督分行的各项事务，为此，《章程》规定视察员每到一个分行，首先要清算、点查和核对分行的现金（柜内存银）、存款、收款（银清）、银行票据等财务状况，以及检查监督分行营业状况、职员工作态度、存货情况、货品售价、人员任用、日常开支等方面的情况，并把发现的情况及时上报总行。

第二，帮助和指导分行提高经营能力。视察员不仅要承担检查监督的任务，还需要对分行的经营管理给予指导和建议。例如，《章程》规定视察员要跟分行经理商量如何开源节流，指导分行进行正确的成本会计核算和存货估值，指导店口和店内商品展示橱架如何陈列和装饰，指导如何根据地方情形推销产品，等等。

第三，开展市场调查，收集有用信息。《章程》还规定，视察员在各地分行走动巡查过程中，要主动收集关于竞争者（同途）产品价格、销量、代理渠道、账期等方面的信息，收集所经各个城市的营商环境、陈嘉庚公司产品销售情况，以及其他同行产品销售情况等，并把收集了解到的信息上报公司总行。

第四，视察员本身要遵守的服务规范。《章程》对视察员的服务规范进行了详细的规定，例如，视察员每月要在月末到分行轮流视察，产生的差旅费要逐条列单寄总行过账，有总行凭证才能向分行支款，并且立收据后去函报告总行。差旅费的标准突出体现了陈嘉庚一贯坚持的勤俭节省作风，规定车船只能坐二等票以下，住宿费每天至多2元，伙食每天1～1.5元，不得开支应酬费，等等。

（十一）《章程》第十章：推销员服务规则

1. 原文

《章程》第十章是推销员服务规则，本章共有14条，内容如下：

第一条 欠户状况。凡与本分行交易现款或期账之顾客，及代理或代兑之商号，统称之曰欠户，对于诸欠户之妥当与否，推销员宜时常探询。如有所闻，应报告经理。

第二条 欠户推销。代理或代兑之商号，有无尽力推销，推销员应时常考查，如属代理，须鼓舞其精神能力善事推销，若系代兑，必须示以推销方法，倘代兑者不照办理，即将情形报告经理，取消其代兑权，并将货物收返。

第三条 续定货品。欠户之续定货品，向由该号列定单至本分行定办，然有委任推销员之处，应时常查询欠户，欲续定货品与否，如有新出货品，尤宜向欠户陈述，请其试销。

第四条 调查销途。该埠对本公司之货品，推销情形若何，推销员应时常调查，并报告经理。

第五条 欠户销况。各欠户推销本公司货品进步或退步，推销员宜时时考查，报告经理。

第六条 辨别货品。对于货品之优劣，推销员应知辨别，如本公司之货品发现有何缺点，须将情形报告经理，并函告总行。

第七条 同业货品。同业货品物质如何，推销员亦须时时考查，如有所知，应报告总行。

第八条 同业销途。同业出品之货物，推销情形若何，推销员应时常考查，报告经理，而谋改进方法。

第九条 同业状况。对于同业进步之原因若何，推销员应探其究竟，报告经理。

第十条 考查账期。推销员经手所放之账期，一经到期，应督促收账人往收，若逾期不付款，速与经理设法催收。

第十一条 新立欠户。凡新交易之欠户，若欲商准期账，推销员应先将该欠户之营业状况，及妥当与否，向经理陈述，得其同意，依其限额而后放之。

第十二条 给予折扣。凡给予顾客之折扣，向有定章，但欠户如欲要求优异，推销员须考查其销额之多少，向经理陈述，得其同意，然后加给。

第十三条 推销新品。凡本公司新出品之货物，当其接到总行消息时，推销员须查察销路，及至该货品寄到之日，尤宜注意尽力推销。

第十四条 依期报告。推销员除时常报告经理外，每月份须缮①造一份推销状况报告书，寄呈总行。

2. 解读

陈嘉庚非常重视公司的市场营销工作，《章程》已经多次提到市场营销内容。例如，《章程》第四章规定了分行要安排专人专款，完成产品推广任务，无论是新产品、滞销产品，还是畅销货品，都要重视招徕顾客。《章程》第五章规定运货车推销员可以通过销售提成的方式获得佣金，以激励他们积极销售产品。本章从14个方面，特别详细规定了推销员的服务细则，这些细则可以概括为以下内容：

第一，渠道商管理。《章程》所说的"欠户"，包括购买公司产品的大客户、负责销售公司产品的代理商或经销商，按现代企业营销术语就是"渠道"。渠道管理是推销员的重要工作内容，推销员要时刻考查这些代理商和经销商的经营状况、销售本公司产品情况、推销策略、货品续定情况等，并把具体情况及时报告经理。同时，推销员要鼓励和指导这些渠道商（欠户）具有市场推广的意识和能力。

第二，考查同业。推销员在努力推销本公司产品的同时，要调查了解同业对手产品的品质、销路、产品优势等，并将情况报告给经理。

第三，重视新品营销。《章程》特别强调推销员要重视新品推销，规定公司一旦有新品出货，推销员要查察销路，并积极向渠道商推荐新品，货品寄到之后更要注意尽力推销。

第四，工作规范。推销员在货品推广过程中，要注意遵守工作规范。例如，发现本公司货品存在缺点，须将情形报告经理，并函告总行。新渠道商的期账交易、顾客的非常规折扣等政策需要向经理报告，每个月还需要向总行报告一份推销状况报告书。

---

① 缮：抄写。

（十二）《章程》第十一章：广告

1. 原文

《章程》第十一章是广告，本章共有 16 条，内容如下：

第一条 广告暂分为四大类，共十三项，将来如有增加，再行补入。

（甲）新闻类。报纸广告，单张印刷品属之。

（乙）街招类。五彩街招，五彩油画，铁法郎街招，样本册，月份牌，代理招牌等属之。

（丙）货车标贴类。运货汽车及汽车标贴，人力发售车标贴属之。

（丁）电影类。幻灯片，制造工程活动片属之。

第二条 新闻类第一项之报纸广告，由总行发稿交分行刊登当地之日报、三日刊、週刊[①]、旬刊等，其广告之地位及费用，由分行与报馆接洽。

第三条 总行逐期所发登报之广告稿，须先到先登，不可扰乱次序，唯有下列三层关系者，不在此列。

（甲）有临时特别发寄之稿，急于鼓吹，会嘱到即刊不可延缓者。

（乙）该分行对于所寄之稿，觉其未有鼓吹之必要者。

（丙）该稿与该地情形不合，须由该分行就地改作他稿者。

第四条 广告稿，每星期以换登二次为限，若因报馆不肯，至少亦当更换一次，比较重要货品，如熟绉[②]底鞋、运动鞋、上中庄鞋，及药品，尤宜常登。

第五条 每次所换登之广告，须将第一天报稿，剪寄总行广告部存查，分行亦宜自存一份，逐期粘贴于空簿上。

第六条 总行广告办事处，设本厂内。

第七条 寄回报稿，如因失落，经广告部函查，须即补寄。

第八条 各分行关于当地畅销之出品，或应先行鼓吹者，可自作稿登报，但要遵守"爱国""实用""推销""不毁人扬己""不夸谬杜撰"五项态度。

第九条 新闻类第二项之单张印刷品，由总行印便，寄交分行散发，若因地方文

---

① 週刊：同"周刊"。
② 绉：指表面有皱纹的纺织品。

字关系，须再当地翻印者亦可。

第十条 总行所寄之各种街招，每帮收到时，务须于几天内发贴完了，切不可存留行内，作无益废物。

第十一条 各种街招，不可专注意多贴埠内，而于外埠更宜多贴。

第十二条 僻处乡村市镇之粘贴五彩街招，不可随便贴于低处，致为儿童撕去，须力思妥善办法，或贴高些，或托该处商店，代为保护，或请求其同意，贴于其店前。

第十三条 贴五彩街招在大市场热闹处，可连贴五六张相排，因贴多张，人较注意，若小市镇及乡村，亦可连贴二张三张，不必拘限一张。

第十四条 如较远之处，本分行不能派人往贴街招者，可寄若干张，托友人或代理店，垦为代贴（第四期以后五彩街招，其末处印有○○○埠○○○街○○○号代理，若托外埠代理点代贴，可用笔添写，或函告其自写，盖有代理人加入之关系，彼定较为鼎力也）。

第十五条 街招类中如五彩油画以下各项，其办法另订之。

第十六条 运货车标贴，及电影两类之广告办法，亦另订之。

陈嘉庚公司"钟牌"商标及广告　　　　陈嘉庚公司产品英文广告

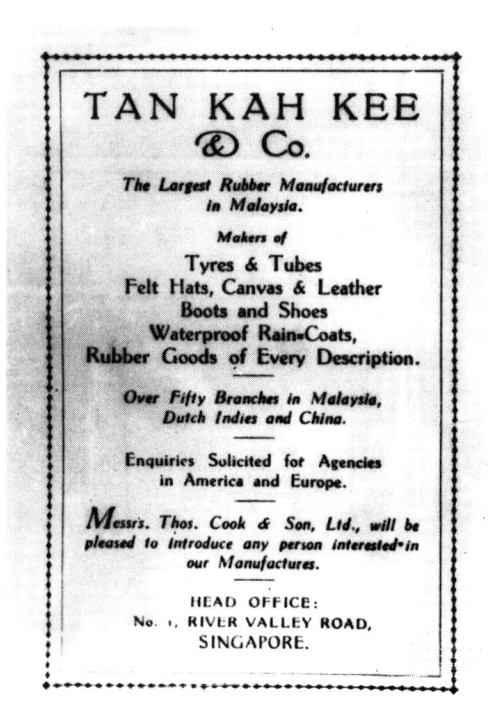

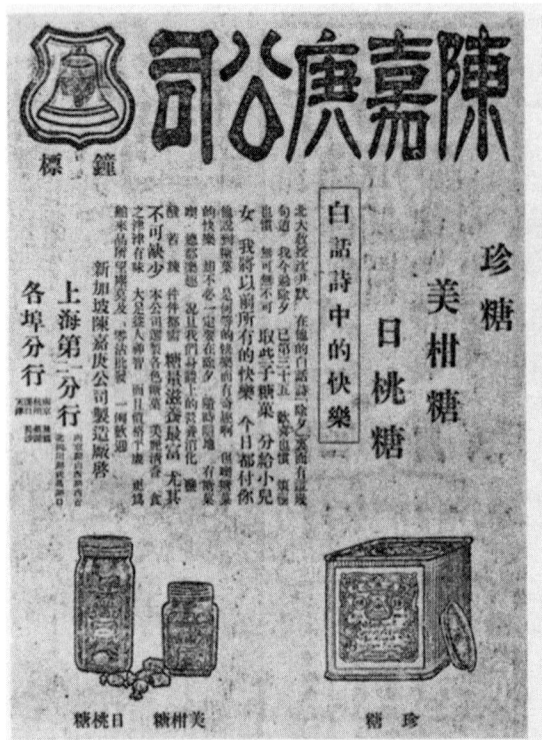

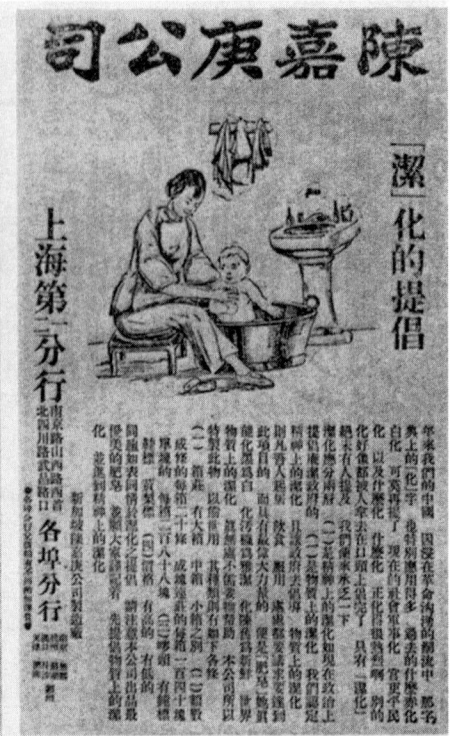

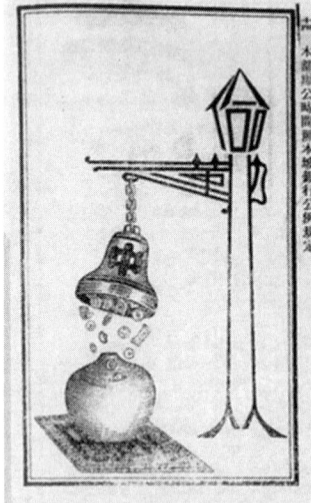

陈嘉庚公司各类广告

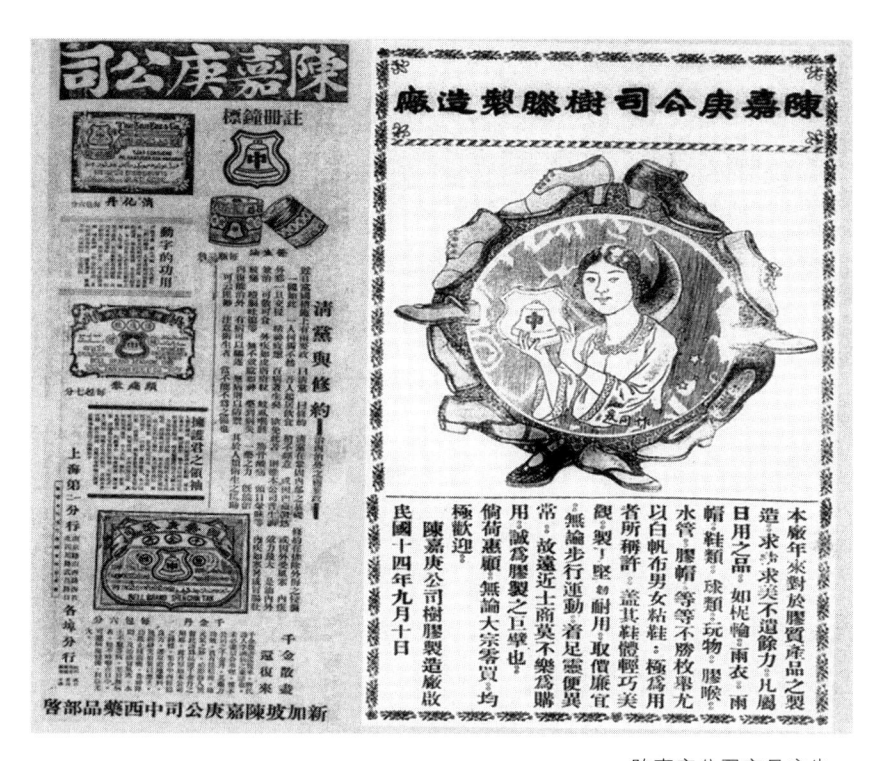

陈嘉庚公司产品广告

2. 解读

《章程》用专门一章来说明和规范广告，说明陈嘉庚公司在市场营销中非常重视利用广告等营销手段促进产品销售。早在陈嘉庚创业第二年，1905年10月，陈嘉庚就在《叻报》上刊登黄梨产品广告，收到了很好的产品宣传和推广效果。1923年9月，陈嘉庚自己创办了一份华文报纸《南洋商报》。陈嘉庚公司利用该报刊登广告，大力宣传企业产品，扩大了企业产品销路。

本章详细规定了各分行要如何投放各种形式的广告，具体内容如下：

第一，分行可以利用的广告形式有四大类13种。新闻类广告有报纸广告和单张印刷品2种；街招类广告有五彩街招[①]、五彩油画、铁法郎街招[②]、样本册、月份牌[③]和代理招牌6种；货车标贴类广告有运货汽车标贴、汽车标贴和人力发售车标贴3种；电影类广告有幻灯片和制造工程活动片2种。可见，陈嘉庚公司当时已经使用了诸如报纸、电影等

[①] 街招：来自粤语，指街角的宣传小报，包括可以在街头巷尾张贴或分发的海报、产品宣传页、广告灯箱等。
[②] 铁法郎：铁盘子，在表面上涂上一层油漆，再画上需要用到的图案。
[③] 月份牌：指卡片式的单页年历，里面配有月历节气和商品宣传广告，简单说，就是印有商家广告的日历。

媒体广告和街头、车身等户外广告。《章程》还指出，公司将来会增加更多形式的广告。

第二，总行和分行在广告投放上有各自的分工和责任。公司总行设立广告办事处，负责广告内容的制定和印刷，如报纸广告稿、单张印刷品、各种街招等。但是，分行可以根据所在地方的情形，对广告内容与形式进行取舍和修改。而且，不同分行处于不同国家和地区，需要对广告中的文字进行翻译。

分行在广告投放过程中，需要承担以下责任：与当地报馆接洽，确立报纸广告位置和费用；按总行要求逐期换登报纸广告；把登有广告的报稿剪寄给总行广告部存查；散发总行印制的单张印刷品；张贴总行制作的各种街招。《章程》还对分行在外埠、偏僻乡镇、热闹市场等地方如何张贴各种街招，做出了详细的建议和要求。

第三，要求分行在自行撰写广告稿登报时，要遵守"爱国""实用""推销""不毁人扬己""不夸谬杜撰"五项态度。《章程》要求的这五项制定广告内容的原则，充分体现了陈嘉庚的经营哲学。陈嘉庚在经商创业中，始终秉持实事求是的世界观、尽忠报国的价值观、诚实守信的信用观、重义轻利的金钱观，这个问题在本书第三章已经充分论述。

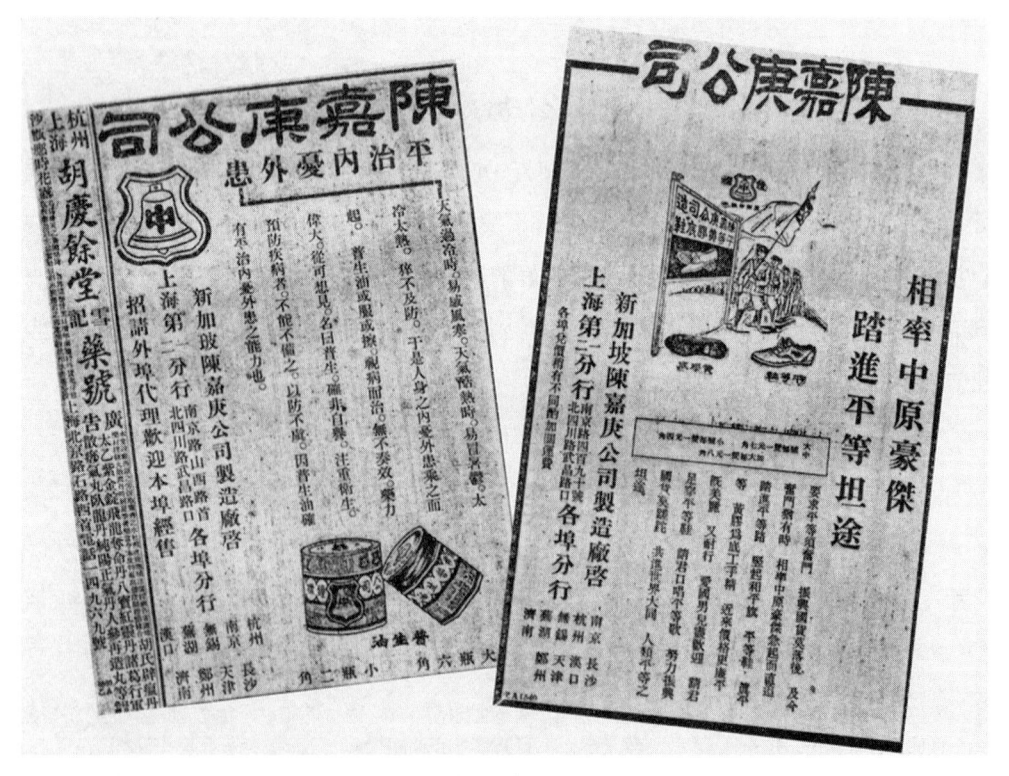

陈嘉庚公司将产品广告与爱国宣传巧妙结合（1929）

陈嘉庚公司汽车轮胎广告

（十三）《章程》第十二章：保险

1. 原文

《章程》第十二章是保险，分水险和火险两部分，共有 7 条，内容如下：

（甲）水险

水险分水渍[①]、平安两种（水渍曰一号，平安曰二号），凡保水渍，如在轮船上受潮湿，保险公司亦须赔偿。若保平安，设非轮船沉没，货物全失，保险公司当不照赔，然在轮船收货时，如风浪大临，致被风打落海，如向该轮船伙长给一字据，保险公司亦能照偿。欲向保时，须书记配寄船名、寄往地点、唛头[②]、货名、件数、投保银额于

[①] 水渍险（With Average/With Particular Average，简称 WA/WPA）又称"单独海损险"，英文原意是指单独海损负责赔偿，是海洋运输货物保险的主要险别之一。责任范围包括由于自然灾害和意外事故导致货物被水淹没，引起的货物损失。

[②] 唛头：音译名词，是"mark"的音，指进出口货物的特征，用文字、图形和记号表明在货物的包装上，可简单理解为标签。

保险单。如保水渍，将平安两字划去，保平安，则将水渍两字划去。投保之后，保险公司有给一认保单，须知保存以防交涉之需。寄往分行之货，乃本厂自保，其本单上，均无列保险公司名，但所加保费，乃平安的。分行如寄货物与外埠客号，切知投保并加其保费，以防止意外损失。

（乙）火险

第一条 按保银额。欲投保火险时，可将家器存数，及存货银数各若干，按额向稳固之保险公司投保，譬如家器集计置三千八百五十元，各货集计存二万六千二百元，则投保时，可保各货三万元，家器四千元，共保三万四千元，宁可加保，不可少保。盖加保些少，所费无几，若减保万一不幸，火患发生，货物被毁半数或几分之几，保险公司就所保银额，与货物家器共数价值估价。若价值共数，加于保额，所加若干，乃系自保，当负平均赔偿之责，譬如所保货物家器三万，倘火患尽被毁，则保险公司当然照三万元如数赔足。若所毁之数七千元，如被保险公司查悉，所有货物家器，应值三万四千元，有逾保险四千元，此四千元乃投保者自保，如是保险公司所保之三万元，得三十分，投保者之四千元，得四分，所毁之七千元，应做三十四分开，每分得二百零五元八角七占，保险公司只许赔偿六千一百七十六元一角，投保者应亏八百二十三元四角八占，余类推。

第二条 慎于投保。保险公司资本雄厚者有之，而不稳固者亦有之，欲投保时，应斟酌探询，且保险公司之章程，亦应明悉。如保险过巨，须分投两三保险公司，但已向一公司投保后，欲再向他公司加保者，必须经前保之公司许可，标明保单，且应加保公司言明，将前保公司所保银额，批明单上，以免来日纠葛。

第三条 详细报明。投保时，应将下列四点，详细报明该保险公司：

（一）构造。设屋之构造如几层高，墙壁是砖，或木，或砂厘；屋顶是瓦，或砂厘薄板；楼板是木，或三合土的；地板是石，或三合土的；柱是砖，或木的。

（二）位置。所在之地址，如街名及门牌号数（英汉文地址须填明）。

（三）设用。该屋为办事所，兼宿舍，或作栈房。

（四）保险银额及所保物。保险若干，及所保之货物名，如保险数应分家器保数、货物保数。

第四条 增加保额。货物如有增加，其保额应随之而加，但视其增加额多少而定，若增加一二千元，可不必增加，苟上三千元者，须知增加。

第五条 更易地址。如迁移他处之地址，其街名、门牌号（英汉文地址），应通知保险公司，并取保投单与之注明。至该屋之构造，有无异同，亦须报明该保险公司。

第六条 保存单据。凡保险单均附有收银据，此单据须知保存于铁柜，以防交涉之需。

第七条 时查保期。保期将满，宜将保险银额，再按算一次，苟无增减，可再继续向保。照保险公司章程，将至一星期前，必发通知书，如接到时，切知按算续保。

（附注）本公司在星洲附设保险部，转代各行栈，向保险公司投保火险，其保险区域，限于马来半岛，及荷属等埠。一切手续，与他公司同，凡欲向此间投保者，应将该屋构造图，并位置（英汉文详细地址）、设用，及所保货名（如树胶及制造品须照列明），及保险银额，详细列明，寄交总行，以便向保。其保险单及收银据，概存本公司保险部，如迁移住址，及保额增减，或保险期满，欲再续保者，须专函寄交本公司保险部。倘遭火患，切立即急电报明总行，以便转保险公司。若内地之分行，无保险公司可投保者，应购灭火机一二枝，以防发火时，可易扑灭（灭火机如内地无处可买，可函告总行代购寄下）。

2. 解读

陈嘉庚具有比较强烈的投保意识，在经商创业过程中，一贯重视通过保险来进行风险管理。本书在前面章节已经提到，1909年，陈嘉庚创办的恒美米厂遭火灾，机器设备和货物都被烧毁，幸好机器有保险4万元，最终只造成了数千元的货物损失。1918年陈嘉庚购买的东丰号和谦泰号两艘轮船先后在地中海被德国军队击沉，因为两艘船事先都投了保险，共获保险公司理赔120万元。这个赔偿金额比原购价还高，陈嘉庚由此"意外"获得一笔财富。

《章程》第十二章用7个条文，详细规定了分行向保险公司投保的注意事项：

第一，公司分行主要投保水险和火险两种财产险。对于陈嘉庚公司来说，由于各分行遍布中国、东南亚及世界各地，公司面临的主要财产风险为轮船在海上运输过程中面临的货物沉没和受潮等损失，以及工厂、仓库和办公楼失火面临的机器、库存货物及楼房损失风险。所以，本章明确规定分行主要保水险和火险。

第二，介绍了水险的类型及投保注意事项。《章程》介绍了水渍和平安两种水险的差别，并要求分行在投保时，在投保单上详尽记录船名、寄往地点、货物标签、货名、件数、投保银额等，并且要妥善保存认保单。这里还特别提醒，寄往各分行的货物由总公司投保，但分行把货物寄给代理商或经销商时，务必要增加保费进行投保，以防止意外损失。

第三，详细列举了投保火险的注意事项。首先，在投保金额方面，《章程》建议对机器、存货等财产宁可多保，也不要少保，还特意举例计算在少保情况下，投保者需要自己承担的损失很不划算。其次，在保险公司的选择上，《章程》要求分行慎重探询后，选择资本实力雄厚的保险公司。如果保险额过大，必须选择两三家保险公司进行分散投保。投保时，要详细把投保房屋的构造、地址、用途，以及房屋、机器、货物等所保物的保险金额等信息，报给保险公司。最后，还指出了投保后需要注意的事项，如更改地址要通知保险公司，要妥善保存保险单据，留心保险到期之后要续保。

本章最后还有一个附注，说明总行的保险部，可以为处于马来半岛和荷属区域的分行，代向保险公司投保。《章程》特意交代，如果中国内地分行，没有保险公司可以投保，则应购买几台灭火器，以防火灾。

（十四）《章程》第十三章：罚则

1. 原文

《章程》第十三章是罚则，共有13条，内容如下：

第一条 经理、协理，奉职不谨，推销不力者，罚。

第二条 经理、协理，私营他业，私放外账，私人不法社会，私卖公司器物者，罚。

第三条 经理、协理，擅权越职，藐视章程，违抗总行命令者，罚。

第四条 经理、协理，滥用权威，苟待同事者，罚。

第五条 经理，对于存货，平时不督促职员整理保护，任其破乱后退回制造厂者，罚。（但为时髦所阻，及货品欠佳退回者，不在此列）。

第六条 新换经理接替时，如查有存货破乱，隐秘不报者，罚。

第七条 财政员银钱出入糊涂，账目记载混乱者，罚。

第八条 财政员有管理内外存货栈之责，如发现存货缺少，或破坏不报者，罚。

其余罚则，与上条经理协理一例。

第九条 书记延抗账务工作，各种报告，不照定章履行者，罚。其余罚则，亦同前例。

第十条 各店员工人，做事懒惰，不守规则，不听上级职员指挥者，罚。

第十一条 罚则约分二等，随事之轻重，分别执行。轻则记过，重则立时撤职。

（甲）记过。

（乙）撤职。

第十二条 记过三次以上者，撤职。

第十三条 店员工人犯过，由经理执行惩罚。经理、协理、财政、书记犯过，由总行执行惩罚。

2. 解读

赏罚分明是陈嘉庚经营管理思想的另一个突出特点。《章程》在前面对分行高管和职员的职权、服务细则等方面提出了很多具体要求，高管和职员如果能胜任和完成这些任务，则可以获得第八章所规定的奖励性薪金和红利。如果没有完成任务，则将受到公司的惩罚，本章详细说明了这些惩罚规则。

第一，详细列举了哪些行为后果将受到惩罚。对于经理、协理、书记和财政员等高管来说，玩忽职守、推销不力、私营他业、私放外账、违反法律、私卖公司财产、滥用职权、藐视章程、违抗总行命令、苛刻对待同事、存货破乱、账目混乱、不照定章履行等等行为都将受到惩罚。对于各店员工人来说，做事懒惰、不守规则、不听上级职员指挥等行为将受到惩罚。

第二，规定了员工惩罚的方式。《章程》规定，按照所犯错误的轻重，员工惩罚方式分为两种：记过和撤职。并且规定，记过三次以上者，撤职。按照谁任命谁负责的原则，店员工人犯过，由经理执行惩罚。经理、协理、财政和书记犯过，由总行执行惩罚。

(十五)《章程》第十四章:附则

1. 原文

《章程》第十四章是附则,共有3条,内容如下:

第一条　本章程不得给本行以外之人阅看。

第二条　新职员初入分行服务时,经理应示以章程,令其熟览。旧职员已会阅过者,经理亦当告其凡两三月,必披览一次。

第三条　本章程如有未妥善处,得由总行随时修改之。

2. 解读

本章附则是整个《章程》的最后一个部分,第一条说明了《章程》是公司内部重要资料,需要保密,不得让外人阅看。第二条强调了无论是新职员,还是老员工,都要认真学习和经常阅读《章程》。第三条指出了《章程》需要不断完善,但修改权在于公司总行。

(十六)《章程》总体评价

《章程》是陈嘉庚在长期商战竞争中取胜的经验总结,体现了陈嘉庚在经营管理企业方面的先进理念、价值追求、指导思想、科学方法和宝贵经验。《章程》内容完整精细、语言精练、操作规范、流程清晰、思想先进,世人称之为"商训"。陈嘉庚孙子陈君宝曾很感慨:"这在上世纪的20年代可说相当前卫,章程内容完整、项目详细,可比拟当今工商管理硕士的课程,叫我十分惊讶!"[1]

《章程》体现的先进理念和科学方法,甚至里面的很多具体规范、标准和做法,尤其在经营哲学、组织管控、财务管理、市场营销、运营管理、激励机制等方面,体现了陈嘉庚公司在经营管理上的很多亮点,对21世纪的现代企业仍然具有重要的学习借鉴意义。

第一,经营哲学上体现矢志不移的报国之志。本书多次强调,陈嘉庚身上忧国忧

---

[1] 新加坡宗乡会馆联合总会《源》133期。

民的爱国情怀和尽忠报国的价值观是根深蒂固的，尤其是"教育救国""实业强国"的思想，是他经商创业最根本的经营哲学。陈嘉庚在《章程》序言中，直接明确公司的大股东是厦门大学和集美学校，而且股份数量占了80%。陈嘉庚认为，因为国弱民穷，实业不振，国家遭受了列强的经济侵夺；而实业兴旺，需要人才，人才培养就需要靠教育。因此，陈嘉庚号召全体同事，为了国家兴教育、振实业，为了公司的营业胜利，从而为了厦集两校的发展，努力工作、勤勉尽职，"以尽国民一份之天职焉"。

2020年7月21日，习近平总书记在北京主持召开的企业家座谈会上，提出了弘扬企业家精神的5个核心内容，其中把"爱国情怀"作为首要内容。在谈到优秀企业家必须具有爱国情怀，对国家、对民族怀有崇高使命感和强烈责任感时，习总书记特意提到陈嘉庚是爱国企业家的典范之一。所以，陈嘉庚忧国忧民的道德情操和尽忠报国的经营哲学，值得今天21世纪20年代的创业者认真学习继承和发扬光大。

第二，组织管控模式上实行适度集权和分权。陈嘉庚公司在极盛时期，拥有负责销售公司产品的分行商店一百余处，这些直营或代理销售网点覆盖了东南亚各个主要商埠和国内40多个城市，以及英国、法国、德国、美国等全球23个国家。总行如何管控遍布世界各地的分行，是陈嘉庚公司管理面临的重要议题。若管控过于集权，分行将丧失经营主动性、灵活性和积极性；若管控过于分权，不利于公司资源共享和业务协同，实现公司"一盘棋"思想，而且面临对分行失控的风险。《章程》在组织管控模式上，体现了适度集权和分权的正确理念。

《章程》对分行的组织管控模式有适度集权。例如，《章程》明确规定了分行的经理、财政、书记等经营班子由总行搭建和委任，他们向总行负责，必须严格遵守总行规定的权责和行为规范，向总行提交各种定期报告和临时报告。《章程》还设立了视察员巡查制度，总行派出专门的视察员或特派员，经常在各个分行中来往走动，检查和监督分行的各种事务。总行还从财务上加强了对分行的管控，规定：分行每年的预算要报总行核准；100元以上的开支需要总行的批准；每周一要向总行汇报分行资金余额；放账金额超过2000元需要总行同意等等。

但是，根据《章程》规定，总行对分行的组织管控模式又有相应的授权和分权。例如，经理主持分行对内外之全部事务，拥有管辖分行职员、店员、练习生、工人之全权，尤其是定岗定编和聘用职员的权力。店员工人犯过，由经理执行惩罚，经理还有权随时辞退不称职的人。

第三，营销管理中重视品牌建设、市场推广和客户利益。本书在前面分析过，陈嘉庚在经商创业过程中，具有敏锐的商机洞察能力。他之所以能在识别和开发众多商机中取得成功，很重要的一个原因是他很重视产品的品牌建设、市场推广和顾客利益。例如，陈嘉庚专门设计注册了"钟牌"商标，并在所有的产品广告中打上这个商标，增加了消费者对陈嘉庚公司产品的识别度和信赖感。

陈嘉庚公司"钟牌"商标

《章程》就突出体现了陈嘉庚具有的市场营销理念，例如规定了分行要设置推销员，专职负责招贴广告、销售渠道管理、考查同业等市场营销工作，《章程》第十章从14个方面详细规定了推销员的服务细则。同时，要求经理无论是新产品、滞销产品，还是畅销货品，都要重视招徕顾客，必须经常监督和指导店员如何招徕顾客。《章程》十分重视对销售人员的激励机制，要求经理奖励那些善于招徕顾客的职员，规定推销员可以通过销售提成的方式获得奖励佣金。

陈嘉庚公司在市场营销中，非常重视利用广告等促销手段推进产品销售，公司总行设立了广告办事处，负责广告内容的制定和印刷。《章程》设立了专门一章来说明和规范广告，提出分行可以利用的广告形式有四大类13种，并详细规定了各分行要如何制定和投放各种形式的广告。陈嘉庚公司还采用"运货车兑货"方法进行广告宣传和刺激顾客消费。"运货车兑货"像一个流动的商铺，可以实现辅助分行推销产品、广告宣传、招徕顾客、方便顾客等各种综合功能。

《章程》还规定了要加强对竞争对手、顾客等的市场调查工作。分行要调查了解竞争对手的销售状况、价格以及货品质量等情况，并告知总行；新开设的分行在决策进货多少的时候，要基于详细的顾客调查，不能盲目进货。总行派去的视察员在各地分行走动巡查的过程中，要主动收集关于竞争者（同途）产品价格、销量、代理渠道、账期等方面的信息，收集所经各个城市的营商环境和产品销售情况，并把收集了解到的信息上报公司总行。

特别值得一提的是，陈嘉庚公司要求分行在市场营销中，要遵守"爱国""实用""不毁人扬己""不夸谬杜撰"等态度，实事求是，切实维护客户利益。《章程》规定，如果货物大小和规格买错了，或者刚使用就坏了，只要没有污点或褪色，都可以调换新货。《章程》还规定，店员穿着要整洁，招呼顾客要热情友善，言语要谦虚谨慎，如果店员对顾客傲慢无礼，就要受到惩罚和劝诫。尤其强调要礼貌招待女性顾客，不允许有任何不尊重妇女的失礼举动。

第四，财务管理中重视现金流和资金周转。前面提到，陈嘉庚具有突出的财务杠杆意识和资本运作能力，他在其父的米店打工期间，长期负责米店的财务工作。为了加快资金周转，陈嘉庚成功地把顺安米店的应收账期从五六十天，成功缩减到了四十余天。在经商创业期间，陈嘉庚多次通过买卖树胶园、加工厂、米店等方式，获得公司现金流和加快资金周转。

在公司分行的财务管理方面，陈嘉庚仍然高度重视现金流和资金周转，《章程》明显突出了这方面的经营思想。例如，《章程》明确规定，如果分行柜内现金和活期存款超过一千元，就必须马上汇交给总行，以便资金在总行周转。分行在货物交易的时候，要用现款和大洋交易，没有经过经理的许可，店员不得擅自赊人货品。在代理商的货品交易方式上，强调以现款交易为主，如果有的代理商需要赊货，账期一般为一个月，特殊情况最多两个月。

《章程》要求经理要随时亲自了解和掌握各货品的存货情况，并且根据货物的实际销售情况，酌情向总行采购进货，不能盲目进货，以免造成过高库存，导致资金积压和货品浪费。如果有难销滞销的货物，一方面要设法尽力推销，加快资金周转；另一方面要报告总行，总行想办法让其他分行销售。总之，《章程》强调分行要合理库存，加速资金周转。

第五，运营管理中强调风险管控。陈嘉庚是一个非常重视风险管控的企业家，《章程》多处体现了陈嘉庚公司在运营管理中加强风险管控的意识和措施。例如，《章程》在现金管理方面明确规定：钱款每个星期都要存入银行，百元以上的款项需要马上存入银行，不得存放在公司钱柜里面。存在银行的钱如果达到千元以上，则要汇交给总行所指定的收银处。财政员在支付货款的时候，不能口头相信，要单据分明，务必货到才付款。

为了防止货品在运输、查验、存放等环节发生损坏、变质等风险，《章程》还做出了一系列严格的操作规范。例如，领货员要仔细检查货品包装外箱在运输过程中有无破损，如发现破损，要马上处理加固或者向船运公司索赔。开箱验货时，要根据装货单和装货表，逐箱对货品进行认真核对。如果发现问题，要及时把情况上报总行。《章程》规定职员在经手货物的时候，要对货物的安全存放、品质、数量等问题负责任，并详细规定了车轮外胎、内胎、胶粘鞋、雨衣、毡帽、皮鞋、缝线鞋、胶品、饼干、糖果、药品、肥皂等各种产品存放和保护的科学方法。

陈嘉庚公司有很多代理商，《章程》强调了对代理商的风险管理。例如，对代理商的选择要"经过详细调查，确保殷实可靠，并详知其主人或股东之履历"。如果代理商需要赊货，则需要调查这个代理商是不是稳固可靠的商号，或者要由其他有实力的商号做担保。而且，赊销放账金额超过1000元的，需要向总行汇报代理商的情况；如果放账金额超过2000元，则需要经过总行的同意才可以放账赊销。如果代理商货品销售情况不理想，分行要查明情况，果真没有销路的，要及时收清货款，把剩余货品取回。

陈嘉庚的财产保险意识很强，历来重视通过投保来进行公司资产的风险管理。他创办的恒美米厂遭火灾，幸好有保险，只造成了数千元的货物损失。他购买的"东丰轮"和"谦泰轮"两艘轮船被德国军队击沉，但因为投保而获得理赔120万元。所以，

陈嘉庚公司职员俱乐部活动纪念

《章程》第十二章专门把"保险"作为内容，详细规定了分行向保险公司投保时候的注意事项。陈嘉庚公司总行还专门设立了一个保险部，为处于马来半岛和荷属区域的分行，代向保险公司投保。《章程》还特意交代，如果中国内地分行，没有保险公司可以投保，则应购买几台灭火器，以防火灾。

第六，人力资源管理中以人为本，重视员工利益，同时在激励机制中赏罚分明。陈嘉庚非常重视和关心员工的利益，他的许多管理措施都是以人为本，积极维护员工的利益和身心健康。例如，为了丰富和提高职员的生活品质，陈嘉庚特设了职员俱乐部，由长子陈济民专门负责，公司拨付专款，给职员俱乐部配备大量书籍报刊，并经常组织美术、音乐、戏剧、体育等各类有益身心的活动。

赏罚分明是陈嘉庚经营管理思想的另一个突出特点。陈嘉庚公司在薪酬管理中，并没有实行平均主义，吃大锅饭。《章程》规定分行职员的薪金，要根据分行事务多少和职员勤劳程度来确定，对经理、财政、书记等高管的薪金也有一定程度的浮动。为了激励高管和职员完成任务，总行在年终根据各分行的经营绩效，向高管和职员发放红利，并明确规定奖励红利没有上限。

在重视奖励的同时，《章程》用专门一章，详细规定了分行高管和职员在违规犯错情况下将受到的严厉惩罚。例如，对于经理、协理、书记和财政员等高管来说，玩忽职守、推销不力、私营他业、私放外账、违反法律、私卖公司财产、滥用职权、藐视章程、违抗总行命令、苛刻对待同事、存货破乱、账目混乱、不照定章履行等等行为都将受到惩罚。对于各店员工人来说，做事懒惰、不守规则、不听上级职员指挥等行为将受到惩罚。

按照所犯错误的轻重，员工惩罚方式分为两种：记过和撤职。记过三次以上者，撤职。按照谁任命谁负责的原则，店员工人犯过，由经理执行惩罚。经理、协理、财政和书记犯过，由总行执行惩罚。

二、《陈嘉庚公司分行章程》眉头警语管理思想

前面我们已经提到，1929年由陈嘉庚亲自修订的《陈嘉庚公司分行章程》(下简称《章程》)包括序言、总则、职权、服务细则、营业、货物、账务、报告、薪金及红利、视察员服务规则、推销员服务规则、广告、保险、罚则、附则等14章，体现了陈嘉庚严谨、规范、科学和专业的经营管理思想，至今仍具有重要的学习借鉴意义。

《章程》最有特色的地方还在于，在《章程》文本第44页之前，从第一章开始的各页眉头，印有陈嘉庚亲自拟定的81条警语。

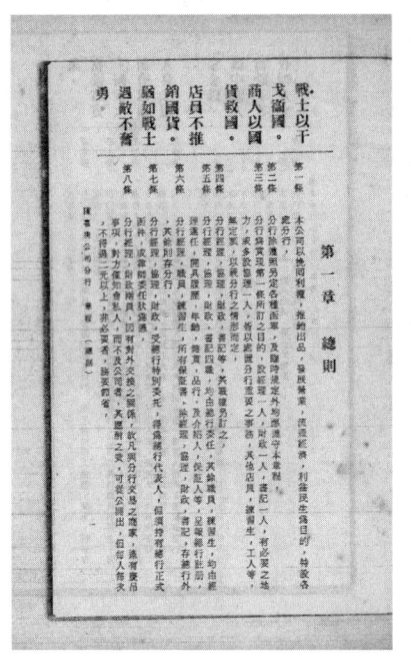

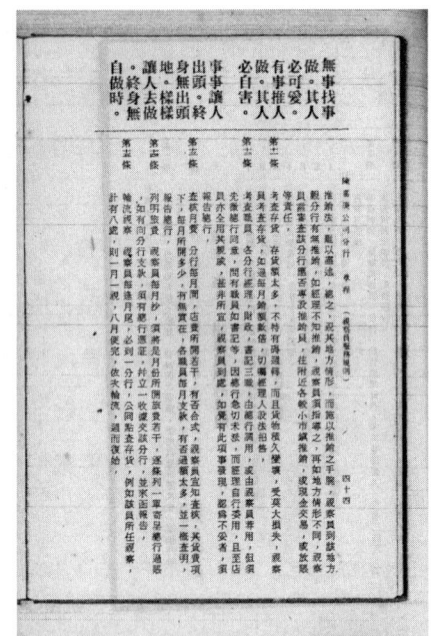

《陈嘉庚公司分行章程》眉头警语

(一)《章程》眉头警语原文

战士以干戈卫国，商人以国货救国。

店员不推销国货，犹如战士遇敌不奋勇。

外国人之富强，多借中国人之金钱。

人身之康健在精血，国家之富强在实业。

我退一寸，人进一尺；不兴国货，利权丧失。

商战之店员，强于兵战之军士。

训练兵战在主将，训练商战在经理。

能自爱方能爱人，能爱家方能爱国。

爱国队中无有道德败坏之人，不尊重自己之人格，何能爱自己的国家。

借爱国猎高名，其名不永。借爱国图私利，其利易崩。

惟有真骨性方能爱国，唯有真事业方能救国。

厦集二校之经费，取给于本公司，本公司之营业，托力于全部店员。

直接为本公司之店员，间接为厦集二校之董事。

为学校董事有筹措经费之责，为本公司店员有发展营业之责。

为本公司多谋一分利益，即为国家多培一个人才。

不为教育奋斗非国民，不为本公司奋斗非店员。

本公司是一社会之缩影，服务于本公司，即服务于社会。

热心为社会服务，未有不热心为本公司服务。

尊重本公司之职守，即为图谋社会之公益。

受人委托即当替人尽力，受本公司委托，即当替本公司尽职。

视人委托之事，若自己之事；办本公司之事，亦若办自己之事。

不能尽职于公司，有何能尽职于自己。

公司遥远，耳目难及；不负委托，惟在尽职。

命令出于公司，努力在求自己。

在公司能为好店员，在社会便为好公民。

公司之规章，同于国家之法律。

法律济道德之穷，规章作办事之镜。

好国民守法律，好店员守规章。

法规为公共而设，非为一人而设。

人类有服从法规之精神，即有创造事业之能力。

日日思无过，不如日日能改过。

规章新订，人人宜阅；不阅规章，规章虚设。

待人勿欺诈，欺诈必取败；对客勿怠慢，怠慢必招尤。

以术愚人，利在一时；及被揭破，害归自己。

顾客遗物，还之惟谨；非议勿取，人格可敬。

隐语讥人，有伤口德，于人无损，于我何益。

与同业竞争，要用优美之精神与诚恳之态度。

货品损坏，买后退还；如系原有，换之勿缓。

肯努力，多推销；未见利，利不少。

谦恭和气，客必争趋；恶词厉色，人视畏途。

货物不合，听人换取；我无损失，人必喜欢。

视公司货物，要如自己货物；待入门顾客，要如自己亲戚。

货真价实，免费口舌；货假价贱，招人不悦。

招待乡人要诚实，招待妇女要温和。

货物即黄金，废弃货物于暗隅，犹若浪掷黄金于道路。

检查货物，不任损失，公司之利益，亦即个人之利益。

不查货底，存货莫明；暗里牺牲，其害非轻。

新货卸卖，旧货弃置，如此营业，安所求利。

多卖一份旧货，胜卖两份新货。

旧货如本，新货如利；本不取回，利何由至。

店费开支，逐日统计，方知盈亏，方知利弊。

得从何处得，失从何处失，要明其底蕴，全杖统计力。

天文家靠望远镜以窥天时，商业家靠算盘以计赢利。

非公而出，荒废店务；习惯养成，自绝前路。

一人不在店，一货减销路；利权暗中失，不可计其数。

为官守印，为贩守秤，为店员守柜面。

嬉游足以败身，勤劳方能进德。

人而无恒，终身无成。

好多便不精，好博便不纯。

欲念越多，痛苦越大；在职怨职，无职思职；蹉跎到老，必无一得。

见兔猎兔，见鹿弃兔，鹿既难得，兔亦走路。

业如不专,艺必不精。

智识生于勤奋,昏愚出于懒惰。

懒惰是立身之贼,勤奋是建业之基。

有坚强之精神,而后有伟大之事业。

临事畏缩,丈夫之辱。

欲成大事,先作小事。

不以小事而生忽心,不以大事而生畏念。

甘由苦中得来,逸由劳中得来。

动作迟慢,事事输人,商战场中必为败兵。

欲闲未真闲,心里大艰难;再觅正事做,精神自然安。

金玉非宝,节俭是宝。

有钱须思无钱日,莫待无时思悔迟。

待人要敬,自奉要约。

财有限而用无穷,当量入以为出。当省而不省,必致当用而不用。

交友多,好出游,不误家必误身。

无是非之心非人也,无责任之心亦非人也。

做事敷衍是不负责任之表现。

无事要找事做,不要等事做;有事要赶紧做,不要慢慢做。

无事找事做,其人必可爱;有事推人做,其人必自害。

事事让人出头,终身无出头地;样样让人去做,终身无自做时。

(二)《章程》眉头警语解读

读者应该能感受到,这些警语富含哲理,通俗易懂,对仗工整,引喻巧妙,充满机智,朗朗上口,生动体现了陈嘉庚的世界观、经营宗旨、价值观和人生格言。具体来说,警语体现了陈嘉庚及其公司主张的以下经营管理思想:

第一,实业强国。本书第四章已经详细论述过,"实业强国"是陈嘉庚满腔的价值追求和人生理想,他积极创办工厂和矢志办教育,最终目的也是为振兴中国实业培养专业人才。所以,陈嘉庚在警语里强调"人身之康健在精血,国家之富强在实业",并把"商场"比喻作"战场","国货"比喻作"干戈","店员"比喻作"军士","经理"比喻作"主将"。

在陈嘉庚的经营哲学里,创办实业是为了兴盛国货、复兴中华、保护国家利权的重要途径,这在当时国弱民穷,受帝国列强欺负的时代背景下,具有重要的现实意义。时至今日,在21世纪20年代,已跃居世界第二大经济体的中国,在新的百年奋斗目标中,"实业强国"仍然是重要的国家发展战略。可见,陈嘉庚是一位非常具有战略眼光的人。

第二,爱自己、爱企业、爱社会和爱国家。陈嘉庚指出了如何处理个人、家庭、企业、社会和国家之间的关系,"能自爱方能爱人,能爱家方能爱国"。一个人首先要自爱,要尊重自己的人格,具有真骨性,不能成为道德败坏的人,不能"借爱国猎高名",也不能"借爱国图私利"。陈嘉庚告诉职员,"唯有真事业方能救国",在南洋办实业,在国内办教育,都是实现爱国救国梦想的实际行动。

所以,警语鼓励店员要爱企业,敬业守职,为公司的发展而努力奋斗。公司职员"直接为本公司之店员,间接为厦集二校之董事",需要为厦集二校的经费保障而努力工作。陈嘉庚还把公司比喻为"社会之缩影",认为职员遵守公司规章,为公司尽心尽力,相当于遵守社会法律,服务于社会公益,"在公司能为好店员,在社会便为好公民"。总之,在陈嘉庚的世界观里,个人、家庭、企业、社会和国家之间的关系不是对立的,而是互相联系、浑然一体的。

第三,诚实守信。本书前面已经提到,陈嘉庚一生遵奉实事求是、言信行果和永不毁诺的为人之道。无论是对待外部的客户、供应商、债权人等,还是对待内部的员工、合伙人和股东等,他都以诚相待,以信交友,说一不二,一诺千金。《章程》警语体现了陈嘉庚一贯主张的诚实守信精神,主张待人对客不能欺诈、怠慢和讥讽,"欺诈必取败""怠慢必招尤"[①]。对于顾客,要像对待自己亲戚一样"谦恭和气",尤其是"招待乡人要诚实,招待妇女要温和"。即便是对待竞争对手,也"要用优美之精神与诚恳之态度"。

第四,重视产品营销和财务管理。在前节解读《陈嘉庚公司分行章程》时,我们已经知道陈嘉庚在企业经营中,首先非常重视市场营销和财务管理工作。《章程》警语也体现了这一经营风格。

---

① 尤:怨恨,抱怨。

对于营销，首先，陈嘉庚非常重视产品，提出"货真价实，免费口舌；货假价贱，招人不悦"。

其次，他重视文明待客，提高顾客满意度。除了上面所说的店员要像对待亲戚一样对待顾客之外，还支持顾客退货换货，"货品损坏，买后退还；如系原有，换之勿缓""货物不合，听人换取；我无损失，人必喜欢"。

最后，陈嘉庚还特别强调新货投放市场后，不能放弃旧货营销，"多卖一份旧货，胜卖两份新货""旧货如本，新货如利；本不取回，利何由至"。对于财务管理，《章程》警语强调了存货管理、开支统计、赢利计算等方面的重要性。例如，陈嘉庚把货物比喻为黄金，如果"废弃货物于暗隅，犹若浪掷黄金于道路"，所以，"检查货物，不任损失，公司之利益，亦即个人之利益"。此外，为了掌握企业是否盈亏和有哪些利弊，必须逐日统计"店费开支""得从何处得，失从何处失，要明其底蕴，全杖统计力""天文家靠望远镜以窥天时，商业家靠算盘以计赢利"。

第五，强调做事要勤奋、专心、坚强、节俭、认真、主动，从小事做起。陈嘉庚是一个非常重视个人品行修炼和严于律己的人，《章程》警语对个人品行修养方面提出了众多要求。

例如，关于勤奋："嬉游足以败身，勤劳方能进德""智识生于勤奋，昏愚出于懒惰""懒惰是立身之贼，勤奋是建业之基"等。

关于专心："人而无恒，终身无成""好多便不精，好博便不纯""见兔猎兔，见鹿弃兔，鹿既难得，兔亦走路""业如不专，艺必不精"等。

关于坚强："有坚强之精神，而后有伟大之事业""临事畏缩，丈夫之辱"等。

关于节俭："金玉非宝，节俭是宝""有钱须思无钱日，莫待无时思悔迟""待人要敬，自奉要约""财有限而用无穷，当量入以为出。当省而不省，必致当用而不用"等。

关于认真："为官守印，为贩守秤，为店员守柜面""无是非之心非人也，无责任之心亦非人也""做事敷衍是不负责任之表现"等。

关于主动："动作迟慢，事事输人，商战场中必为败兵""无事要找事做，不要等事做；有事要赶紧做，不要慢慢做""无事找事做，其人必可爱；有事推人做，其人必自害"等。

关于小事做起："欲成大事，先作小事""不以小事而生忽心，不以大事而生畏念"等。

三、陈嘉庚企业商号名称解读

陈嘉庚从1904年自立门户开始创业，到1934年公司收盘，一生从商创业共计30年。他经营的生意涉及进出口贸易、化学工业品制造、食品加工、种植、航运、木材加工、建材、中西成药制造、房地产、报业、印刷、零售等多个领域，创办过黄梨罐头厂、米店、熟米加工厂、黄梨种植园、树胶种植园、航运公司、树胶加工厂、橡胶制品厂、饼干厂、木材厂、冰糖厂、皮革厂、印刷厂、肥皂厂、制砖厂、铁工厂等大小工厂几十所，分支商店一百余处。陈嘉庚创办的这些商号，取名寓意深刻，非常考究，体现了陈嘉庚的人生追求、经营哲学和管理思想，值得我们认真学习。表5-2是陈嘉庚创办的部分企业商号。

表5-2　陈嘉庚创办的部分企业商号

序号	企业商号	主营业务	创办时间
1	新利川黄梨厂	黄梨罐头 黄梨果酱	1904年春
2	日新黄梨厂①	黄梨罐头	1904年4月3
3	谦益米店	批发、零售大米	1904年夏
4	福山园	黄梨种植 树胶种植	1904年
5	日春黄梨厂	黄梨罐头 黄梨果酱	1905年
6	恒美熟米厂	生产销售熟米②	1906年租赁经营 1908年收购经营
7	祥山园 福山园③	树胶种植 黄梨种植	1910年

---

① 日新黄梨厂原为陈嘉庚父亲陈杞柏独资创办，但顺安米店债务危机之后，陈杞柏把大部分股份都转让给别人。1904年4月，日新黄梨厂的这名大股东去世，陈嘉庚通过逝者家属买回了该股东名下17000元的股份，使日新黄梨厂成为陈嘉庚独资所有。
② 稻谷在水里浸泡两天后，用热气蒸熟，然后晒干后用研磨机磨净壳糠，这种熟白米销往印度。
③ 1910年，陈嘉庚以实收32万元将面积达1000英亩的福山园出售，然后在柔佛购买两块地，分别取名为祥山园和福山园，种植黄梨和树胶。

续表

序号	企业商号	主营业务	创办时间
8	谦泰黄梨厂	黄梨罐头	1911 年
9	东丰号轮船	航运业	1916 年
10	谦泰号轮船	航运业	1917 年
11	谦益树胶厂	树胶加工	1917 年
12	陈嘉庚公司	多元业务	1918 年
13	树胶熟品制造厂	树胶产品制造	1920 年
14	收购远利火锯厂	木材加工	1920 年
15	收购环球饼干厂	食品生产	1927 年

资料来源：作者根据相关资料整理自制。

1904 年，陈嘉庚开始自主创业，他把新创办的黄梨厂命名为"新利川"，取其"利润新源泉"的吉祥意义。陈嘉庚是在父亲曾经创业经营的老本行重新开始的，"新利川"商号名称一方面体现了这是陈嘉庚自主"新"创办、有别于其父亲创办的"旧"黄梨厂，另一方面也寄托了陈嘉庚希望自己的事业能重新财源滚滚，挽回家族里父亲事业歇业破产的败局。

在创业之初，陈嘉庚还创办了日新和日春两个黄梨厂[①]。顾名思义，"日新"就是日新月异，表示日日更新，天天进步，取自《礼记·大学》里面的一句话："苟日新，日日新，又日新。"据说这是商汤王刻在浴盆上的箴言，意思是如果能够有一天自新，就应保持天天自新，永远不断自新。"春"字本义是草木的种子生根发芽，有"春阳抚照，万物滋荣"之意，故可延伸至生机勃勃，充满活力等意。陈嘉庚将新创立的第三家黄梨厂取名为"日春"，意蕴着当时创业维艰，但坚信自己的企业已进入春天，每天都有生机和活力，会蓬勃发展。

陈嘉庚创办的这些黄梨厂取商号名称为"新利川""日新""日春"，表达了陈嘉庚自主创业后希望企业能破旧革新，生意充满活力生机，获得源源不断的利润。实际上，

[①] 实际上，陈嘉庚经营的黄梨厂不止新利川、日新、日春、谦泰四家，1911 年陈嘉庚利用行业低迷的契机，收盘或入股了两三家黄梨厂，后来又收购了两家处于困境的黄梨厂。到 1913 年，在新加坡黄梨罐头市场上，陈嘉庚公司的产品占据了市场一半份额，年产可达七八十万箱。但一战以后，黄梨销量持续低迷，于是陈嘉庚在 1918 年底，把黄梨厂全部转让出售。

陈嘉庚在黄梨厂的经营之道名符其实,实现了一系列的创新:当时的黄梨厂普遍生产的是大众口味和普通切片的罐头,而陈嘉庚把产品聚焦在特别口味和特殊切片规格的黄梨罐头上,实现了差异化的竞争;当时做黄梨罐头生意的人一般都是坐等洋行打电话采购,而陈嘉庚每天亲自主动上门拜访洋行代理商,及时准确把握一线市场信息;他还亲自采购黄梨,每天巡视工厂两次,确保黄梨罐头的原料和生产过程的品质不变;陈嘉庚还实行每日结账法[①],详细记录生产和销售细节,第二天就可以知道前日的盈亏。

正因为陈嘉庚在黄梨厂经营方面的新办法、新措施,面对黄梨罐头行业激烈的竞争,陈嘉庚的黄梨事业却能蓬勃发展,充满生机。到1913年,在新加坡黄梨罐头市场上,陈嘉庚公司的产品占据了市场一半份额,年产可达七八十万箱。黄梨厂成为陈嘉庚创业前期重要的利润来源,从1904年到1918年,陈嘉庚在黄梨业上共计获利29.9万元。

为了保证黄梨厂的原料供应,陈嘉庚从1904年开始买地劈山种植黄梨,后来套种橡胶,这些黄梨和树胶种植园商号以福山园和祥山园最为有名。"福"和"祥"两个字都有富裕、康宁、幸福、顺利、吉祥等非常好的含义,取名"福山园"和"祥山园",就是希望能给陈嘉庚的事业带来福气和吉祥。陈嘉庚在1904年花费2500元买下500英亩空芭地,然后组织工人积极砍芭种梨,一年内就完成黄梨种植,陈嘉庚把这个黄梨园命名为"福山园"。1906年,陈嘉庚购买了18万颗橡胶种子,套种在福山园菠萝树边上。1909年,陈嘉庚投入2.5万元,收购了福山园旁边500英亩的套种橡胶树的旧黄梨园,清除黄梨和杂草后,专门栽培树胶,至此,福山园的树胶种植扩大到1000英亩。最后,前后一共花费2.75万元买下的福山园,到1910年卖了32万元,六年之间涨幅达到11倍!

福山园出售之后,陈嘉庚马上在柔佛又买了两块地,开辟种植黄梨和树胶,一个种植园取名"祥山园",另一个种植园仍取名"福山园"。可惜,祥山园运气不佳,因碰上虫病等各种困难,花费了五万余元后,1912年只好放弃种植,而新的福山园到1914年就可以开采黄梨。1918年底,由于黄梨罐头的生意一直下降,陈嘉庚把黄梨厂全部转让出售,福山园栽种

---

① 当时的黄梨厂普通实行季度结算法,即以黄梨收购的整个季节来核算盈亏。

的黄梨也全部摘除,改种植树胶。同时,陈嘉庚花费40万元在柔佛高踏丁宜路买了1000英亩橡胶园和2000英亩空山地准备栽种树胶。1925年,陈嘉庚大量投资收购树胶园,一共买了五六个树胶园,彼时陈嘉庚拥有树胶园15000亩,如果按每亩400元估值,总估值达到600万元[①]。

陈嘉庚给企业商号取名字不仅选择代表吉利、吉祥和美好愿望的名称,而且还选择体现他价值信念和人格追求的名称。陈嘉庚创办的很多商号以"谦"字起步,如"谦益"米店,"谦益"树胶厂,"谦泰"黄梨厂,"谦泰"号轮船,体现了陈嘉庚谦卑、务实、克制、虚心等人格特点和价值追求。陈嘉庚一生虚心好学,谦卑勤俭,年轻的时候,在他父亲的顺安米店打工十四载,做到了"守职勤俭""终日仆仆于事业"[②],虚心学习经商之道。在创业之初,他更是"谦"字起步,做事亲力亲为,做人虚心好学。在初创黄梨厂和米店的时候,陈嘉庚亲自挑选黄梨和采购稻谷,每天上门拜访客户,了解最新市场动态,测算产品盈亏情况。事业做大之后,他仍然坚持每天亲临工厂巡视走动,跟一线工人和职员交谈询问,实地掌握工厂生产情况和市场销售信息。经商创业取得成功,成为千万富豪,乃至后来成为百万华侨领袖、中国人民政治协商会议全国委员会副主席之后,陈嘉庚从不养尊处优,高高在上,他的谦卑虚心的人格赢得了无数人的爱戴。

陈嘉庚相信只要秉持谦逊、虚心态度,最终会"获益匪浅"。所以,1904年6月,他在其父创办的顺安米店原址上创办的米店,取名"谦益"。果然,谦益米店给陈嘉庚带来的收益非常稳定,从1904年创办,到1934年陈嘉庚公司收盘歇业,持续经营了30年。从1904年到1920年,谦益米店共获利20.4万元,每年的收益都非常稳定[③]。

陈嘉庚对"谦益"这个商号名称情有独钟,1917年恒美熟米厂改建为树胶厂后,树胶厂商号名称也取为"谦益"。谦益树胶厂是陈嘉庚创业后期最重要的经济命脉,通过不断收购和投资,在树胶业最辉煌的时候,陈嘉庚共拥有12个树胶厂。这些树胶加工工厂财源滚滚,给陈嘉庚带来了巨大收益,从1916年到1925年,这些树胶厂创造

---

① 1916年左右陈嘉庚还曾经跟别人合伙购买了一个黄梨和树胶园,名叫"三合园"。陈嘉庚占股一半,1922年左右有一个股东退股,陈嘉庚增持股份至四分之三。陈嘉庚入股的这家种植园取名"三合",从词义看,指的谓阴气、阳气、天气三者相合,从而才能实现生生不息。
② 陈嘉庚:《南侨回忆录》,上海三联书店2014年版,第407页。
③ 陈嘉庚在回忆录中并没有单独披露谦益米店在1920年以后的收益,而是跟火锯厂、黄梨厂一起合计披露,如1921年到1925年,谦益米店、火锯厂和黄梨厂共计获利4万元、10万元、30万元、30万元、20万元。所以,谦益米店的总收益绝对不止20.4万元。

了高达1150万元的利润。

　　陈嘉庚的商号以"谦"字起步的，还有"谦泰"号。"泰"字的含义包括安定、平和、通达、宽裕、顺利、好运等，"谦""泰"两个字连在一起作为商号，寓意很吉祥。所以，陈嘉庚1911年在泰国北柳港开设的黄梨罐头厂，商号名曰"谦泰"。可惜，后来由于泰国北柳港的水质变化，陈嘉庚只好把谦泰黄梨厂转让出售。最终，谦泰黄梨厂经营时间虽然只有三年，但共获利五万余元。陈嘉庚对"谦泰"这个名号情有独钟，一战期间进入航运业取得意外成功之后，他购买的第二艘轮船就取名为"谦泰号"。谦泰号轮船更是财源滚滚，每月租金可以获利两三万元，1918年秋在地中海被击沉后，获得的保险赔款高达70万元，而购船时陈嘉庚才花了42万元！

　　1916年，陈嘉庚购买的第一艘轮船取名为"东丰号"。"东"顾名思义就是指东方，新加坡位于东方；"丰"指的是充足、多、大、好收成、美好等含义。东丰号跟谦泰号轮船一样，不仅每月获得数万元的租金，1918年春在地中海被德国军队击沉后，还获得了50万元的保险赔款，而陈嘉庚当初购买才花了30万元！

　　恒美熟米厂不是陈嘉庚创办和取名的商号，陈嘉庚是在1906年的时候才跟友人一起入股合伙经营这家生产熟白米的工厂。陈嘉庚出资4万元，成为恒美公司大股东之后，仍然保留和使用了"恒美"字号。"恒"表示永久、持久和长久，"美"的含义更广泛，表示好看、漂亮、美好、变好、得意、高兴、称赞等等。对于陈嘉庚来说，"美"字还有另一层含义，代表他的故乡"集美"。所以，陈嘉庚很乐意继续使用"恒美"这个商号名称。

　　陈嘉庚父亲陈杞柏就很喜欢用"美"和"安"字给商号取名。据说陈杞柏一度拥有独自经营和合伙开设的商号18间，其中5间就以"美"字为号，取的就是故乡"集美"之意，如"金胜美"商号；另外13间取"安"字为号，仍取故乡"同安"之意，如"顺安""德安""源安""福安""振安""竹安""协安"等。陈杞柏和陈嘉庚用故乡的名字来给自己的商号命名，表达了一份沉甸甸的心系桑梓、割舍不断的乡愁。[①]

　　本书在前面多次提到，陈嘉庚之所以在识别和开发众多商机中取得成功，很重要的一个原因是陈嘉庚很重视产品的品牌建设、市场推广和顾客利益。陈嘉庚专门为公司产品设计注册了"钟牌"商标，"钟"标取"中"之谐音，"钟"里面藏着一个"中"字，意在提醒华侨勿忘祖国、警钟长鸣，很快成为驰名中外的民族品牌。他还将药品

---

① 当时同安县属于泉州府五县之一，集美村属于同安县13个村庄之一。

命名为"普生油",寓意"普济众生",并常在广告醒目位置标明"请用国货"等字样,以此激发民众的爱国热情。

1918年,一战结束时,陈嘉庚成为拥有数百万元资产的华侨大实业家。此时,以"教育救国"为根本使命的陈嘉庚"便思回国久住,以办教育为职志,聊尽国民一分子之义务"①。为了自己能长期回国专心兴办教育,陈嘉庚对自己的产业做了认真的盘算和规划。他把各个营业机构和业务进行了重组、分流,成立了一个公司,取名为"陈嘉庚公司"。陈嘉庚用自己的名字给公司取名,一方面这符合惯例,很多创业者都用自己的名字或姓氏给公司取名,如福特公司、西门子公司、香奈儿公司、迪士尼公司、张小泉公司、李宁公司等。另一方面,这也体现了陈嘉庚在商业上的一种荣誉和责任感,勉励自己要加倍细心地对待自己和公司的声誉,竭尽所能地保持企业具有声誉,并能基业长青。虽然由于种种原因,陈嘉庚公司最终在1934年初收盘了,但是他在华人社会中的崇高威望丝毫没有受到影响,反倒企业清盘后,他摆脱了金钱的烦恼,换来了精神上的胜利和时间精力上的自由,全身心投入社会工作和政治事业中,创造了更大、更宏伟的事业,登上了人生的高峰!

除了上述介绍的这些公司商号,陈嘉庚还投资参股或收购了其他不少商号。例如,1918年他参股投资了裕源公司、振成丰公司、槟城树胶公司三个树胶加工企业②;1920年用25万元收购了远利火锯厂,并兼营黄梨厂;1927年花费十余万元买下环球饼干厂。这些参股或投资收购的公司在陈嘉庚的商业版图中处于次要地位,本书对它们的商号名称不做解释。

---

① 陈嘉庚:《南侨回忆录》,上海三联书店2014年版,423页。
② 1920年,陈嘉庚因各种原因退出了参股的三家公司,造成三十几万元的损失。

第六章 陈嘉庚的企业社会责任思想①

---

① 本章由石慧霞执笔撰写，经木志荣统稿修改。石慧霞，教育史博士，厦门大学档案馆馆长\文博中心主任，著有《萨本栋传》《抗战时期的厦门大学》《民族危机中的大学认同》等专著，研究方向：大学历史与文化、校友与大学发展等。

一、企业社会责任概述

作为一名杰出的实业家和企业管理者，陈嘉庚先后经历了 14 年助父经商（1890—1904 年）和 30 年独立创业经营（1904—1934 年），前后长达 44 年。陈嘉庚的企业王国屡克艰难、频创佳绩、叱咤风云，特别是在企业主营的橡胶生产、加工和制造业，陈嘉庚开创了华人经营橡胶业的黄金时代，对于促进星马社会的繁荣，起到了不可磨灭的贡献[①]。他也因此成为侨界翘楚，被誉为"华侨商圣"[②]。

企业社会责任理论起源于西方。20 世纪初，鲍恩提出，"公司的社会责任就是认真地考虑公司的一举一动对社会的影响"。企业家的企业社会责任思想，主要反映在企业家对企业与社会关系的认识、理解和实践。

本章探讨的主要问题是：陈嘉庚的企业社会责任思想是什么？这些思想在他创业的不同时期有什么表现及影响？陈嘉庚的企业社会责任思想对于今天和未来的企业家有什么启示？

根据西方企业管理理论，作为社会组织的一员，企业社会责任是指社会在一定时期对企业提出的经济、法律、道德和慈善期望[③]，即企业应承担经济责任、法律责任、伦理道德责任以及慈善责任。企业社会责任理论反映了社会及企业不同利益相关者期望企业在追求自身发展过程中，履行相关责任的使命要求，是外在力量施于企业的影响。

事实上，在中国，企业社会责任的提出根植于深厚的中国传统文化。《孟子》中有一句名言"穷则独善其身，达则兼济天下"，意思是君子贫困之时要注意自己的品德修养，努力让自己更加完美；显赫的时候，则要让天下人一起走向完美。这样的传统文化，对下南洋谋生但深受中国伦理道德影响的华商及其企业产生了深远影响，陈嘉庚也不例外。传统文化希望

---

① 魏维贤、许苏我：《椰阴馆文存补编》，南洋学会出版 1987 年版，第 41 页。
② 陈经华：《伟人伟业——纪念陈嘉庚先生诞辰 140 周年》，中国文化出版社 2014 年版，第 3 页。
③ 苏勇：《管理伦理学》，东方出版中心 1998 年版，第 2 页。

企业在初创的、为生计发愁的阶段，要守住法律和伦理的底线，当企业规模壮大、飞黄腾达之后，则要具备担当意识，关怀社会弱势群体，具有"兼济天下"的胸怀。可以说，中国传统文化对于企业社会责任的影响更多地通过企业自觉、由内而外的路径产生作用。

对于企业追求的目标，传统文化中亦有论述，"为天地立心、为生民立命、为往圣继绝学、为万世开太平"，即期望企业为社会建立一套以"仁""礼"等为核心的价值系统，关注天下苍生的安身立命问题；企业要基业长青，就要关注对先贤智慧的传播和万世的太平基业，要为社会的永续发展服务。

研究企业家的企业社会责任思想，主要是观察企业家对企业与社会关系的认识、理解和实践行动，特别是当企业面对重大考验时刻，如企业发展与社会义务产生冲突、企业效益与社会责任起了矛盾、企业家面临外在社会压力和内心价值判断的双重考验时，孰先孰后？孰重孰轻？以及在此基础上企业家所做出的方向抉择和采取的实践行动。

2018年6月，本书作者石慧霞在新加坡访谈陈嘉庚曾孙、新加坡国立大学唐星海教授

二、陈嘉庚的企业社会责任思想

20世纪上半叶，陈嘉庚创业时期，社会对企业家和企业尚未赋予明确的社会责任要求。然而，回顾陈嘉庚的创业史，他对于企业发展与履行社会义务的认知、企业效益与社会责任的轻重，特别是在对待"取得"和"奉献"的关系上，形成了自己一贯而明确的思想信念与操作实践。

陈嘉庚的企业社会责任思想不仅是他本人自觉主动和由内而生的价值需求，更是海外商界华侨为民族生存发展奋力拼搏的缩影。具体来说，其思想可以概括为将海外华侨爱国爱乡、奋斗自强的高尚情怀与自我实现的人生理想紧密结合，并将之贯穿企业经营活动的始终，把企业作为一个道德主体进行运营管理，通过不断地参与社会公益实践，消除企业至上、利润至上的价值取向，实现企业经济目标与社会责任目标的协调统一。

1. 义利观：重义轻利，诚信果毅

1903年，父亲陈杞柏的"顺安"米店亏空、债台高筑、停业清盘，陈嘉庚非常感慨，"家君一生数十年艰难辛苦，而结果竟遭此不幸，余是以抱恨无穷，立志不计久暂，力能做到者，绝代还清以免遗憾"。1904年，30岁的陈嘉庚不得不独立创业，开启了他的创业之路，筹资在新加坡建设黄梨厂。为了在黄梨行业竞争取胜，他四处奔走，考察新加坡黄梨业的供产销和经营管理各环节。经过一番市场调研，"为人所不为"，选中样式复杂、少人问津的"杂庄"黄梨罐头投入生产，很快占有了新加坡杂庄黄梨罐头的大半市场。

1907年，企业初战获胜，陈嘉庚认为最急迫的事情是偿还父亲米店停业时所欠债款。他联系债主商议清还的消息一传出，友人纷纷劝阻，"洋律父子债不相及，况顺安之败，实由若辈所致。今诸押主皆有产业在其掌握，一旦价值升即可抵偿，君何必汲汲于清偿耶"。陈嘉庚却认为，"诚然，但余必终以父债未清为耻。善济者不待富而后行，度力所至则为之耳"[①]。中国传统文化"诚信守诺、欠债还钱"的信念在陈嘉庚思想中牢牢扎

---

① 洪永宏：《陈嘉庚新传》，八方文化企业公司2003年版，第28～29页。

根，他不为亲友的苦劝所动，以企业初创的第一桶金还清了父债。

陈嘉庚在企业初创、根底浅薄时，拿出一大笔钱还债后，经营更显拮据。一方面，由此可以看出，陈嘉庚企业社会责任思想在他创业之初就显露端倪，他是从"为人"而不是"为利"出发，重义轻利、诚信果毅贯穿始终。另一方面，父亲陈杞柏原本在商界信誉崇高，旧债还清不久，长期卧病在床的陈杞柏没了缺憾，了无牵挂地离开人世，这对于陈嘉庚不失为巨大的安慰。

意外的是，陈嘉庚坚持偿还与自己责任无关的父债，在当地华人社会中被传为佳话。陈嘉庚"值得信赖、重信守义"在星马侨商中获得广泛称赞。这样一个由内而生的自觉行动使陈嘉庚的企业获得业界重要的商业信誉，而且收获了父亲一生积累的人脉资源，为陈嘉庚日后在商界宏图大展奠定了扎实的企业信誉和社会声誉的基础。

2. 事业观：立意高远，倾心教育

正如《易经》所云："所营谓之事，事成为之业。做事多，无体系，无所成，只能谓有事无业。"既称事业，必有体系。

办好企业是陈嘉庚人生事业规划的重要组成部分，但不是他事业规划的终极目的。他认为，"振兴工商业的主要目的在报国，而报国的关键是在提倡教育"[①]；"教育不振则实业不兴，国民之生计日绌"。随着陈嘉庚企业的不断壮大，"办实业、兴教育"成为支撑他事业走向辉煌的动力之源。"教育之必需经济，经济之必赖实业。实业也，教育也，固大有互相消长之连带关系也明矣。"[②]"无实业则教育经费从何来，无教育实业人才从何出？"[③]陈嘉庚将支持厦、集两校明确写入《陈嘉庚公司分行章程》："厦集二校之经费，取给于本公司，本公司之营业，托力于全部店员；直接为本公司之店员，间接为厦集二校之董事"。[④]

陈嘉庚在看待企业与社会关系时，已经跳出企业的局限，站在社会和国家需求的角度看待企业能为社会做什么、能承担什么样的职责，所以他的企业社会责任思想不仅是确保企业的社会价值，更是融入了对企业能够在改变国家落后被动挨打这方面发挥企业最大价值的希望。在国难深重的时代背景下，陈嘉庚坚定地认为教育是立国之

---

① 王增炳，陈毅明，林鹤龄：《陈嘉庚教育文集》，福建教育出版社1989年版，第170页。
② 王增炳，陈毅明，林鹤龄：《陈嘉庚教育文集》，福建教育出版社1989年版，第187、188页。
③ 王增炳，陈毅明，林鹤龄：《陈嘉庚教育文集》，福建教育出版社1989年版，第331页。
④ 陈嘉庚：《陈嘉庚教育文集》，福建教育出版社1989年版，第155页。

本，兴学乃国民天职。作为国民一分子，他对自我价值有深刻认知，更有自觉行动。

有人曾统计，陈嘉庚先后捐助了118所学校。这些学校覆盖面很广，既有在国内，主要在家乡福建，从集美、厦门、同安到全省各地；也有在海外，在他的创业所在地新加坡、马来亚等东南亚国家。陈嘉庚创办的学校也如同他创建的树胶业，具有"全产业链"特点，捐助创办的学校层次和种类齐全多样，从幼儿园、小学、中学到大学，有基础教育、普通教育、职业教育和专门教育。

在国内：1894年在集美创办"惕斋学塾"；辛亥革命前两次资助同安县阳翟小学；1913年兴办集美小学；1917年创办集美女子小学；1918年兴办集美师范学校和集美中学；1919年创办集美幼稚园；1920年创办集美学校水产科（1924年改为水产部，1925年改称为集美水产航海学校）；1920年创办集美学校商科（1924年改为商业部）；1920年设立教育补助处（1924年改为教育推广部），补助同安、闽南和闽西地区的小学[①]；1921年创办集美女子师范学校；1921年创办厦门大学；1926年创办集美学校农林部；1926年创办集美学校国学专门部；1927年设立集美学校幼稚师范[②]。此后，无论是经济困难时期、抗战全面爆发时期、解放战争时期，还是陈嘉庚回国投入新中国建设时期，陈嘉庚始终把大部分时间和精力用在发展、修复、扩建集美学校和厦门大学上，呕心沥血，鞠躬尽瘁。

自1913年到1927年，陈嘉庚在集美一共创办了11个学校，1932年集美学校学生人数达到2700人[③]。陈嘉庚创办这些学校，一方面出资大规模修建设施一流的校舍，另一方面不惜重金在全国敦聘优秀的校长和教师。而且，为了鼓励学生上学和减轻家长经济负担，学生的入学费、住宿费、膳费均减免，学校还无偿提供被子、蚊帐、草席、春冬制服等生活用品。为了鼓励女孩子上学，陈嘉庚甚至给每个女孩每月补助2元钱。陈嘉庚还先后创建了一系列为师生学习、工作、生活服务的公共设施，如医务处、医院、图书馆、科学馆、体育馆、学校储蓄银行、植物园等等。

---

① 据统计，从1924年到1935年，获得经费补助的地方包括同安、安溪、金门、厦门、福州、泉州、惠安、永春、德化、仙游、诏安、云霄、霞浦、石码、海澄、东山、上杭、龙岩等20个县共73所学校，其中中学2所，小学71所，补助金额达17万元。见林斯丰：《陈嘉庚精神读本》，厦门大学出版社2019年版，第49页。
② 陈嘉庚在集美所创办的众多学校，1921年2月确定"福建私立集美学校"为总校名。1927年3月，集美学校各部改为独立校。此时共有11个学校，即集美小学、集美女子小学、集美师范学校、集美中学、集美水产航海学校、集美商业学校、集美女子初级中学、集美农林学校、集美幼稚师范学校、集美国学专门学校、集美幼稚园。
③ 杨进发著，李发沉译：《华侨传奇人物陈嘉庚》，陈嘉庚纪念馆2012年版，第78页。

1919年，陈嘉庚在新加坡的实业正蒸蒸日上，在集美创办的各类学校也粗具规模。但是，他决心在此基础上倾资创办一所大学。已经创办了幼儿园、小学、中学、师范、专科等等一系列教育机构之后，陈嘉庚为什么还要斥巨资创办厦门大学？

爱国情怀和救国宏愿是推动陈嘉庚创办厦门大学的最主要动力。1919年6月，陈嘉庚回到集美后，在报纸上刊登印发了《筹办福建厦门大学附设高等师范学校通告》，阐明办学目的："专制之积弊未除，共和之建设未备，国民之教育未遍，地方之实业未兴，此四者欲望其各臻完善，非有高等教育专门学识，不足以躐等而达。……鄙人久客南洋，志怀祖国，希图报效，已非一日，不揣冒昧拟倡办大学校并附设高等师范于厦门。"

他认为，能推动国家富强文明，铲除专制统治积弊，促进教育普及，推动实业发展，就需要依靠接受科学洗礼、拥有专业知识的大学。陈嘉庚深信，如果能培养出更多的大学生，中国就能图强和具有良好的秩序。他说过："何谓根本？科学是也。今日之世界，科学全盛之世界也。科学之发展，乃在专门大学。有专门大学之设立，则实业、教育、政治三者人才，乃能辈出。"

从当时福建省的情况看，陈嘉庚也认为兴办大学非常必要。他说："民国八年（1919年）夏余回梓，念邻省如广东江浙公私立大学林立，医学校亦不少，闽省千余万人，公私立大学未有一所，不但专门人才短少，而中等教师也无处可造就。"他认为，福建位处偏僻，地瘠民贫，年轻人到远方读大学，费用负担过重，而对政府创办大学又无可指望。所以，他希望能以身作则，带头创办厦门大学，然后能感召东南亚闽商富豪，积极捐助共同办好厦门大学。

陈嘉庚创办厦门大学，还考虑到可以解决一个困扰他的具体难题。他在各地兴办基础教育的过程中，深感除了要有经费的不断投入，更重要的是要有优秀的师资，而这些师资只能靠大学培养。通过创办厦门大学，可以解决为集美及其他各地学校培养师资的问题，同时，也为集美、福建乃至海外中学毕业生的升学提供出路，可谓一箭双雕。

1919年7月13日，陈嘉庚邀请了三百多名各界人士，在厦门浮屿陈氏宗祠召开特别大会，他在会上发表了一场激励人心的讲话，讲述了创办厦门大学的动机和筹备过程①。他说:"今日国势危如累卵,所赖而维系者,惟此方兴之教育与未死之民心耳。若并此而无之,是置国家于度外而自取灭亡之道也。……试观吾闽左臂,二十年前固已断送,野心家得陇望蜀,俟隙而动。吾人若不早自反省,后悔何及!诚能抱定宗旨,毅力进行,彼野心家能剜我之肉,而不能伤我之身,能断我之臂,而不能得我之心。民心不死,国脉尚存,以四万万之民族,决无甘居人下之理!今日不达,尚有来日,及身不达,尚有子孙!如精卫之填海,愚公之移山,终有贯彻目的之一日。"

厦门浮屿陈氏祠堂

陈嘉庚当场认捐了 100 万元作为厦门大学的创办费,然后再另捐 300 万元作为日常办学经费,每年 25 万元,分 12 年支付。他计划厦门大学开办两年,学校略有规模之后,再向东南亚富侨募捐,筹集雄厚资金使厦门大学发展壮大②。

---

① 朱水涌教授在《陈嘉庚传》中把陈嘉庚的筹办厦门大学演讲词,与同年蔡元培的《就任北京大学校长演讲词》相提并论。认为后者是一位校长、一位学者对大学宗旨、大学教化与大学风气的冷静思考,前者则是一位大学创办者、一位国民对于救国兴邦和中国高等教育的急切呼唤。见朱水涌:《陈嘉庚传》,厦门大学出版社 2021 年版,第 95 页。
② 事后证明陈嘉庚的这个想法过于乐观。陈嘉庚在《南侨回忆录》中描写了他向东南亚富侨为厦门大学三次募捐都无效,最终为厦大募捐巨款之理想彻底失败。最终,陈嘉庚不得不独立维持厦门大学 16 年。

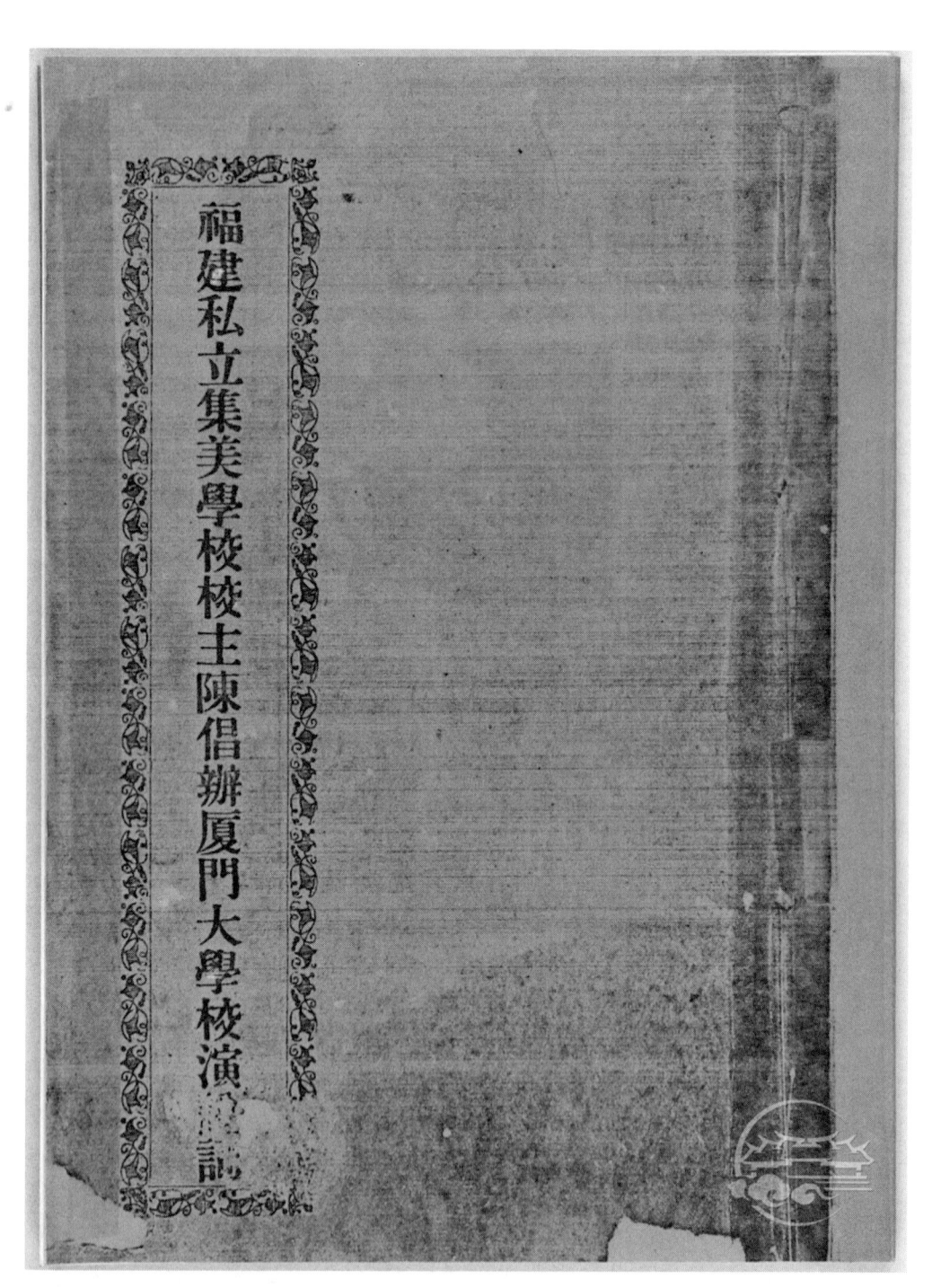

陈嘉庚筹办厦门大学演说词封面

1921年4月6日，厦门大学在集美中学即温楼正式开学

陈嘉庚（左一）、林文庆（右一）等人视察厦门大学初建的建筑工地

厦门大学早期校舍——群贤楼群

陈嘉庚在国内除了全力以赴创办集美学校和厦门大学,还慷慨资助了国内很多学校,表6-1是杨进发博士统计的陈嘉庚资助中国各学校的情况。

表6-1 陈嘉庚捐助中国各学校情况

时间	学 校	金额/坡币元
1917年	广州:岭南学校	10000
	江苏:职业学校	10000
1926年	漳州:英华学校	3000
	金门:商业学校	500
1919年	厦门:福建商业学校	3000
1923年	广州:岭南大学	10000
	汕头:本时中学	500
1926年	泉州:培元中学	3000

资料来源:杨进发著,李发沉译:《华侨传奇人物陈嘉庚》,陈嘉庚纪念馆2012年版,第85页。

除了在国内倾资兴学,陈嘉庚还在他的侨居地新加坡、马来亚乃至东南亚创办和资助了许多学校,并长期带领侨帮、商会、会馆等各种组织,带头出钱出力,倡议创办了许多教育机构,对当地文化教育的发展贡献了不可磨灭的力量。

在国外:1906年支持新加坡福建会馆创办道南学堂(陈嘉庚是110名发起者之一,1910年陈嘉庚当选道南学校校董会总理直至1929年);1912年支持新加坡福建会馆创办爱同学校；1915年支持新加坡福建会馆创办崇福女子学校；1918年创办南洋女校（1930年改为中学）；1919年带头创办华侨中学，是陈嘉庚在新加坡办学活动的精彩一笔，华侨中学对后来新马华文教育产生了深远影响（陈嘉庚当选第一届校董会主席）；1939年倡办新加坡水产航海学校；1941年倡办南洋华侨师范学校。二战结束日本投降之后，陈嘉庚连任福建会馆主席，除了继续主持道南、爱同、崇福等学校，还创办了南侨女子中学和光华中学。

1910年10月29日《叻报》上刊登的道南学堂劝捐建校广告（陈嘉庚带头捐2000元）

陈嘉庚自1890年第一次出洋到1950年最后一次回国，他在新加坡居住时间长达60年。这期间，他除了创办和倡导共办上述许多学校外，还慷慨出资赞助了新加坡许多学校，成为华侨在兴学方面的光辉楷模。例如，1919年陈嘉庚资助30000元筹建英华学校，1929年莱佛士学院创立时捐款10000元（1961年改名为新加坡大学），表6-2是杨进发博士统计的陈嘉庚资助新加坡各学校的具体情况。

表6-2　陈嘉庚捐助新加坡各学校情况（1907—1941年）

学校名称	金额/坡币元	时　间
道南学校	1000	1907年
	2000	1911年
	10000（另年捐600）	1911—1929年
中华女校	500	1928年

续表

学校名称	金额/坡币元	时间
爱同学校	10000	1923 年
	5000（给爱同及其他三校）	1925 年
	3000	1919 年
	1000	1918 年
南洋工商学校	1000	1927 年
	1000	1929 年
华侨中学	30000	1918 年
	8000	1926 年
华侨中学	9000	1927 年
	100000	1923—1927 年
	10000	1923 年
	9000（另年捐 600）	1919—1934 年
英华学校	30000	1919 年
莱佛士学院	10000	1929 年
启发学校	500	1922 年
德光岛爱华学院	2400（另年捐 300）	1922—1929 年
养正学校	500	1923 年
光洋学校	250	1922 年
中南学校	1000	1925 年
南洋师范学院	10000	1941 年

资料来源：杨进发著，李发沉译：《华侨传奇人物陈嘉庚》，陈嘉庚纪念馆 2012 年版，第 86 页。

总之，陈嘉庚的商业利润越多，他兴教育的决心和投入越大。兴实业办教育成为陈嘉庚对自己事业体系整体规划的理想蓝图。

3. 金钱观：善用财富，贡献社会

陈嘉庚企业度过初创期的举步维艰后，各种挑战接踵而至。陈嘉庚筹划有方，抓住商机，在继续经营黄梨罐头加工制造的同时，涉足大米销售加工、黄梨种植、树胶种植、冰糖生产、船务业等等。1913年，经过近10年的独立创业，他的企业取得令人瞩目的发展，拥有资产近百万。

在当时的南洋社会，比陈嘉庚有钱、身缠万贯的企业家不在少数。但陈嘉庚与他们最大的不同之处在于他从未被财富所累、始终保持着自己的金钱观："取诸社会、用诸社会"，"财由我辛苦得来，亦当由我慷慨捐出"[1]；"金钱如肥料，散播乃有用"[2]。陈嘉庚言出必行，除了把倾资兴学作为自己事业体系整体规划的蓝图之外，同样慷慨地把企业盈利贡献于各项慈善公益事业，为国家和社会尽职。

陈嘉庚在慈善公益方面的贡献，一方面表现在他总是毫不犹豫带头捐钱，另一方面表现在祖国、社会和他人需要帮助的时候，他会大声疾呼，投入大量心血，并表现出卓越的领导才能，倡导和组织社会募捐。以下是陈嘉庚出钱出力，积极参与的部分社会慈善或公益项目[3]：

1910年，陈嘉庚写信给新加坡中华总商会，申诉清廷驻新加坡领事馆对侨民诉讼案办理不公；

1911年11月福建省光复，福建革命政府致电海外华侨请求支援。陈嘉庚在新加坡发起成立福建保安捐款委员会，当选为会长，带头捐款两万元，并领导募捐，一个月内就募得20多万元，有力地支援了福建革命军政府稳定动荡局势；

1911年12月，陈嘉庚在新加坡赠送10000元给孙中山作为归国旅费，随后又电汇50000元，支持孙中山领导的民主革命和民国政府；

1916年10月，陈嘉庚捐资6000元、黄梨罐头50箱，慰问欧战中受伤的英国士兵；

1917年新加坡中华总商会成立天津水灾筹赈会，陈嘉庚当选主席，动员和领导了

---

[1] 杨进发：《战前的陈嘉庚言论史料与分析》，新加坡南洋学会1980年版，第27页。
[2] 新加坡南侨总会：《陈嘉庚言论集》，新加坡星洲南侨印刷社1949年版，第8页。
[3] 这里列举的仅是陈嘉庚在兴办实业期间，即1934年前，他参与的部分社会慈善公益事业。1934年公司清盘之后，陈嘉庚全身心投入领导华侨，募集巨款、物资和机工，抗日救亡，以及怀着赤诚之心回国参政议政期间，他仍然醉心于社会公益事业，做了无数的好事。

一场覆盖整个星马华社各个阶层的大规模筹款运动，共募集筹款 20 万元；

1918 年，新加坡同济医院成立广东水灾筹赈会，陈嘉庚与潮商林义顺、广商吴胜鹏一起领导和组织募捐，筹款活动持续七个月，共募集 48000 元全部捐给广东省灾区灾民；

1924 年担任海天俱乐部主席，为闽粤水灾筹募，陈嘉庚首捐 5000 元，活动历时两个月，共筹集 50000 万元；

1925 年担任"新加坡婴儿保育会"主席，陈嘉庚领导了为期六个月的募捐活动，最后共收义款 60000 万元；

1928 年日本制造"济南惨案"后，陈嘉庚在新加坡号召侨胞成立"山东惨祸筹赈会"，在他的领导下，9 个月内共组织募捐 1174000 多元的巨款，用于赈济山东灾民；

1934 年，河水山大火，7000 人无家可归，陈嘉庚率领福建会馆积极募捐赈灾，共筹得 53900 元义款。

总之，陈嘉庚不仅几乎倾其所有兴办教育，还持续慷慨解囊支持社会公益和慈善事业。杨进发博士统计了陈嘉庚在慈善义捐方面的款项支出，表 6-3 是根据陈嘉庚写的《南侨回忆录》，所统计的 1904 年到 1934 年间的慈善款项。表 6-4 是根据当时的报纸等资料，所统计的 1916 年到 1926 年的慈善款项。

表 6-3　陈嘉庚 1904—1934 年之慈善义捐

时　间	捐款 / 坡币元
1904—1910 年	40000（估计）
1911—1914 年	15000（估计）
1915—1918 年	100000（超过）
1919—1922 年	100000（超过）
1926—1928 年	65000
1929—1931 年	20000（估计）
1932—1934 年	没提供数字

资料来源：杨进发著，李发沉译：《华侨传奇人物陈嘉庚》，陈嘉庚纪念馆 2012 年版，第 88 页。

表 6-4　陈嘉庚 1916—1926 年之慈善义捐

时间	目标	捐额 / 坡币元
1916 年	英国蒙难人士捐	1300
1917 年	英国蒙难人士捐	3700
	天津水灾筹赈会	500
1920 年	同安医院	1000
1922 年	潮州风灾筹赈会	2000
1924 年	福建广东水灾筹赈会	5000
	厦门青年会	5000
	福州市福建贫民医院	1000
	筹助新加坡婴儿保育会	2000
1925 年	PO Leung Kuk 储蓄会	3000
1926 年	潮州风灾筹赈会	2000
	厦大公医院经费	170000
	厦大公医院经费	30000

资料来源：杨进发著，李发沉译：《华侨传奇人物陈嘉庚》，陈嘉庚纪念馆 2012 年版，第 89 页。

从上面的讨论我们可以看出，陈嘉庚在为社会尽职、仗义疏财方面无可匹敌。他是一个善用财富的实业家，对于企业成长中快速积累的财富，他认为：无为之费，一文宜惜；正当之消，千金慷慨[1]。陈嘉庚的儿子陈国庆曾经回忆说，陈嘉庚虽是所谓的富豪，但自己的生活非常节俭。而且陈嘉庚无论在新加坡还是在祖国家乡，从来没有将企业所得作为自己的储蓄，陈嘉庚说经营企业只是抱着"公忠尽职之心"。陈国庆说，陈嘉庚平时身上的现金不超过 5 元，从不乱花一分钱，即使是怡和轩附近的菜馆、咖啡店，也从未光顾。他一生只看过一部电影，是在新加坡首都戏院看的，是一部为筹赈会义演的片子[2]。

---

[1] 王增炳，陈毅明，林鹤龄：《陈嘉庚教育文集》，福建教育出版社 1989 年版，第 319 页。
[2] 陈国庆：《我的父亲》，参见《回忆陈嘉庚》，文史资料出版社 1984 年版，第 52～58 页。

在这样的金钱观指引下，陈嘉庚积极参加各项社会事业和公益活动，不仅没有影响企业经营，反而为他将企业所得更专注地服务贡献于社会提升了格局、拓宽了视野、打开了窗口。

4. 价值观：困境从容，坚守责任

企业家的社会责任思想要经得起历史考验，不仅是看企业成功时，更要看企业陷入困境、企业家面临企业利益与社会担当的矛盾时，企业家的取舍、态度及其背后遵循的价值标准、行为取向、评价原则和衡量尺度等。这可以说是检验企业家社会责任思想与行为一致性的试金石。

在1929年爆发世界经济危机前，橡胶价格经历了长时间的剧烈震荡。1926年，胶价突跌，冬季时胶价从每担200多元跌至90元，各胶厂利润锐减，此后三年，胶市都无好转迹象，陈嘉庚的企业支柱——树胶工厂出现乏利现象。祸不单行，在树胶工厂惨淡经营之时，陈嘉庚企业又遭到日本胶商针锋相对的市场竞争。陈嘉庚公司时为南洋最大橡胶制品公司，1928年，日本制定"经济南侵"的扩张政策，日本资本家以国家力量在新加坡设树胶公司，与陈嘉庚公司展开竞争。陈嘉庚公司主要的产品胶鞋，六成在东南亚销售，其余销往中国。日商有组织有领导地进行削价倾销，依仗其政府补贴以低于市价2～3成甚至低于成本的价格，抢夺陈嘉庚公司胶鞋制品的市场份额，日货充斥了整个东南亚市场。陈嘉庚公司遭到严重损失。

不仅如此，由于陈嘉庚创办的《南洋商报》积极倡议南洋华侨反对日本侵略、抵制日货，并揭露奸商贩卖日货的行为，陈嘉庚公司遭人忌恨。竟有对手雇人放火烧了陈嘉庚重要的橡胶品制造厂，"飞来横祸"使公司蒙受100多万元的财物损失。陈嘉庚企业再受重大打击，资产大幅缩水，经营陷入困境。

在经济每况愈下，企业经营面临困难的时候，陈嘉庚曾说："世界无难事，唯毅力和责任耳！"他凭借着困境从容、坚守责任的价值观，继续维持和发展成为他精神支柱的教育事业。陈嘉庚公司虽然面临严重的资金困难，但他从未拖欠厦、集两校的经常校费，为此，陈嘉庚毅然两次低价出售了11000多亩的胶园，冲抵厦集两校经费和银行利息。

1929年爆发的全球经济大萧条，各种商品的价格大降特降，树胶价格从1925年的每担200元降至七八元。陈嘉庚企业雪上加霜，"仿似避贼遇虎惨况"①，这期间的收入"只供义捐和家费"，而厦集两校的经费和利息支出高达数百万元，公司负债已经十分沉重。当时，不断有人包括陈嘉庚的友人和家属，劝说陈嘉庚减少厦集两校的经费支出，他都坚决拒绝："我吃稀粥，佐以花生仁，就能过日，何必为此担心"，"余不忍放弃义务"，"盖两校如关门，自己误青年之罪少，影响社会之罪大……一经停课关门，则恢复难望"。

1931年，陈嘉庚企业被银行财团改组，陈嘉庚失去企业控制权，改组后的董事会限定补助厦集两校的经费每月不得超过5000元。后来，英国汇丰银行提出如果陈嘉庚停止供给两校经费，就可以给予继续贷款的"优惠"，陈嘉庚愤慨地严词拒绝，"宁可企业收盘、决不停办学校"②。1931年1月底，公司已无现金汇给厦、集两校，陈嘉庚公司的经济基石开始动摇，严重的资金周转问题出现，陈嘉庚将自己在新加坡经禧律42号的别墅抵押给银行，周转融通资金，后来干脆将其卖掉筹措校费，这就是陈嘉庚被后人传颂的"宁可变卖大厦，也要支持厦大"的壮举。

厦门大学化学院和生物院

---

① 陈嘉庚：《南侨回忆录》，上海三联书店2014年版，第434页。
② 洪永宏：《陈嘉庚的故事》，鹭江出版社2002年版，第130页。

1933年，在外部经济危机对企业产生严重冲击，内部董事会做出了一系列错误决策之后，失去企业控制权的陈嘉庚，一心只想在公司清盘之际，尽力做妥善安排，为厦门大学和集美学校筹集经费。例如，把新加坡、槟城、巴双厂三个橡胶厂租给南益公司，约定所得利润分五成捐为厦大和集美学校经费；把麻坡厂租给益和公司，约定利润全部补充厦大和集美的校费；怡保、太平等工厂，则招经理人和陈嘉庚自己合租，约定抽三成利润作为校费。陈嘉庚还通过在厦门专门受理厦大和集美两校财务的集通号向别人有息借债20万元，同时接受亲友资助作为维持学校的费用。据统计，在陈嘉庚公司陷入困境的1926—1934年期间，公司先后汇给两校校费新加坡币3350000元[①]。

总之，陈嘉庚在胶品工业的发展具有雄心壮志和宏伟蓝图，可惜在当时的时代背景下，最终并没能彻底改变公司经营每况愈下的状况。但他在克服企业困境中展现出来的家国情怀和宏大格局，成为我们今天研究陈嘉庚企业社会责任思想的重要宝库。

5. 世界观：明心见性，自我实现

对于企业家而言，最不想看到企业破产倒闭，这对他们而言意味着彻底失败。破产是每个商人、企业家最害怕的字眼，一旦宣布破产，他的财产就要被冻结和清算，以还清他的全部欠债，从此不得再做生意，直至还清全部欠债为止。当陈嘉庚的企业面临倒闭，他如何处理企业与社会的关系？企业失败，是否意味着企业家社会责任的终结？

20世纪20年代末，在世界经济危机背景下，欧美和加拿大等国纷纷筑起关税壁垒以阻挡外货，英国殖民当局出于保护宗主国利益等需要，对新马等地企业竟然采取冷眼旁观、伺机打压的态度。1933年5月，英国政府在加拿大渥太华召开帝国经济会议，英国殖民当局拒绝在海峡殖民地各处设立关税壁垒，以免影响宗主国及日本之竞争。陈嘉庚公司失去了殷切盼望的关税保护后，蒙受惨重损失，此举无疑再次粉碎了陈嘉庚重振企业的希望。

对于陈嘉庚而言，仍存一线希望的是，《渥太华协议》规定，马来亚输往英国的胶

[①] 本章的主题是陈嘉庚的企业社会责任思想，因此，本章并没有介绍和分析1934年企业清盘之后，一直到1961年陈嘉庚逝世，他一生为厦门大学和集美学校的发展呕心沥血、鞠躬尽瘁。读者可以通过众多介绍陈嘉庚的书籍和读物，了解这方面的感人事迹和光辉成就。

鞋享受优惠国待遇，可以击退一些非优惠国包括日本的竞争。不到最后一刻绝不放弃的陈嘉庚准备大规模扩大出口英国的胶鞋，未料公司董事会为保障英帝国利益，指定一家英国公司垄断代理销售，公司不允许其他商人包括华商参与[①]。而指定的英商并没有能力"消纳陈嘉庚公司所产之全部胶鞋"，"一家专卖"暴露了殖民地政府有意打压陈嘉庚公司的企图。

陈嘉庚彻底明白，在外国资本钳制之下，前途发展无望，没有强大的祖国做后盾，华侨不可能得到平等的待遇和尊重。"与其被人搞垮，不如自行停业"[②]，于是，在董事会越权与英商签约之后，陈嘉庚便将公司基础较好的几家胶厂及食品厂，分别出租或转让给李光前、陈六使，并与他们订立"君子协议"，订明今后获利，抽固定比例充作厦、集两校校费。

1926年厦门大学全景

当陈嘉庚发现无力把企业继续办下去的时候，他毅然选择舍弃企业，保住学校，继续履行企业的社会责任。企业失败后，他想方设法维持厦大、集美两校的日常教学

[①] 因为陈嘉庚没有接受银行停办学校的要求，公司被改组为股份制，陈嘉庚失去公司控制权；另外，作为南洋的商业巨子，陈嘉庚长期将企业的盈余寄回国内兴办教育，早就引起了英国政府的警觉和不满。

[②] 陈碧笙、杨国桢：《陈嘉庚传》，福建人民出版社1981年版，第40页。

所需费用。同时，因经费所限，考虑到"厦集两校虽能维持现状，然无进展希望，而诸项添置亦付阙如，未免误及青年"。反复考虑后，陈嘉庚决定集中力量维持集美学校，而将厦门大学无条件移交国民政府，1936年，厦大改为"国立"。

后来，许多华侨企业家感佩于陈嘉庚的义举，纷纷向他学习，将企业所得投入社会公益事业。有一位印尼华侨，因为在自己家乡大力资助教育，办了多所学校，而被称为"印尼陈嘉庚"。他自己说："我怎么能和陈嘉庚比，我差他太远了。1943年，当我到马来西亚参观橡胶园时，我看到原来陈嘉庚企业的橡胶园外面，挂着大大的红布条：集美学校校产、集美学校校产……"。

事实上，企业失败更加凸显了陈嘉庚对企业社会责任的执着坚守和企业家精神。时势造英雄，中华民族正处于水深火热中煎熬的历史时期，陈嘉庚的人生格局和行止作风深深地影响了一大批海内外企业家和爱国人士。企业清盘后，陈嘉庚更加凝神专注于带领东南亚华侨投入抗日救亡伟大斗争的战役当中，在社会舞台上，他的才华得到充分发挥，他那炽热报国的赤子之心焕发出夺目光彩，辉耀史册。

企业清盘后，陈嘉庚对社会公益尤其是教育事业，一如既往不遗余力。百年来，华人华侨企业家、师生校友和社会各界对厦门大学捐资助学之风方兴未艾，陈嘉庚企业社会责任思想所激发的爱国、感恩、奉献的捐赠文化成为厦门大学文化育人的宝贵财富。

陈嘉庚与厦门大学第一任校长萨本栋合影

三、陈嘉庚企业社会责任思想的形成

陈嘉庚生活在中国历史剧变的年代，也生活在东南亚社会与政治大动荡的年代。他的企业社会责任思想正是在特定的时代背景、社会环境、家族氛围和自身性格特质等多种因素相互碰撞、交互影响下形成的。这些因素对陈嘉庚企业社会责任思想的义利观、金钱观、事业观、价值观、世界观等都或多或少产生了影响。下面，我们将对陈嘉庚企业社会责任思想形成的因素进一步进行聚焦阐释和具体分析，重在反映陈嘉庚企业社会责任思想的发展脉络以及其中具有启发性、规律性的因素进行观察和思考。

1. 民族危亡的鞭策激励

陈嘉庚生于国难、长于国难。

1874年，陈嘉庚出生于福建厦门集美村。鸦片战争的失败，清政府签订《南京条约》，厦门被迫成为"五口通商"的一个口岸；在陈嘉庚出生的那一年，日本进犯与厦门遥遥相望的台湾，清王朝签订了屈辱的《中日北京专约》，承认琉球为日本属国；陈嘉庚耳闻目睹中国沦为半殖民地半封建社会，列强蚕食，满清衰败，侵略者在中国横行霸道、贩卖鸦片、把村民当作"猪仔"运到南洋做苦力等等。

这一时期，中国不仅发生"人祸"，也惨遭现代史上规模浩大的数次天灾，旱灾、水患、瘟疫等，生灵涂炭。陈嘉庚的母亲和妹妹就是在这一时期染上鼠疫而死。更加令人悲痛的是清朝政府的腐败无能，不但无力缓解灾情，更置人民于水火之中。

20世纪初，反对清王朝的革命浪潮冲击着南洋华侨社会，新加坡同盟会分会的成立，孙中山"人皆激发天良，誓死为爱国之运动"的激励，使陈嘉庚的思想受到很大影响。1910年他和弟弟陈敬贤剪掉长辫加入同盟会。1911年，辛亥革命胜利，福建光复，数千年的专制统治被推翻，海外华侨为之欢欣鼓舞。

民国光复后，陈嘉庚经营实业和对企业能够承担社会责任的思想有了很大发展。他认为建设祖国，当务之急是发展实业和兴办教育："无实业，则教育费从何来；无教育，实业人才无可出"①。崇高的家国情怀和爱国情操，激发了陈嘉庚加快企业发展的方向和目标，明确了他在南洋竭力发展实业，为办学提供经费的宏图伟业。1919年，五四运动宣告了新民主主义革命的开始，更让陈嘉庚看到了民族的希望，这样的时代剧变和客观因素使得他更加坚定和急迫地筹划回国创办厦门大学，加快了他实业兴学的步伐。

2. 中华传统文化的滋养

陈嘉庚的成长地集美，是一个名副其实汇"集"了山川之"美"的乡村，秀丽的自然景色和深厚的文化底蕴陶冶着陈嘉庚幼小的心灵，他很早就对故乡有强烈的感情②。陈嘉庚小的时候常常听乡亲们讲述民族英雄郑成功英勇抗清的故事，产生了无限向往之情，郑成功保家卫国的高大形象在他幼小的心灵里播下了爱国、忠义的种子。

陈嘉庚少年时代曾在集美私塾学习9年，熟读四书五经，虽然他说自己对国文"一知半解"，但事实上旧学教育为他打下了良好的中文基础，更是培养了他日后不断自修中国语文和文化的习性。儒学思想中的"忠、孝、仁、义、克己、自励、己所不欲勿施于人"等深深地影响了他的行为处事。甚至我们可以看到他兴教育过程中对包括学校校训、楼宇建筑名称等的命名都饱含着对中国传统文化的热爱和敬意。

陈嘉庚到南洋经商后，也是新加坡孔教会的忠实会员。逐利四方的经商精神与诚实守信、重义轻利的中华传统文化奇妙地交织在一起。儒家思想文化的影响随处可见：他最早在家乡创办的私塾，起名为"惕斋"，取自"惕厉其躬，斋庄有敬"，意思是希望学生谦虚谨慎，尊老敬贤③；他把从中华传统文化中汲取的智慧用于公司建章立制，他制定的《陈嘉庚公司分行章程》，希望企业的所有员工遵守儒家的伦理规范和道德原则"君子喻于义，小人喻于利""先义而后利者荣，先利而后义者耻"；陈嘉庚坚持守信重义，宁愿牺牲企业一时的发展时机，坚决杜绝企业"损人利己""欺诈猎利""降志辱身"的行为，他把从中华传统文化中汲取的智慧用于企业管理，反过来，中华传统文化的积极影响更使得他始终把"事之所宜"即儒家特定的伦理规范和道德原则当做心中至高无上的道义。

---

① 北京集美校友会：《回忆陈嘉庚》，中共中央党校出版社1994年版，第102页。
② 魏维贤、许苏我：《椰阴馆文存补编》，南洋学会出版1987年版，第2页。
③ 陈少斌、庄牧：《陈嘉庚是位不谋实利的实业家》，陈嘉庚研究会刊1985年版。

3. 自我格局的不断提升

企业社会责任思想看起来是处理企业和社会的关系，其实是企业家对自我与外部关系认知在企业当中的反映。

19世纪下半叶，在门户洞开、鸦片毒害和洋货倾销的冲击下，厦门百姓生活艰难，在陈嘉庚生活的小环境集美，同宗族亲常为了一点私利吵闹不休，同族相残。特别是有一次，乡里同宗族亲因建房屋起了冲突，发生大规模的械斗流血事件，直至官府派兵才平息。正当大家为日后乡里乡亲如何相处束手无策时，陈嘉庚母亲深明大义，将家里积蓄全部拿出来，抚恤死伤家属，感召了械斗双方，这件事给陈嘉庚留下了深刻印象[1]，他深受母亲仁爱之心的影响。

独自创业后，陈嘉庚担负起重振家业的重担。当他自力更生用企业初创所得还清父债，与其说他是了却父亲的心愿，不如说是陈嘉庚坚定了在面对企业"为利"或"为义"时的自我选择。此后，当他谋划商战并更加积极地参与社会公益事业时，他的眼界更加高远，实现了企业由"利己"向"利他"的思想转换。陈嘉庚通过加入同盟会和在企业融入社会公益事业的学习实践当中，进一步明确了实业救国要通过教育，通过提高全民的文化素养，才能改变国家落后挨打的现状，实现救国报国的理想。

4. 世界眼光的理念引领

世界眼光，是以开放和自信的心态观察他国企业经营的视野。陈嘉庚的创业所在地是新加坡，企业的生产、经营活动主要在海外。他的企业发展战略，大多基于对世界经济的研判。他说，"世界各国奖励实业，莫不全力倾注。在其国内，一方讲求制造，抵抗外货之侵入；一方锐意推销，吸收国外之利益。制造推销，兼行并进，胜利自可握诸掌中"；"办实业兴教育"也是他长期广泛地国际考察得到的收获。他说，"欧美先进各国，统计男女不识字者不及百分之六七，日本为新进之邦，亦不满百分之二十，我国则占百分之九十余，彼此相衡，奚啻霄壤。国民识字之程度如此，欲求免天演之淘汰，其可得乎？""鄙人所以奔走海外茹苦含辛数十年，身家性命之利害得失，举不足撄吾念虑，独于兴学一事，不惜牺牲金钱，竭殚心力而为之"[2]。

他关注到中国与欧美国家教育的比较，他认为"欧美各国教育之所以发达，国家之

---

[1] 洪永宏：《陈嘉庚新传》，陈嘉庚国际学会出版2003年版，第8页。
[2] 陈嘉庚：《陈嘉庚自述》，安徽文艺出版社2013年版，第548页。

所以富强,非由于政府,乃由于全体人民。中国欲富强,教育欲发达,何独不然"。所以,这也是他不顾个人身家性命的利害得失,不惜投入企业所有资产,殚精竭虑为之的根本原因。

相比欧美各国,祖国教育落后的状况,坚定了陈嘉庚兴实业办教育的决心。他的企业社会责任思想中饱含外争国权、内利民生之深意。"我国人口居世界第一位,沿岸领海环抱万里,不让任何大国;而所有船舶之数尚不足与最少船舶之国比拟,甚至世界数十国航业注册,我国竟无资格参加,其耻辱为何如?"因此,陈嘉庚及其企业义无反顾地负起了"直追之责",他预先规划,以企业所得在家乡开办了水产航海教育,并在学校还未正式开学的前两年,就资助学生到海外接受相关培训,为水产航海教育准备师资,以实现他"造就渔业航业中坚人才,以此内利民生,外振国权"的宏愿。

陈嘉庚有崇高的国际主义精神。他不仅热爱祖国和人民,也深深地关心侨居地人民,同情、支持世界的正义和进步事业。他的企业所资助的学校及学生遍布世界各地。除了在国内创办学校外,陈嘉庚在侨居地创办和赞助了多所学校,鼓励学生积极为新马社会的经济、文化和教育事业服务,同时,他也积极鼓励毕业生走向世界,并招收各国华侨华人子弟或外籍人士入学。虽然在当时新加坡殖民统治下的商业环境和祖国危亡、国家积贫积弱的历史背景下,陈嘉庚最终没能改变公司状况,创造更加辉煌的业绩,但他主动将自己的公司当作推动社会机体发展的组成部分,其中展现出来的企业经营格局和国际视野,成为我们今天研究企业家社会责任思想重要的思想宝库。

回顾历史,首先,陈嘉庚的企业社会责任思想随着他的助父经商、独立创业不断走向成熟,也伴随着他的人生观、世界观和价值观的形成逐步明晰,可以说他的企业社会责任思想奠定了他的人生目标和价值追求。其次,陈嘉庚的企业社会责任思想反映了特定时代背景下,中华传统文化及西方现代文明对海外华侨创业者的共同影响,他们企业社会责任的实践与"天下兴亡,匹夫有责"的家国情怀交织在一起,成为当时海外创业者们寻找救国报国之路,实现爱国兴国理想的重要途径。

2020年7月21日,习近平总书记在北京主持企业家座谈会时指出,爱国是近代以来我国优秀企业家的光荣传统。企业营销无国界,企业家有祖国。优秀企业家必须对国家、对民族怀有崇高使命感和强烈责任感,把企业发展同国家繁荣、民族兴盛、人民幸福紧密结合在一起。陈嘉庚的企业社会责任思想也是超越时空的。他的思想跳出了将企业社会责任与企业商业行为对立的误区,不局限于一般意义上的公益慈善,他将企业社会责任与企业发展战略紧密结合，形成"兴实业办教育"的思想体系和坚定实践。陈嘉庚的企业社会责任思想无疑具有深远的现实指导意义。

今天，越来越多的企业家认识到企业与社会唇齿相依，企业的成功离不开社会和谐、环境美好，企业必须对环境问题、社会需求、社会进步等给予足够的关心、关注和重视，找到与社会共同发展的契合点，才能通往适应时代需求的可持续发展的通达之路。

第七章

陈嘉庚公司清盘：从企业家走向社会领袖①

① 本章由木志荣执笔撰写。

1934年2月13日，陈嘉庚股份有限公司召开股东非常大会，决议该公司自动收盘，"全厂停闭，由银行公举收盘员，全权核结收罢矣。"[①]

从表面上看，陈嘉庚公司清盘的直接原因是公司亏损严重，无法偿还银行利息，银行接管了陈嘉庚公司的全部资产，并宣布自动清盘。但是，造成陈嘉庚公司陷入困境，最终清盘停业的原因是多方面的，是各方面不利影响因素不断冲击和积累的结果。这些因素既有外部的客观原因，也有内部的主观原因。

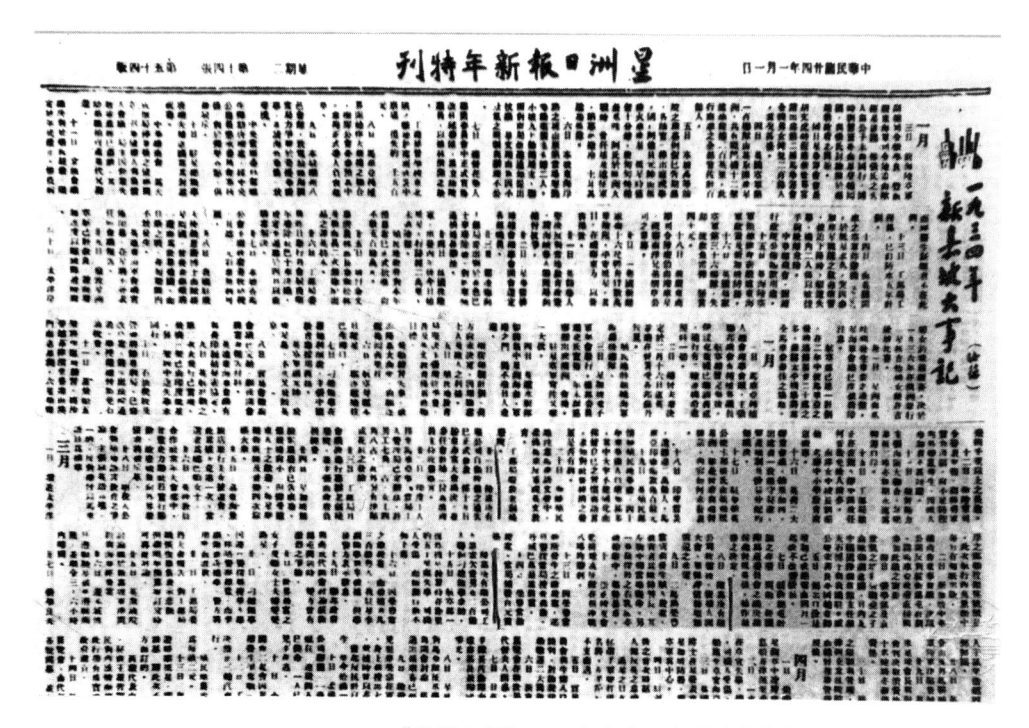

《星洲日报》1934年大事记有关陈嘉庚有限公司收盘之刊载

---

① 陈嘉庚：《南侨回忆录》，上海三联书店2014年版，第434页。

一、外部日渐恶劣的经营环境

陈嘉庚公司当时面对的外部不利经营环境既包括经济周期性波动导致的行业低迷,还包括英国殖民政府对华侨经济的种种限制和挤压,日本对东南亚市场的破坏性倾销工业品,以及南京国民政府对南洋华商在危难时刻并没有伸手援助等等。

1. "避贼遇虎"的经济周期冲击

1925年树胶价格每担由年初的30余元,先上涨到50余元,到年底冬间竟高达200元。受益于树胶业行情高涨,陈嘉庚在当年获利790万元,赚得盆满钵满。但是,1926年自春至冬,树胶价格将近跌了一半,"树胶降价如流水就下,由每担一百七八十元跌到90余元。各厂不但乏利,尚当亏损"[①]。之后连续两年,树胶业行情低迷,陈嘉庚的树胶厂和熟品制造厂都亏损或无利可图。

祸不单行,1929年席卷全球的世界经济危机沉重打击了本已低迷的马来亚树胶业,1930年,树胶价格从五年前的每担200元跌到七八元!世界经济大萧条,使各种商品的价格大降特降,从各种原料到制造生产出来的各种产品,价格都跌去了一大半。到1932年前后,由于资产价格猛烈下降,很多企业主抵押的资产都纷纷爆仓,倒闭的倒闭,不倒闭的被迫重组,经济一片萧条。大多数树胶园主都停止了采割,工人很多失业或回国,留在马来亚的工人每日工资只有两三角钱,生活非常艰辛。因为树胶园园主无力偿还银行借债的利息或地租,很多树胶园被政府或债主拍卖,拍卖价每英亩才四五十元,甚至有的每亩才十余元。

陈嘉庚的企业也受到重创,胶片价格跌落到比生产成本还低,其树胶制造厂在全世界80余处的销售分店,以及工厂内库存的生品和熟品,滞货堆积如山,货值跌价超过100万元。经济危机使企业产品出口锐减,陈嘉庚熟品厂生产的鞋子出口数量从1929年到1931年下降了60%。[②] 市场

[①] 陈嘉庚:《南侨回忆录》,上海三联书店2014年版,第429页。
[②] 戴渊:《陈嘉庚企业兴亡的历史经验》,南大教育与研究基金会2012年,第23页。

上销售的胶鞋售价已从 1928 年的每双 1 元滑落至每双 2 角，除了主业树胶产业之外，饼干厂、火锯厂、黄梨厂、米店等其他业务也深受影响，得利大减，只够陈嘉庚义捐和家庭开支之用。

总之，虽然陈嘉庚在经商创业历程中，经历过多次市场行情的起起伏伏和行业生命周期的反复无常，但这次经历了 1926—1928 三年的树胶行情低迷和 1929 年开始的经济大萧条，其产业遭遇了严重的经济周期冲击，损失惨重，元气大伤，按照陈嘉庚自己的话来说就是"仿似避贼遇虎惨况"[①]。

2. 宗主国和殖民地政府的无视和挤压

以新加坡为中心的东南亚地区是陈嘉庚商业版图的核心地带，而当时的东南亚处于以英国为首的殖民统治下，成为殖民者和外国资本夺取廉价原料的基地、倾销本国商品的市场。以中国移民为主体的华侨经济，因其身份的特殊性受到殖民政府的多方限制和排斥，尤其是华人企业在原料争夺和工业制成品销售方面对宗主国企业构成威胁的时候，宗主国和殖民政府对华人企业的挤压和限制就会愈演愈烈。陈嘉庚企业就是深受其害的典型案例之一。

1933 年 5 月，英国政府为了应对数年来的经济萧条，在加拿大渥太华召开英属各地代表会议，决定在大英帝国内部实行帝国特惠税。按照帝国特惠税的规定，英国和自治领与英殖民地之间的贸易产品免付关税，而对英帝国以外的国家提高进口关税。帝国特惠税实行之后，树胶靴子以前每双征收两角半，现在关税要增加至 2 元；胶布鞋每双 7 分，增加到七角半。这个关税有效地阻止了日本等其他国家工业品在英国的倾销。陈嘉庚的工厂在新加坡，产品出口到英国及加拿大、新西兰等自治领国家和英国殖民地都享有免税待遇，这为饱受危机冲击、陷入困境的陈嘉庚企业创造了难得的机会。按照陈嘉庚的估计，胶靴、花样胶鞋和普通胶鞋每个月可以得利 12 万余元，"一年之后，本公司各业可以复兴，深以自慰"[②]。

果然，陈嘉庚在大英帝国各个市场上攻势凌厉，战绩彪炳。马来亚出口英国的胶鞋在 1928 年只有 12 打，1933 年激增到 87225 打，超过 100 万双，其中陈嘉庚公司产品占据绝大部分。在加拿大，1931 年还没有马来亚鞋子进口，但 1933 年进口 81491

---

① 陈嘉庚：《南侨回忆录》，上海三联书店 2014 年版，第 434 页。
② 陈嘉庚：《南侨回忆录》，上海三联书店 2014 年版，第 433 页。

打，接近100万双。在新西兰，1929年进口马来亚胶鞋428打，1932年达到18852打，进口数量呈猛增势头。陈嘉庚工厂的胶鞋还远销到西印度群岛和拉丁美洲岛国。[1]

但是，好景不长，陈嘉庚企业产品的所向披靡很快引起了宗主国英国和英自治领其他国家的警惕。渥太华会议的意图是加强英国在整个帝国范围之内的领导地位，加强大英帝国内部的经济关系，排斥日本等其他国家的竞争，并不是衷心要鼓励殖民地制造工业向发达国家输出产品，更不会乐意看到华侨经济的壮大。陈嘉庚企业居然能在短时间打开英国、加拿大、新西兰等国家市场，使这些国家的工业界和政府都感到震惊，他们感到陈嘉庚企业产品的强劲销路是对他们本身利益的一种威胁。因此，英国宗主国、殖民地政府和自治领国家开始动用政客、政府官员、工业界人士和新闻媒体等力量，想尽办法抹黑、抵制和挤压陈嘉庚公司及其产品。

在加拿大，首先，有媒体造谣说陈嘉庚工厂是日本工厂，凭借着帝国特惠税，大举入侵英国、加拿大和帝国其他地区。然后，有加拿大厂商申诉陈嘉庚企业产品低价倾销，于是加拿大政府把陈嘉庚产品的输入作为一个政治问题来处理，把它提到加拿大和英国政府的外交层面进行交涉。加拿大政府工商部长和加拿大总理都向英国殖民部大臣施加压力，要求阻止新加坡和香港更多华人工厂利用帝国特惠税和廉价劳工向加拿大销售货物。最后，加拿大政府通过操作汇率，让坡币升值的办法，遏制陈嘉庚产品出口加拿大。加拿大政府单方面宣布，凡是从新加坡进口的胶鞋，一律按照升值坡币计算。本来的汇率是1坡币等于0.52加拿大元，现在要按照1坡币等于0.5678加拿大元计算。[2]坡币升值了9.2%，这实际上是相当于对从新加坡进口产品征收了相应的关税，提高了陈嘉庚工厂产品在加拿大的售价，失去了价格优势，导致了陈嘉庚企业产品在加拿大的销售应声下挫。

对宗主国英国和海峡殖民地政府来说，对生长在殖民地的华侨经济一向冷眼旁观，更不愿意看到陈嘉庚企业的崛起。所以，英国同样企图利用各种办法遏制陈嘉庚企业产品在英国的销售。首先，英国政府官员无端指责陈嘉庚公司及其产品。英国议员在报章上发文，在国会中提出质疑，指责陈嘉庚企业用廉价血汗劳动制造廉价产品，抢夺了英国工人的饭碗。英国殖民大臣赤裸裸地公然表示，对于殖民地来说，帝国特惠税应当只适用于从殖民地输入原料，不适用于从殖民地输入工业产品。英国政府特别

---

[1] 戴渊：《陈嘉庚企业兴亡的历史经验》，南大教育与研究基金会2012年，第31页。
[2] 戴渊：《陈嘉庚企业兴亡的历史经验》，南大教育与研究基金会2012年，第32页。

为此设立了一个委员会，建议殖民地工厂应当按照国际劳工法改善工厂条件，借此逼迫提高殖民地产品的成本和价格，从而使殖民地工业品失去市场竞争力。其次，英国政府的一个委员会建议在英国、加拿大和各殖民地实行配额制，建议马来亚的胶鞋配额为每年 100 万双。这实际上是对陈嘉庚公司的直接挤压，陈嘉庚公司当时的产能是花样胶鞋每个月可以生产 10 万双，普通胶鞋每月可生产 10 余万双，也就是说，它的胶鞋产能是将近 250 万双，而整个马来亚出口英国的配额只有 100 万双。最后，英国政府利用当时陈嘉庚公司已经改组为股份有限公司，公司控制权在外资银行手上，通过外资银行对陈嘉庚公司施加压力。比如，逼迫陈嘉庚公司胶鞋在英国的售价；减少对英国的出口；委派一家公司作为陈嘉庚企业产品在英国的独家代理商，取代原本聘用的 8 家代理商。陈嘉庚形容此独家代理商为"魔商"，因为这个独家代理商不是为陈嘉庚公司积极开拓英国市场，而是严格限制陈嘉庚公司产品在英国的销售。陈嘉庚认为，委任这个"魔商"是导致公司最终结束的直接原因。

总之，正如新西兰奥克兰大学戴渊博士所言，英国政府和殖民地政府把陈嘉庚企业置于死地，这是为了宗主国利益，牺牲殖民地工业的典型例子。[①] 对于工业发达国家来说，殖民地只能生产和供应原料、食品或只供当地消费的轻工业品，而不应生产和发达国家工业有所竞争的商品，更不应当把这些商品运到宗主国内竞争。西方工业强国在自由贸易和保护主义问题上，总是使用两面手法。当他们的技术和产品能驰骋世界、所向披靡的时候，他们总是要求其他国家开放门户，实行自由贸易；当其他国家的工业产品成功打进他们本国市场的时候，他们就用种种手段，包括掀起汇率战，筑起贸易壁垒，打击落后国家或新兴国家的工业。[②]

3. 日本企业的低价倾销

从 1926 年起，日本开始向东南亚市场倾销工业产品，陈嘉庚公司主要的树胶熟品——胶鞋，在东南亚市场上遭遇了日本货激烈的正面交锋。日本胶鞋凭借着低廉的价格，长驱直入涌入东南亚市场。1925 年新加坡进口日本胶鞋只有 8000 多打，1927

---

① 戴渊：《陈嘉庚企业兴亡的历史经验》，南大教育与研究基金会 2012 年，第 34 页。
② 回顾历史，审视现实，发现历史与现实有着何其相似之处。中国改革开放以来，在与美国、欧盟等发达国家的国际贸易中，经历了各种贸易战，发达国家动辄使用关税、反倾销、汇率升值等等手段对付中国。2018 年以来，美国对中国发动的贸易战、科技战、产业链封锁脱钩等等手段更令人发指。

年增加到45000打，1930年激增到97000打，占据所有进口胶鞋的85%。[①] 东南亚其他地区，日本胶鞋的进口额也大幅增加。东南亚市场是陈嘉庚树胶产品的主要销售市场，但日本产品的长驱直入，严重挤占了陈嘉庚公司的产品市场。

按理说，陈嘉庚公司的产品是很有优势的。日本在20世纪30年代一共有七百多家树胶制造厂，但这些厂绝大部分规模都很小，日本的鞋厂虽然在帆布、缝线等工业原料方面有一定的优势，但在重要的树胶原料方面占有劣势。陈嘉庚的树胶制造厂无论从树胶原料、技术设备、生产规模和效率等方面都占有巨大优势，胶鞋等产品在市场上极具竞争力。但日本胶鞋之所以能在东南亚市场长驱直入，并非由于它具有明显的优势，而是由于日本全力进行倾销，不惜把价格降到最低。日本政府不仅鼓励和支持日本企业这种破坏性的倾销政策，而且还在国际上掀起汇率战和贸易战，帮助日本企业争夺国际市场。比如，1931年12月，日本政府宣布日元贬值30%，第二年2月再宣布贬值30%，日元这样大幅度贬值的结果，大大降低了日本货在海外的售价，加速了对东南亚市场的渗透。1933年，在马来亚市场上，普通日本鞋子的售价是每双0.25元，高级日本鞋子售价是每双0.3～0.35元，而陈嘉庚制造厂每双鞋子的成本都要0.4元。[②] 面对如此残酷的价格竞争，陈嘉庚企业被迫进行削价竞争反击，但是，价格悬殊，陈嘉庚企业在东南亚市场上受到了重创。

面对日本企业和政府不公平的倾销做法和贸易政策，英国海峡殖民地政府对陈嘉庚企业没有给予丝毫支持，更没有给予应有的保护。当日本企业进行倾销、日本政府通过汇率战和贸易战打击陈嘉庚企业的时候，殖民地政府本可以而且应该给予陈嘉庚企业相应的关税保护，但是政府并没有采取措施。然而，殖民地政府对英国纺织品在马来亚的销路却给予了积极的关税保护。从20世纪20年代末期开始，日本纺织品也大举侵占马来亚市场，英国纺织品节节败退，在这关键时刻，殖民政府在1934年颁布《纺织品进口条例》，大幅提高对日本纺织品的进口关税，有效保护了英国纺织品厂商的利益。殖民地政府的这种厚此薄彼、见死不救的政策，再次说明了英国宗主国和殖民政府是不希望华侨企业发展壮大的。

---

① 戴渊：《陈嘉庚企业兴亡的历史经验》，南大教育与研究基金会2012年，第24页。
② 戴渊：《陈嘉庚企业兴亡的历史经验》，南大教育与研究基金会2012年，第26页。

4．中国市场的丧失

陈嘉庚企业生产的树胶产品，除了东南亚市场外，非常重视开拓中国市场。当时中国有 70 多家树胶制造厂，香港有 3 家树胶厂。[①] 但这些工厂无论规模或者技术设备都无法与陈嘉庚企业相比，况且整个中国市场还有很大的发展空间。然而，雪上加霜的是，正当陈嘉庚企业在 20 世纪 30 年代初面临危机而苦苦挣扎的时候，因为南京国民政府筑起的关税壁垒，陈嘉庚企业失去了整个中国市场。

鸦片战争后，根据中英南京条约，中国割让香港，开放五个通商口岸，此后丧失了关税自主权。中国海关由英国人赫德掌管，长期实行低关税政策，对所有外国进口商品一律征收 5% 的关税。这种低关税政策导致外国商品像潮水般涌进中国，严重打击了中国的民族工业。收回关税自主权、实行关税保护成为中国人民的一项正当要求。1928 年开始，南京国民政府逐步收回关税自主权，颁布了一系列海关税则。1929 年，国民政府颁布的国家海关税则，把最高税率由 5% 提高到 27.5%，1931 年又把最高税率提高到 50%，1933 年更是把最高税率提高到 80%。[②]

短短四年，南京国民政府筑起一道针对进口商品的关税壁垒，自然对位于新加坡的陈嘉庚企业影响极大。早在 1927 年，厦门大学林文庆校长就代表陈嘉庚向南京政府海关总署提出申请，提出陈嘉庚企业是由海外华侨创办的企业，其盈利绝大部分用于中国国内教育事业，造福于中国民众，所以，请求给予陈嘉庚企业产品以国货待遇，免税进入中国市场。当时总税务司是英国人，并没有对林文庆校长的申请给予答复。1929 年，厦门大学和集美学校的董事再次向财政部提出申请，但被财政部拒绝。1931 年 11 月，全国工商会议在南京召开，南洋华侨商人组成代表团参加，成员包括陈嘉庚、胡文虎、李清泉、林恭礼等华商。[③] 经过代表团倡议，全国工商大会通过决议，请求南京政府给予南洋华商国民待遇，允许华侨产品以国货地位免税进口。会议还具体规定了符合国民待遇的华商资格条件，如华商必须向中国驻当地领事馆登记，并且向南京政府工商注册处注册；股东或合伙人必须为中国公民；如果是海外出生的侨民，则不能放弃中国国籍，而且必须捐款给中国学校和慈善事业；公司职工必须为华人等等。

[①] 戴渊：《陈嘉庚企业兴亡的历史经验》，南大教育与研究基金会 2012 年，第 26 页。
[②] 戴渊：《陈嘉庚企业兴亡的历史经验》，南大教育与研究基金会 2012 年，第 27 页。
[③] 胡文虎是著名的虎标万金油大王；李清泉是菲律宾华商领袖，首屈一指的木材大王，中兴银行的创办人；林恭礼是槟城著名华商，平章会馆和槟城中华总商会理事。

应该说，全国工商大会的这个请求合情合理，因为按照当时的法律，无论何地出生，凡具有中国血统的人，均属于中国国籍。从情理上说，南洋华侨华人每年都给中国带来巨额的侨汇，给国内侨乡带来巨大的利益实惠，而且华商们办学捐款，从善如流，为国内各地尤其是侨乡做出了重大贡献。但是，南京国民政府再次拒绝了陈嘉庚等南洋华商的合理要求。实际上，当时的中国税法仍然给予西方列强国家最惠国待遇，没有理由不给南洋华商关税优惠待遇。南京国民政府的这种态度，说明他们并无意真正扶持海外华人工业。在陈嘉庚企业危难的关头，最需要中国施以援手的时候，南京国民政府却没有给予丝毫的帮助，辜负了陈嘉庚多年对祖国的贡献，也辜负了海外华商对国民政府的期望。

南京国民政府拒绝陈嘉庚等南洋华商的请求，对陈嘉庚企业的打击非常沉重。南京政府对海外树胶产品的关税，到 1933 年 1 月提高到 17.5%，到 5 月更是提高到了 30%。由于关税提高，陈嘉庚企业产品的价格大幅上升，根本无法在中国销售，最终只能退出中国市场。中国市场的丧失是陈嘉庚企业最终结束的重要原因之一。[①]

总之，陈嘉庚企业从 1926 年开始经历了行业低迷、经济危机、殖民政府挤压政策、日本企业的倾销、被迫退出中国市场等等各种外部环境不利因素的多重打击，企业负重前行，最终走到了尽头。

[①] 戴渊：《陈嘉庚企业兴亡的历史经验》，南大教育与研究基金会 2012 年，第 29 页。

二、内部不断积累的经营风险

面对日渐恶劣的外部经营环境,作为英国殖民地上的一位华商,陈嘉庚本事再超群,也无法完全预测和控制政策与市场行情的变化。当然,任何一个企业家,无论身处什么时代,都必须要去积极应对外部环境的挑战和威胁,通过适当的战略反应和经营管理措施降低企业的风险。我们在这里不是要吹毛求疵,更不是要贬低陈嘉庚在商业上取得的惊人成就,我们在这里只是站在历史唯物主义的立场,总结一下陈嘉庚企业由于在内部经营管理方面的不足和遗憾,导致企业的经营风险不断加大,最终也影响了企业的可持续发展。

1. 陈嘉庚树胶熟品制造厂的拖累

树胶业是陈嘉庚商业版图的核心板块,正如第三章所言,陈嘉庚在树胶业的全产业链布局是他成为东南亚"树胶大王",从而被誉为"马来亚亨利·福特"的重要原因之一。陈嘉庚在树胶业的产业链布局主要集中在上游的种植、中游的加工、下游的熟品制造三个环节。在这三个产业链环节中,陈嘉庚最重视、投入最大的是下游的熟品制造厂。他在1920年开始涉足树胶熟品制造的时候,仅投下150万元,后来一直增加熟品制造领域的投资金额,1928年投资金额为900万元,1929年增加到1000万元。制造厂的工人从1923年的1000多人,增加到1930年有5000多人,1933年顶峰时期达到6200名工人和200名职员。[①]但是,耗费企业很多财力和人力,陈嘉庚重金投资的制造厂效益却不佳,从1920年到1934年,整整14年中只有两三年是赚钱的,绝大多数年份都是亏损的,累计亏损了400多万元。[②]

从战略上看,我们认为陈嘉庚从1920年开始就布局下游的胶品制造是非常正确的,何况他大力发展橡胶制造业的另一个重要目的是为中国发

[①] 杨进发著,李发沉译:《华侨传奇人物陈嘉庚》,陈嘉庚纪念馆2012年版,第61页,第51页。

[②] 戴渊:《陈嘉庚企业兴亡的历史经验》,南大教育与研究基金会2012年,第36页。

展橡胶业培养人才，从而实现"实业强国"。但是，从战术上看，陈嘉庚企业的有些经营策略是存在风险和问题的。

首先，制造厂生产的树胶产品多达 200 多种，种类太多。陈嘉庚熟品制造厂除了主要生产鞋子和轮胎之外，还有各种各样的日常用品、工业用品、食品、玩具、体育用品等大约 200 多种。每种产品都要经过设计，制造模具，而且许多产品要经过七八个月甚至一年的反复试验。产品种类过多，耗费了企业很多资源，多数品类多年没有盈利，甚至是亏损的。但是，公司没有调整生产计划，尤其是在外部经营环境日益恶劣的情况下，仍没有压缩产品线集中生产几种拳头产品，造成整个制造厂的经营绩效一直不佳。1929 年到 1931 年，世界经济大萧条，各种商品的价格大降特降，陈嘉庚树胶品库存跌价超过 100 万元，在如此严峻的经营环境下，陈嘉庚对树胶熟品制造厂的投资支出仍高达 70 余万元。

其次，制造厂涉足不相关多元化发展。陈嘉庚橡胶制造厂不仅在树胶产品生产中品类过多，而且还涉足了与树胶业无关的产品生产。例如，工厂有一个药品制造部门，负责生产中成药和西药，实际上这个部门与树胶业毫无关系，而且跟当时的胡文虎公司生产的万金油产品系列相比，也毫无优势，是一个亏本的项目。除此之外，陈嘉庚树胶制造厂还上马了诸如皮鞋制造、毛纺织品、化学胶片等项目，这些项目与树胶主业相关度不高，在原料、技术等方面都没有优势，在上马立项之前没有认真做可行性研究，导致项目失败，造成了资金、设备、人力等各方面的浪费和损失。

最后，公司缺乏严格的存货管理和成本控制。如果以现代财务管理的标准去要求陈嘉庚公司，显然是不公平，也是不合理的。但是，缺乏必要的存货管理和成本控制，加大了陈嘉庚企业的经营风险和亏损程度[1]。例如，对遍布东南亚、中国和全世界的终端销售店缺乏有效管理，有的滞销产品在商店积压了八九年，公司总部也不了解情况，更谈不上对市场反馈的追踪和回应。大量的挤压产品已经造成坏账了，但在公司会计账簿上当作应收账款处理，没有提取存货折旧准备和风险金，也没有对公司的生产计划进行调整，公司的财务状况并没有真实地反映经营状况。例如，1933 年，公司储存了大量的鞋带，如果连起来有 8000 英里长，足够几年之用，但直到公司清盘前夕仍继

---

[1] 按照陈嘉庚亲自修订的《陈嘉庚公司分行章程》，陈嘉庚公司对各个负责销售的分行有严格的库存管理和报告制度，但估计这些制度在实施落实方面出现了问题。

续大量购买,造成了资源的浪费。①

总之,在外部环境持续恶化的情况下,陈嘉庚急于扩张树胶制造厂的规模,缺乏精细化经营和管理,造成树胶制造厂连年亏损,业绩不佳。

陈嘉庚公司制造厂

2. 过度负债导致企业利息负担过大

我们在第三章曾经提到,陈嘉庚在经商创业过程中,特别具有现代财务学意义上的四两拨千斤、以小博大的财务杠杆意识和资本运作能力。他善于充分利用银行借贷,通过适度负债实现了企业经营过程中四两拨千斤、以小博大,从而使企业快速成长壮大。当然,负债是一把"双刃剑",既可为企业带来厚利,又可使企业面临巨大的风险。

1925年的时候,陈嘉庚企业大约有1230万元的资产总值,而银行贷款将近有300万元,资产负债率在24%左右,这是一个比较合理的资产负债比例。但从1926年起,因为企业不断扩大规模、增加各地的销售网点、发展多元业务以及支持国内办学等等,企业的银行贷款急剧增加,到了1931年12月,公司尚未偿还的银行贷款总额为988

---

① 戴渊:《陈嘉庚企业兴亡的历史经验》,南大教育与研究基金会2012年,第37页。

万元，负债总额到了 1200 万元。[①] 而企业由于连年亏损，资产总值不断下降，资产负债率已经严重不合理。

另外，过度负债使企业的利息负担十分沉重。从 1926 年开始，陈嘉庚公司一直处于亏损状态，但是利息支出到 1932 年累计达到 310 万元（见表 7-1）。陈嘉庚企业的利息如滚雪球般越滚越大，严重侵蚀了企业的运营资金。

表 7-1　1926—1932 年陈嘉庚企业利息支出情况

年　　份	利息支出 / 万元
1926 年	40
1927 年	40
1928 年	40
1929—1931 年	120
1932 年	30（当年利息无法还清）
1933 年	不详，无法支付利息
合计	310

资料来源：作者根据陈嘉庚《南侨回忆录》相关信息整理制作。

正因为陈嘉庚企业负债过多，利息过重难以偿还，企业才被银行债权人集团逼迫改组为股份有限公司，陈嘉庚失去了对公司的控制权，最后心灰意冷，主动选择了清盘歇业。

3. 厦集二校的捐资办学加重了企业负担

我们在第二章已经提过，早在 1894 年陈嘉庚 21 岁的时候，就利用"打工"积蓄和结婚费用结余，在家乡集美创办了"惕斋学堂"，供本族贫寒子弟入学就读。到 1912 年，他带着积累不多的财富，筹办集美小学，全面展开了他倾资兴学的人生志向。1918 年底，陈嘉庚甚至决意长期回国兴办教育，除了继续扩大集美学校，1921 年创办了厦门大学。自此，陈嘉庚全力以赴捐资兴办集美学校和厦门大学，甚至在公司章程中明确规定把公司获得的利润用来支持厦门大学和集美学校，陈嘉庚为此从经济上做

---

① 戴渊：《陈嘉庚企业兴亡的历史经验》，南大教育与研究基金会 2012 年，第 37 页。

了认真盘算和准备。

但是,从1926年开始的树胶行业低迷及随之而来的经济大危机,使陈嘉庚企业陷入了困境。陈嘉庚面临一个艰难的抉择:为了企业的生存,放弃对厦门大学和集美学校的捐助,还是继续支持厦集二校。陈嘉庚毫不犹豫选择了后者,但为此使企业陷入了更深的负债。从1926年到1934年2月,虽然企业亏损,遭遇经营困难,但陈嘉庚还是继续支持厦集二校办学,期间共支出办学经费323万元(见表7-2)。

表7-2　1926—1932年陈嘉庚企业厦集二校办学经费支出情况

年　份	办学经费支出/万元
1926年	90
1927年	70
1928年	60
1929—1931年	90
1932年	6
1933年	6
1934年1—2月	1
合计	323

资料来源:作者根据陈嘉庚《南侨回忆录》相关信息整理制作。

当然,从表7-2可以看出,厦集两校的办学经费从1926年的90万元,缩减到1932年的6万元,足以说明陈嘉庚企业面临的财务困境。实际上,陈嘉庚在公司亏损的情况下,仍然坚持资助厦集二校办学的做法,遭到了众人的坚决反对。汇丰银行建议终止对厦集每月5000元的捐赠,但陈嘉庚以辞职相"威胁",坚决不同意取消捐赠。连分管财务的长子陈济民,为公司的财务状况感到寝食难安,都劝请父亲宜慎重考虑每月汇给厦大、集美的经费。但陈嘉庚拒绝了银行财团和亲友的劝告,仍然全力支持厦集两校的办学发展。

有人认为陈嘉庚在企业亏损的情况下,继续支持厦集教育事业,从企业财务的角度看,这个做法不符合现代企业管理的原则。按现代企业的做法,慈善捐赠只能从盈利中拨出，而且应由一个独立的基金会管理，与企业的营运完全分开。[①] 我们认为，如果从企业的一般运作看，这种观点不无道理，毋庸置疑，厦集二校的办学经费加大了处于困境中的陈嘉庚企业的负担。如果陈嘉庚不把教育捐款作为企业的经常开支项目，就会减少银行借款数额，公司的经营困境和风险也会大大降低。陈嘉庚自己也承认"果不幸因肩负校费致商业完全失败"[②]。但是，正如本书第三章所言，陈嘉庚忧国忧民的爱国情怀和尽忠报国的价值观是根深蒂固的，陈嘉庚艰苦创业、拼命赚钱的目的只有一个：实现"教育救国""实业强国"的人生志向。因此，企业及财富只是他尽忠报国的手段，而不是目的。从这个意义上说，陈嘉庚企业不是一个普通的商业机构，它几乎就是一个教育慈善机构。既然陈嘉庚把办企业作为实现尽忠报国的手段，企业如果不能实现这个功能，在陈嘉庚眼里企业就没有存在的意义了，我们在评价陈嘉庚是如何处理企业与教育之间关系的时候，要充分考虑到这一点。

4. 很多职员自立门户加剧了同业竞争

陈嘉庚在《南侨回忆录》总结经商办厂的整个生涯时强调，他耗资办学是经过认真考虑和安排的，而不是鲁莽轻率之举，"岂意再后树胶价大败特败，复加以职伴多人出作同业竞争，三年间无毫利可入，而校费及利息货价支出至五百余万元"[③]。陈嘉庚在这里承认很多"职伴"自立门户，形成竞争，对公司的经营产生了负面影响。

树胶行情兴旺的时候，陈嘉庚公司很多职员跳槽单干，或者被外面的公司挖去做合伙人，离职出去的前雇员们所创办的树胶厂加剧了同业竞争，这也是陈嘉庚公司乏利陷入困境的原因之一。例如，1924年，被陈嘉庚重用的族弟陈六使和陈文确创办了益和公司，专门从事胶片加工并直接销往海外。1925年，刘玉水离开陈嘉庚公司，创办南树胶加工公司，投入竞争激烈的熏胶片市场中。1927年，陈嘉庚的女婿、公司财务主管李光前创办南益公司，在胶片加工、树胶买卖等方面与各同行展开全面竞争。此外，新加坡主要的华资树胶厂如振成丰、通美、信诚等公司的很多合伙人和高级技术人才，都是从陈嘉庚公司出来的。

总之，陈嘉庚的企业也如同他创办的学校，培养了很多商业和技术人才，尤其是

---

① 戴渊：《陈嘉庚企业兴亡的历史经验》，南大教育与研究基金会2012年，第38页。
② 陈嘉庚：《南侨回忆录》，上海三联书店2014年版，第435页。
③ 陈嘉庚：《南侨回忆录》，上海三联书店2014年版，第434页。

在树胶经营方面的人才。其结果是，一方面这些人才自立门户或加入其他公司之后，加剧了在胶片业、树胶买卖、胶鞋、胶品等各个产品领域的竞争，使陈嘉庚公司面临困境；另一方面，这些人才有不少成为新加坡著名的侨领和大实业家，如李光前和陈六使，他们都事业有成，而且他们念念不忘陈嘉庚当年的栽培和提携，秉承陈嘉庚商业与教育并重的可贵精神，继续忠诚地支持陈嘉庚开创的公益事业，对星马社会和祖国家乡的建设发展做出了重要贡献。

5. 营销和家族管理方面的不足

除了以上方面，有研究者认为，陈嘉庚公司内部经营存在的风险还包括营销渠道建设方面的失误和家长式管理模式。在市场营销方面，陈嘉庚非常重视设立公司的直销网络，1926 年的时候已经花费两百多万元在中国各大中城市设立了 50 多个直销商店，除在国内直销之外，还在东南亚各国大商埠设立分公司直销产品。戴渊认为，陈嘉庚铺设直销商店投资过大，但效益欠佳，而且利用直销店铺进行有效追踪市场反馈和市场调查不足。当时比较适当的办法，应当是委任经销商，或者经销商和直销商店兼用，因为陈嘉庚公司正是通过当地经销商，在英国、加拿大和新西兰等市场获得巨大成功。①

关于陈嘉庚公司治理问题，戴渊认为，陈嘉庚公司经营管理方面暴露出的一些缺陷，跟陈嘉庚本人的营商风格息息相关。陈嘉庚公司的重大决策权和事项完全由陈嘉庚一个人决定，陈嘉庚在商业方面的杰出成就和刚强个性，决定了他的意见很难被他的儿子、女婿和同乡高管们所左右。因此，陈嘉庚公司整个集团具有很强的传统家长管治色彩，这样的管理模式已经跟不上陈嘉庚企业的发展。②

我们认同陈嘉庚企业在营销管理、企业治理等方面存在的种种不足，甚至错误。但是，正如戴渊博士所言，"陈嘉庚不是神仙，他在复杂的历史和国际条件下创造的业绩是惊人的，而他在某些方面的失误也是可以理解的"③。在任何年代，企业的经营和管理都是复杂的，它具有典型的因具体情景因素而需要动态性和权变性的特点。比如，一个企业的销售渠道到底是自己直接铺渠道直销好，还是寻找代理商经销渠道好，

---

① 戴渊：《陈嘉庚企业兴亡的历史经验》，南大教育与研究基金会 2012 年，36 页。
② 戴渊：《陈嘉庚企业兴亡的历史经验》，南大教育与研究基金会 2012 年，第 39 页。
③ 戴渊：《陈嘉庚企业兴亡的历史经验》，南大教育与研究基金会 2012 年，第 39 页。

这本身就不是一个可以简单二选一的问题，要根据企业的具体情景因素选择合适的销售渠道，并根据变化的情况变革这些渠道。再比如，时至 21 世纪 20 年代的今日，家族企业仍然是一类具有强生命力的企业种群，家族管理模式在全世界范围内比比皆是。所以，我们要客观地分析和认识陈嘉庚企业经营管理中存在的这些问题。

总之，由于内外交困，陈嘉庚企业背负着沉重的银行债务和利息负担，导致在 1931 年秋企业被银行债权人改组为股份有限公司，陈嘉庚从此失去了公司的完全控制权。在 1933 年夏天，陈嘉庚虽然凭借敏锐的市场洞察力和判断力，感知到树胶行情开始复苏，公司经营有望逆转，但公司董事会却做出了很多错误的决策，彼时陈嘉庚已经无法左右董事会。陈嘉庚失去公司的控制权之后，就像捆绑住了手脚，无法像以往一样通过判断力、洞察力和毅力带领公司走出困境，也无法通过银行获得融资输血。最终，银行的各位董事看到陈嘉庚心灰意冷、悲观失望、无意经营，就在 1934 年 2 月 13 日，召开股东非常大会，决议公司自动收盘歇业。

三、从企业家走向社会领袖

纵观陈嘉庚经商创业 30 年的兴衰成败历史，我们每一个人都会由衷感慨。陈嘉庚从米店学徒开始做起，打工 14 年后，从一个"富二代"到"负二代"，31 岁开始背着父亲的债务草根创业，起点非常低。但是，陈嘉庚凭借敏锐精明的商业眼光、敢拼创新的奋斗精神、诚实守信的信用品格、放眼全球的国际视野和超强的领导力与执行力，缔造了一个商业王国，被誉为"马来亚的亨利·福特"。他是那个时代的弄潮儿，是全球华人企业家的典范，但是，无论陈嘉庚怎么卓越，作为身处殖民统治环境下的华侨商人，他是难以超越当时制约企业顺利发展和繁荣兴旺的客观环境的。陈嘉庚缔造了一个面向国际市场的具有重要产业优势的制造企业，超出了殖民地一般企业的范式，必然遭受宗主国和殖民地政府的扼杀。

最后，我们需要强调的是，陈嘉庚的企业最终收盘歇业了，但它并没有因为最终挫败而失去在历史上的崇高地位和深远意义。在长达 30 年的经营历史中，它为马来亚和国际市场创造了许多新的产品，最早推动了马来亚的树胶种植和加工，并成为融农、工、贸为一体的大企业，从而提高了马来亚的工业化水平，奠定了东南亚成为世界级橡胶产业王国的基础。同时，陈嘉庚的企业为几万名职工创造了就业机会，培养了后来为星马经济和社会做出重要贡献的众多商业和技术人才。

尤其需要强调，也最令本章作者感慨和惊叹叫绝的是，很多商人生意失败之后，往往伴随着信誉扫地、债务拖欠、违规违纪，意味着身败名裂，甚至锒铛入狱，至少也是一蹶不振。但是，陈嘉庚在商业上的挫败丝毫不影响他在华人社会中的崇高威望，相反，企业清盘后，他摆脱了金钱的烦恼，为他换来了精神上的胜利和时间精力上的自由，使他能够全身心投入社会工作和祖国的政治事业中，他在带领华侨、支持抗战、参与新中国建设等方面表现出了卓越的领导才华，创造了光彩夺目的辉煌，成为一个流芳百世的传奇人物！

陈嘉庚是全球华人企业家的榜样，也是我们学习的伟大标杆，我们呼唤在新中国第二个百年奋斗目标实现的征程中，新的时代出现更多像陈嘉庚这样的巨人！

陈嘉庚星中英文证书

1955年陈嘉庚视察厦大建筑工地（上弦场和建南楼群）

2014 年 10 月 17 日,在纪念陈嘉庚先生诞辰 140 周年之际,习近平总书记给厦门市集美校友总会回信,希望广大华侨华人弘扬"嘉庚精神",深怀爱国之情,坚守报国之志,同祖国人民一道不懈奋斗,共圆民族复兴之梦。

习近平总书记回信全文:

> 值此陈嘉庚先生诞辰 140 周年之际,我谨对陈嘉庚先生表示深切的怀念,向陈嘉庚先生的亲属致以诚挚的问候。
>
> 陈嘉庚先生是"华侨旗帜、民族光辉"。我曾长期在福建工作,对陈嘉庚先生为祖国特别是为家乡福建作出的贡献有切身感受。他爱国兴学,投身救亡斗争,推动华侨团结,争取民族解放,是侨界的一代领袖和楷模。他艰苦创业、自强不息的精神,以国家为重、以民族为重的品格,关心祖国建设、倾心教育事业的诚心,永远值得学习。
>
> 实现中华民族伟大复兴,是海内外中华儿女的共同心愿,也是陈嘉庚先生等前辈先人的毕生追求。希望广大华侨华人弘扬"嘉庚精神",深怀爱国之情,坚守报国之志,同祖国人民一道不懈奋斗,共圆民族复兴之梦。
>
> 习近平
2014 年 10 月 17 日

2014 年,陈嘉庚诞辰 140 周年,习近平总书记给厦门市集美校友总会的回信

[1] 陈嘉庚：《南侨回忆录》，上海三联书店 2014 年 5 月。

[2] 杨进发著，李发沉译：《华侨传奇人物陈嘉庚》，陈嘉庚纪念馆 2012 年版。

[3] 陈国庆：《陈嘉庚研究之五·回忆我的父亲陈嘉庚》，中央文献出版社 2001 年版。

[4] 新加坡怡和轩俱乐部、新加坡陈嘉庚基金、中国厦门集美陈嘉庚研究会：《陈嘉庚言论集》，2004 年 10 月。

[5] 陈碧笙、陈毅明：《陈嘉庚年谱》，福建人民出版社 1986 年版。

[6] 中共厦门市委党史研究室：《陈嘉庚研究之二·回忆陈嘉庚文选》，中央文献出版社 2001 年版。

[7] 陈呈：《陈嘉庚画传》，陈嘉庚纪念馆 2019 年版。

[8] 潘国驹等：《今日陈嘉庚精神——陈嘉庚基金二十周年纪念庆典研讨会文集》，陈嘉庚基金、陈嘉庚国际学会、八方文化企业公司 2003 年版。

[9] 戴渊：《陈嘉庚企业兴亡的历史经验》，南大教育与研究基金会 2012 年版。

[10] 林斯丰：《陈嘉庚精神读本》，厦门大学出版社 2019 年版。

[11] 王增炳、陈毅明、林鹤龄：《陈嘉庚教育文集》，福建教育出版社 1989 年版。

[12] 朱水涌：《陈嘉庚传》，厦门大学出版社 2021 年版。

[13] 杨进发：《战前的陈嘉庚言论史料与分析》，新加坡南洋学会 1980 年版。

[14] 王增炳、余纲：《陈嘉庚兴学记》，福建教育出版社 1981 年版。

[15] 苏勇：《管理伦理学》，东方出版中心 1998 年版。

[16] 陈碧笙、杨国桢：《陈嘉庚传》，福建人民出版社 1981 年版。

[17] 洪永宏：《出洋记：陈嘉庚外传》，福建人民出版社 1984 年版。

附录

陈嘉庚战略管理的传奇影响[1]

附录一

柳健兴[2]

（厦门大学百年校庆献礼）

【摘要】 从牛津英语词典的定义来看，"传奇"（legendary）一词的意思是"足以成名；非常知名"（remarkable enough to be famous; very well known），这意味着引人注目和著名的人或事件，必须具有显著而强烈的意义，并得到里程碑式的认可。

与此相似，"影响"（impact）一词被定义为"具有显著的效应或影响力"（a marked effect or influence）。堪称有"影响"的人或事件，必须具备推进性的影响力，能够产生重大的预期效果、反应、结果或重要性。

战略管理可以理解为一项形成或依赖策略的研究和实践的过程，通过投入资源来形成计划、协调和控制等活动，以实现目标。战略性的规划设定目标和要达到的基准或里程碑，如何满足目标取决于传导或作用于这些活动的情况，取决于在当前环境中改变或修改计划和活动的战略和动态。

基于此，战略管理是一个持续的前瞻性过程，根据风险和环境影响，提供方向和持续计划、监测，控制绩效和产出。内部与外部环境不断地影响着战略管理的结果。相反，战略管理可以对环境产生特定的影响。只有杰出的战略管理实践者才能创造出具有传奇性和影响力的作品。

本文献给20世纪初默默无闻的华裔移民陈嘉庚先生对教育事业的战略管理，着重阐述了嘉庚先生传奇的战略管理对其同胞、组织和国家产生的薪火相传的影响力。

【关键词】 传奇；战略管理；影响；教育；战略；大师

---

① 本文原文为英文，中文由厦门大学管理学院企业管理系2020级硕士生牛博文初次翻译，刘潇肖博士修改定稿。

② 作者：柳健兴博士。华中初级学院（HJC, 1974）早期的一位校友，新加坡国立大学和新加坡南洋理工大学的校友，拥有战略管理博士学位，过去40多年在HJC校友会和校董会/董事会服务。
合作者：柳誉权先生。新加坡英华中学"陈嘉庚之家"的成员和伦敦大学的校友，拥有金融学学位，曾在柳氏战略（LiEW STRATEGiCS）从事战略管理咨询工作。

1. 引言

自 20 世纪 60 年代以来，战略管理领域的研究与实践日渐受到重视。战略管理起源于西方的管理大师、专家，被誉为"管理学之父"的彼得·德鲁克，他在 20 世纪 40 年代出版了《公司的概念》一书。"战略管理之父"伊戈尔·安索夫以其《公司战略》一书而成名，"现代战略之父"的迈克尔·波特于 20 世纪 70 年代末撰写了《竞争力如何塑造战略》一书。中国古代著名的战略家有孙武将军（公元前 544—496 年）和郑和将领（1371—1433 年），他们在谋略、制胜、航海、外交等方面都取得了卓越的成就。

在"西方管理"正式成为一门学问和学派之前，陈嘉庚先生（1874—1961 年）就已经掌握了战略管理的艺术。

2. 教育领域的战略管理

陈嘉庚先生以青少年学徒的身份起步，凭借着勤奋的工作和创业精神，在商业、工业、教育、政治、社会发展、社区服务、民族主义和慈善事业等领域都开了先河，并确立了领导地位。他从事的所有工作和领域都要求他自学战略管理，并具有领导力、合作、仁爱、真诚、毅力、尊重和信任等价值观和品质。

本文的主体部分集中在陈嘉庚先生毕生从事的教育事业，这些工作对中国社会和国家建设的许多方面都具有传奇性的战略影响。为了支持中国在战乱和苦难中的斗争，嘉庚先生做出的无私的个人牺牲，为抗战时期中国共产党在华夏大地上的发展做出了贡献，现今见证了中国共产党成立 100 周年的纪念。在新加坡脱离英国殖民统治之前，嘉庚先生也是新加坡建国的先驱领袖。

教育事业是嘉庚先生泽被后世的许多领域之一，他支持的教育机构包括幼儿园、小学、中学、农林、渔业和海事机构等。他所支持的大学包括著名的厦门大学（当时称为"Amoy University"），这些学校纷纷迎来百年校庆，这一局面在全球都是闻所未闻的。

巧合的是，1974 年嘉庚先生 100 岁诞辰那天，本文作者曾经就读的"华中初级学院"（Hwa Chong Junior College）成立了！"华中精神"是嘉庚先生精神的延续，可谓薪火相传。

很多华中校友受益于嘉庚先生的精神遗产"自强不息，饮水思源"，这体现在所有的教学和仪式上,无论是专业课和体育运动,还是在学校的管理和治理方面。

此外,华中的校训"己立立人,己达达人"进一步体现了他对生活在新加坡以及海外社会的学子们所强调的"充满激情地生活,充满共情地领导"(live with passion, lead with compassion)这一理念。

陈嘉庚先生的后人曾说过这样一个故事:当年嘉庚先生登上了一艘去新加坡的船,他对船上那些没有毯子,在寒风中瑟瑟发抖的人充满了关心和同情,坚持让只为陈氏家族保留毛毯的船长将毯子分发给一个姓李的年轻人和他的父亲。后来,嘉庚先生在新加坡遇到了前来致谢的这位年轻人,就是后来为他工作,并成为他女婿的李光前先生!

这类片段和轶事可以添加到"如何和为何"嘉庚精神成为战略管理当中领导力研究的素材。

没有哪位战略管理大师能够声称,像嘉庚先生这样,通过亲自负责的教育,对社会、村庄、省份和国家产生如此巨大的战略影响。他的天赋包括创造和培养更多的学生和商人,如李光前、林义顺、陈六使等,这些人又进一步发扬了嘉庚先生的慈善精神。

一位没有受过任何正规管理培训、自力更生的人,即使在生命中动荡不安的时期,也能投入、献身于这项伟大的教育事业,创造出如此多的战略和动力(可称为"战略力"[①])。要想产生具有里程碑意义的重大影响,就必须有战略(质量)和动力(速度/加速度矢量)[②]来实现预期的战略目标。嘉庚先生在教育事业战略的宏大计划包括创办各类学校和大学,动力体现在收购土地、资金保障、设计、项目管理和施工建设等抵御风险的做法,直到各类学校落成后的开学典礼,这些都体现了嘉庚先生教育战略的成功。

因为独具企业家精神与敏锐的眼光,嘉庚先生被誉为"马来亚的亨利·福特"("Henry Ford of Malaya")和"橡胶大王"("Rubber King"),这些荣誉和他所产生的传奇影响,是许多西方战略管理的大师和奠基人方能相提并论的。

嘉庚先生对教育的远见卓识和专注,以及源自他旗下企业捐赠基金的支持,体现了最具保障的、持久性的战略管理影响力。幼儿园、中小学、农业和水产养殖等职业

---

① 本文作者用 strategics 这一合成词体现战略(strategy)和动力(dynamics)的整合。
② 注:在科学教育中,动量或冲击力 = 质量 × 速度;力 = 质量 × 加速度。

院校以及现今仍蓬勃发展、达到国际一流水平的大学，这些成就证明了与企业基金相结合的可持续的教育战略管理模式。

> 教育是一个国家强盛的基础，确保成立优质的学校，所有孩子都接受良好的教育，这是每个公民的责任。
>
> 没有良好的基础教育，就没有工业，就没有繁荣，人民的生活就会不断恶化。由于我们的国家已处于外部势力的控制之下，中华民族面临生死存亡的考验。如果中国不奋起，不追赶其他国家，我们在适者生存的世界里会不可避免地面临灭亡。
>
> ——陈嘉庚

3. 战略管理的影响

3.1 战略开发者—建设者

在教育事业的发展过程中，陈嘉庚先生创办了多所学校，其中包括幼儿园、中小学、高等院校（海事/农业/水产养殖）以及新加坡和中国福建创办的大学。他一直致力于学校的建设、重建和融资，亲自花时间进行选址、规划、设计、审批和监察项目进度，并对这些建筑建设进行风险管理。

嘉庚先生在第一次世界大战前后创办了许多学校，在新加坡有六所中文学校：道南学校（成立于1907年）、爱同学校（1912）、崇福女子学校（1915）、崇平女子学校（1915）、南洋女子学校（1918）以及华侨中学（1919）。

他还通过资助新加坡英华中学（1919）和莱佛士学院（1929，即现在的新加坡国立大学）来推广英语教育。

二战前后，他在新加坡创办了南洋师范学校（1941）、南侨女子中学（1947）和新加坡南洋大学（1955）。

与此同时[①]，在弟弟陈敬贤的协助下，嘉庚先生于1913年开始出资在家乡同安县集美村（靠近厦门）兴办学校，并为学校的建设和运营投入了大量资金。作为一个有远见的开拓者，嘉庚先生不断购置更多的土地以便兴办教育。基于此，嘉庚先生创立了另外六所教育机构，包括集美师范学校和集美中学（1918）、集美幼儿园（1919）、集美海

---

① 注：在1894年，21岁的嘉庚先生创办了一所传统私塾，名为惕斋学塾。

事学校和商业学校（1920）、农林学校（1926）。

他对教育事业的热忱投入并没有中断。由于战争中日本侵略者破坏了学校校舍，嘉庚先生在二战后重建了许多学校。在嘉庚先生的一生中，共计创办和重建了118所学校，并形成了教育体系。

除了在教育事业的贡献，嘉庚先生还积极参与并致力于建造中医诊所[如同济医院（1892）]，并建造了保存华侨历史遗产的博物馆、酒店和工厂，包括拟建的福建铁路（1949）。

直到晚年，嘉庚先生选定在集美建立鳌园（1950年至1960年），并最终作为他的陵墓，成为纪念馆。

最重要的是，以"仁爱、真诚和毅力"等无形的人文精神为核心，嘉庚先生形成了战略开拓者、构建者的宏伟蓝图，无论是在商业版图的繁荣时期还是公司清盘后的艰苦岁月，嘉庚先生为教育事业尽数捐出了个人财产。

3.2 教育—企业的战略协同

嘉庚先生主要投身于新加坡和中国的活动，积极关注教育事业的发展。他认为，教育在海外华人社会中发挥着重要作用，对中国的现代化进程产生了积极影响。

教育是一个国家发展的唯一动力，因此他把自己从商业财富中获得的巨额财富留给了新加坡和中国的教育系统。他强调，科学和数学教育带来的知识可以使国家振兴。

1921年4月6日，在厦门大学开学典礼上，嘉庚先生再次强调了打造卓越学术研究的重要性，并指出要通过培养有才华的研究者，以及兴办教育和企业的战略协同来实现。

嘉庚先生还在自己于新加坡新创办的中文商业日报《南洋商报》（1923）上宣传教育的重要性，这是第一份向中文商报的读者宣传教育的报纸。他发表了"企业与教育的关系"的战略。通过对学校强有力的财务支持，培养出优秀毕业生，引领行业和企业的良性循环，从而提升全社会在国家建设上的水平。

他能够说服企业为像厦门大学这样的高等教育机构捐款。凭借着他的诚意和信任，嘉庚先生赢得了许多善心人士的支持，尤其是他的前辈林文庆博士，受邀成为厦门大学的第一任校长。

为了这些学校能够运转良好，嘉庚先生在履行一个战略开拓者、建设者的职责之后，转而致力于为了资助办学的可持续性而不断筹款。教育与企业耦合的战略协同是他的杰作。随着社会教育水平的提高，企业可以继续发展，保持关键的良性循环，为进一步改善和推广教育做出贡献。

为此，他在自己创建的企业中设立了教育预算和捐赠基金，并将个人财富也作为教育经费来源。他创立的几家银行（特别是1947年在香港成立的集友银行）专门为教育和慈善事业拨出捐赠基金。

据估计，从1904年到1931年，他总共拨出130亿元左右的教育专项经费。

在新加坡和中国经历战乱动荡的艰难岁月里，教育项目无法获得充足的资金，嘉庚先生忘我地发起了自救活动，倡导慈善家们捐款，尤其是来自南洋，依靠自己的企业盈利的善心人士。

直到新加坡和中国从战乱中恢复独立自主，逐渐恢复实力并迈向成功时，政府（教育部）方从嘉庚先生手中接过了捐资助学的工作。

在很大程度上，他关于教育—企业耦合战略协同的杰作，为国家相关部门的建设作出了巨大贡献。

3.3 校友—母校—华侨战略协同

嘉庚先生的仁爱、真诚、坚韧不拔、社区服务与社会责任的理念，指引着他所创办的学校培养出的毕业生们。校友们薪火相传，在自己的同胞中和国家里传递着嘉庚先生的精神火种。

除了现今为新加坡顶尖学校培养的校友，还有一些令嘉庚先生引以为豪的学校，包括英华中学（ACS）、华侨中学（HCI）、华中国际学校（HCIS）、南洋女子中学（NGHS）以及南洋理工大学（NTU）和新加坡国立大学（NUS）。这些学校和大学相继取得世界一流的成绩（G.C.E和国际文凭）和排名（由Quacquarelli Symonds提供）。

许多来自中国的优等生和公共管理人员都在新加坡的这些顶尖院校入学，学习工商管理硕士和公共管理硕士等专业项目。在过去几十年的中、新两国交流学习中，华侨中学（HCI）在北京建立了第一个卫星校园（2007），在西安建立了一个冬季校园（2011）。华中国际学校在中新广州知识城（CSGKC）联合创办广州新侨学校（SCA），预计投资13亿元。南洋理工大学在全中国和全球14个国家设立了多达30个分支的NTU校友会。

在中国，厦门大学（校训："自强不息，止于至善"，与华侨中学有着千丝万缕的联系）蜚声海内外，享有国际声誉。在艰难的起步和动荡的岁月中，多年来，厦门大学不断壮大，在厦门市翔安区建立了翔安分校，开设了很多面向本地和海外学生的项目。

自从由海外华人创办和资助以来，厦门大学秉承着饮水思源的感恩与传承，回馈南洋。

厦门大学马来西亚分校（XMUM）是由中国著名大学建立的第一个海外分校，也是马来西亚雪兰莪州雪邦的第一个中文的大学分校。这是中国为马来西亚的民众和学生的教育事业奉献力量的仁爱之举，也是厦大对华人华侨先辈捐助的感恩回报。令人振奋的是，XMUM 是一个"非营利性机构，没有一仙（马来语的一分钱）被送回中国"。马来西亚在良性循环的战略协同中开创了世界第一，供其他国家借鉴和推广。

一个重大的战略管理影响体现在校友—母校对海外华人的联络与凝聚，遍布世界上的多个国家。经过不懈努力，厦门大学的校友们在新加坡、马来西亚（包括 XMUM）、泰国、印度、北美洲（在贝莱尔、波士顿、芝加哥、西雅图、旧金山等城市）等地设立了多个分支机构。

这种校友—母校—华人华侨三重的战略协同，秉承了嘉庚先生的战略指导思想，已经演变成一个强大的网络，联结了在这些国家的本地和海外华人华侨。嘉庚精神在每个国家的慈善、奖学金、文化交流、社区服务和社会发展等活动中都得到了体现。嘉庚先生在科学和数学知识方面的重视和推崇，演化为陈嘉庚科学奖基金会，直至今日，体现了亚洲人在该领域国际赛场上的领先地位。

4. 结论

本文旨在彰显嘉庚先生深远的传奇性的战略管理影响，这些富有生命力的影响仍在蓬勃传播，并在世界各地的乡村、城市、省份和国家中，生发出更多的新力量。嘉庚先生是一位不朽的战略家，改变、引领自身所处的环境，泽被后世。

近年来，新加坡对嘉庚先生的功勋致以认可，体现在华侨中学（HCI）门前的地铁站被命名为"陈嘉庚站"[①]，华中校园内连接两个校门的路被命名为"陈嘉庚通道"[②]。2015 年，新加坡建国 50 周年之际，嘉庚先生的照片与其他几位为新加坡发展做出杰出贡献的代表人士被印刻在面值 20 新加坡元的纪念纸币上。2019 年，中华人民共和国成立

---

① 地铁站由陆路交通管理局提名的"嘉庚"更名为"陈嘉庚"，是由海基会理事会/董事会发展及建造委员会推动，提案通过网上投票最终年被陆路交通管理局采纳。译者注：2008 年，华中校门前在建地铁站命名共有三项提名入围，于 2009 年 6 月确定为"陈嘉庚站"。
② 为纪念陈嘉庚先生创办华侨中学，华中在 2009 年 3 月举办的 90 周年校庆晚会上宣布，将校内的路命名为"陈嘉庚通道"。

70周年之际，嘉庚先生作为海外华侨的爱国精神再次得到了表彰。

嘉庚先生传奇般的战略管理影响如何持久存在并传播到世界各地，也取决于后人，包括他的后代目前的成就。陈立人先生和他的儿子陈铭先生，曾以陈嘉庚先生的远见卓识和哲学为基础，及通过许多机构传播的影响力，为笔者写作本文提供了深刻的见解。

这些组织包括华侨华人联合会（OCF）、厦门大学校友会（XMUAA）、陈嘉庚基金会（TKKFA）以及以他的名义在全球范围内组建的组织。这些校友会的发起人，包括同侪、朋友、善心人士、曾经深受触动的校友们的家人们，将始终确保这些机构的可持续性，以延续嘉庚先生乐于助人的精神遗产。厦门大学马来西亚分校以这样的激励效应开启了这一良性循环，无论其影响力有多大，可以毫无保留地形成更多的良性循环。

最后，2021年厦门大学百年校庆和中国共产党建党百年的庆祝活动具有传奇性的影响。这是向一位谦逊者的致敬。为了他热爱的国家和世界，他将毕生的心血都献给了教育事业，这种精神激励人心、历久弥新。

致谢：

感谢陈嘉庚先生的长孙陈立人先生、曾孙陈铭先生对其深刻见解的无私分享，本文才有可能完成。

特别感谢陈佩仪女士的贡献，以及刘潇肖教授为本文出版做的审校工作。

作者和合作者由衷感谢陈嘉庚先生无条件的仁爱、真诚和坚毅所提供的教育机会。

本文参考文献

[1] Yong, Ching-Fatt, and Manuel M Carreira. *Tan Kah-kee: The Making of an Overseas Chinese Legend* (Revised Edition): *The Making of an Overseas Chinese Legend*, World Scientific Publishing Company, 2013. ProQuest Ebook Central, http://ebookcentral.proquest.com/lib/uts/detail.action?docID=1561240.

[2] Łukasz GACEK, Jagiellonian University in Kraków. *Human values in intercultural space abstract; Confucian way of Tan Kah Kee: Pursue excellence, strive for perfection*; DOI: 10.12797/Politeja.13.2016.44.11; e-mail: lukasz.gacek@uj.edu.pl.

[3] http://www.amoymagic.com/jimeiprimary.htm

[4] https://www.bl.uk/people/peter-drucker

[5] http://www.blueskiescom.com/alumni/feb_mar_09/tan_kah_kee.htm

[6] http://www.newsgd.com/news/exclusive/content/2021-03-24/content_192246272.htm

[7] https://poeygee.wordpress.com/2009/08/13/hello-world/

[8] https://www.researchgate.net/publication/296481105_The_Turtle_Garden_Tan_Kah_Kee's_last_spiritual_world

[9] https://www.roots.gov.sg/stories-landing/stories/tan-kah-kee/story

[10] https://www.straitstimes.com/singapore/president-launches-20-commemorative-note-to-mark-bicentenary

[11] https://www.strategicposture.com/father-of-strategic-management.html

[12] https://www.tkkfoundation.org.sg/biography

[13] http://www.tsaf.ac.cn/english_126954/foundation/

[14] https://www.ukessays.com/essays/management/the-influence-of-michael-porter-management-essay.php

[15] http://www.xmu.edu.my/14683/list.htm

[16] https://www.youtube.com/watch?v=MTt4k9L_H80

[17] https://www.youtube.com/watch?v=1bQyJAJi4XE

[18] https://www.youtube.com/watch?v=v3pofKAMVxw

[19] https://en.wikipedia.org/wiki/Hwa_Chong_Institution

[20] https://en.wikipedia.org/wiki/Nanyang_Siang_Pau_(Singapore)

[21] https://en.wikipedia.org/wiki/Sun_Tzu

[22] https://en.wikipedia.org/wiki/Tan_Kah_Kee

[23] https://en.wikipedia.org/wiki/Tan_Kah_Kee_MRT_station

[24] https://en.wikipedia.org/wiki/Zheng_He

[25] https://eresources.nlb.gov.sg/infopedia/articles/SIP_839_2004-12-28.html

[26] https://mustsharenews.com/tan-kah-kee/

[27] http://wc.rootsweb.ancestry.com/cgi-bin/igm.cgi?op=GET&db=lawrencet.

附录二 陈嘉庚大事年表

1874年10月21日（农历清朝同治十三年九月十二日） 生于福建省同安县集美村。

1875—1881年 2～8岁。在集美接受母亲教育。

1882年 9岁。在南轩私塾就学。

1883—1889年 10～16岁。在集美村塾读书。胞弟陈敬贤1889年1月13日（农历十二月十二日）出生。

1890年 17岁。奉父陈杞柏函召，第一次出洋新加坡，帮忙打理商业。

1891年 18岁。在其父陈杞柏所营"顺安"米店学商。

1892年 19岁。担任米店经理和财务负责人，独当一面，管理"顺安"米店。

怡和轩俱乐部陈嘉庚蜡像和陈嘉庚一生大事记

1893 年　20 岁。归国与板桥乡秀才张建壬之女张宝果结婚。

1894 年　21 岁。在集美经营渔业，补习中文。

1895 年　22 岁。第二次出洋新加坡，仍回"顺安"号从商，连续三年。

1898 年　25 岁。回国奔母丧。

1899 年　26 岁。携妻张氏第三次出洋新加坡，继续管理"顺安"米店。

1900—1902 年　27～29 岁。归国葬母，守孝 3 年。

1903 年　30 岁。第四次出洋新加坡，父亲事业衰败，负债 20 万元，停业清盘。

1904 年　31 岁。独立创业，创建新利川黄梨厂、谦益米店，接手日新黄梨厂，买空芭地五百英亩，开辟福山园。

1905 年　32 岁。创办日春黄梨厂，兼营冰糖厂。

1906 年　33 岁。福山园套种 18 万粒橡胶种子，投资恒美米店，冰糖厂停业关闭。

1907 年　34 岁。黄梨市场疲软，但是恒美米店利润丰厚，实现替父还债。

1908 年　35 岁。收购恒美米店。

1909 年　36 岁。收购旧黄梨园，福山园面积扩大到 1000 英亩。父亲陈杞柏去世。恒美米厂遭火灾后扩大重建。

1910 年　37 岁。售卖福山园，获得资金周转。在柔佛买地 2 处，雇工开荒种植橡胶和菠萝，开辟祥山园和新福山园。与胞弟陈敬贤一起在新加坡晚晴园，加入同盟会。被推举为新加坡中华总商会协理及道南学校总理，向闽侨募捐 5 万多元建筑校舍，这是致力教育事业的开始。

1911 年　38 岁。在泰国北柳港创办谦泰号黄梨厂。改造恒美熟米厂。入股两三家黄梨厂。辛亥革命胜利，福建光复，被推为福建省保安会会长，筹款 20 多万元支援福建财政；另筹 5 万元接济孙中山先生。

1912 年　39 岁。携眷回国，创办集美制蚝厂失败，在厦门入股成立大同罐头食品公司。筹办集美小学校。

1913 年　40 岁。集美小学校正式开学，购地扩建校舍和操场。第五次出洋新加坡。关闭泰国北柳谦泰号黄梨厂，在曼谷租厂经营白米和采购稻谷。收购两家黄梨厂。因虫害病放弃种植祥山园。

1914 年　41 岁。一战爆发，航运受阻，黄梨厂和米厂库存增加，经营困难。

1915 年　42 岁。租轮 4 艘，经营航运，获利颇巨。开始转让和收缩黄梨罐头生产规模。筹款 20 多万元救济天津水灾。

1916 年　43 岁。购进 3000 吨轮船 1 艘，命名为"东丰号"。土桥头黄梨厂改建为树胶厂。

1917 年　44 岁。购进 3750 吨轮船一艘，名为"谦泰号"。恒美米厂关闭，改建为谦益树胶厂。生产的胶布直接卖给美国商人。派胞弟敬贤回国创办集美中学和集美师范学校。第一任妻子张宝果过世。领导天津筹赈会。

1918 年　45 岁。东丰轮、谦泰轮先后被击沉，获得巨额保险赔款。在柔佛投资购买 1000 英亩橡胶园和 2000 英亩空山地，在新加坡投资购买 30 万方尺空地。黄梨厂全部转让出售。集美师范和集美中学正式开学。发起筹办新加坡南洋华侨中学。组建陈嘉庚公司，萌生回国全职兴办学校的计划。

1919 年　46 岁。陈敬贤回新加坡接理公司事务。在新加坡投资购买 20 余万平方尺土地。新加坡南洋华侨中学正式开学。回国筹办厦门大学，组织同安县教育会，对各乡小学校给予常年补助，30 多校受益。

1920 年　47 岁。函告陈敬贤把土桥头树胶厂改为树胶熟品制造厂。收购远利火锯厂。从裕源、槟城树胶和振成丰三家公司退股。10 月在上海召开厦门大学筹备委员会，推举邓萃英为厦大校长。集美学校增设女子师范和商科，创办集美水产航海学校。

1921 年　48 岁。4 月 6 日，厦门大学在集美开学，美国著名教育学家杜威博士及其夫人，以及社会各界 1000 多人参加开学典礼。5 月 9 日，厦门大学校舍奠基开工。新加坡房地产业行情下降。陈嘉庚公司开支较大，向银行借债数十万元。

1922 年　49 岁。陈敬贤回国养病。陈嘉庚第六次出洋新加坡。低价收购 9 个树胶工厂。槟城树胶公司恢复生产。扩建土桥头树胶熟品制造厂。厦门大学师生从集美学校迁往厦门大学新校舍上课。

1923 年　50 岁。注册"钟"牌商标，推出"捷足先登"广告。在新加坡创办《南洋商报》。被选为新加坡怡和轩俱乐部（约于 1895 年创立）总理。

1924 年　51 岁。生胶制造厂规模扩充到 11 个树胶厂。斥巨资大举进入树胶熟品制造业。在马来亚、荷属印尼各个港口城市开设十几处销售点。领导闽粤水灾赈济运动。

1925 年 52 岁。资产达 1200 万元,是陈嘉庚一生中得利最多及资产最巨之时。出售三合园,同时大量投资收购树胶园,胶园面积增至 1.5 万英亩。在上海、香港、厦门、广州等国内十几个地方设立分销商店。领导新加坡婴儿保育会。

1926 年 53 岁。在南洋和中国增设十余处树胶制品销售点。创办造纸厂计划搁置。胶价暴跌,营业亏损,被迫将厦大和集美两校校舍建筑工程局部停工,但办学经费仍竭力维持。扩建南洋华侨中学校舍,创办集美农林学校。

1927 年 54 岁。增设了十几处销售分店。买下环球饼干厂。出售 5000 英亩树胶园。陈嘉庚公司不少人离职,独立门户创办树胶公司。

1928 年 55 岁。出售 6000 英亩树胶园。树胶熟品制造厂遭人纵火,损失 50 余万元。组织山东惨祸筹赈会,被推选为会长,募款 1174000 元救济受祸难胞。

1929 年 56 岁。全球经济危机爆发,树胶价格一落千丈。胶布鞋在经济危机前每双 1 元,降至每双 2 角多。陈嘉庚公司库存的树胶生品和熟品,跌价超过 100 万元。当选福建会馆执行委员会主席,陈嘉庚一再蝉联主席职位,直至 1950 年回国定居。

1930 年 57 岁。橡胶制造厂失火,造成 40 余万元损失。

1931 年 58 岁。银行财团把陈嘉庚公司改为股份有限公司,陈嘉庚任董事兼总经理,但在股东大会上失去投票权。公司汇出的厦集两校经费被迫裁减到每月 5000 元。做出"宁可变卖大厦,也要支持厦大"的壮举。

1932 年 59 岁。经济大萧条猛烈冲击了新加坡华商,大批企业倒闭,几千名工人失业。陈嘉庚股份有限公司成立咨询委员会。1 月 4 日,陈嘉庚在《南洋商报》发表《对日问题之检讨》一文,驳斥日寇侵华的强盗逻辑。

1933 年 60 岁。将新加坡和槟城两个树胶厂转租给南益公司。马来亚的树胶厂出现转机。股份公司董事会决定将各个树胶厂停止营业,出租给别公司,同时决定把分布在国内、新加坡和印尼等地的熟品制造厂销售点收摊关门。陈嘉庚反对董事会的决定。将巴双厂租给南益公司,麻坡厂租给益和公司,峇株厂租给宗兴公司,怡保、太平等工厂则招各个经理人合租,约定利润全部或部分补充厦大和集美的校费。陈嘉庚公司生产的胶鞋和胶靴等产品订货量大增,但伦敦"魔商"独揽产品经销权。饼干厂、黄梨厂、火锯厂、米店相继被转让或出售。

1934 年 61 岁。2 月 13 日,召开股东非常大会,决议将陈嘉庚股份公司清算收盘。

1935 年 62 岁。福建漳州、泉州水灾,以福建会馆名义,募捐国币 8 万元。

1936 年 63 岁。无条件将厦门大学献与国民政府,厦大改为国立。胞弟敬贤于 2 月 20 日在杭州病逝(时年 47 岁)。以中华总商会名义,表示"拥护南京中央政府"。担任"购机寿蒋会"主席,共募捐 130 余万国币汇交国民政府,可购飞机 13 架。西安事变后,致电张学良请释蒋介石。

1937 年 64 岁。"七·七"事变发生,发起组织新加坡筹赈会,被推担任主席,捐募新加坡币 24000 元,支援祖国抗日战争。

1938 年 65 岁。被选为南洋华侨筹赈祖国难民总会主席,带头认常月捐每月 2000 元,号召全体侨胞支持祖国抗战。致电汪精卫反对其主张同日本和谈。在第二次国民参政会议的电报提案"在敌寇未退出国土以前,公务人员任何人谈和平条件者当以汉奸国贼论!",表决时大多数赞成通过。

1939 年 66 岁。4 月 13 日致电国民党,要求严惩"叛国求和"的汪精卫。

1940 年 67 岁。组织"南洋华侨回国慰劳视察团",并率团回国到重庆、延安等地视察慰问,历时 10 个多月,行程数万公里。3 月 26 日飞抵重庆后,除与蒋介石、白崇禧会面外,还与中共办事处代表叶剑英、董必武等人会面;5 月 31 日抵延安,6 月 1 日与毛泽东主席、朱德总司令会面,后来多次亲切面晤。12 月 15 日在缅甸仰光华侨欢迎会上发表了长篇讲话,向侨胞指出:"中国的希望在延安。"年底回新加坡后,对他五子陈国庆说:"余此次劳军经延安所见,深感中国有希望了。"

1941 年 68 岁。被推为南侨总会第二届主席,组织南洋闽侨总会,创办南洋华侨师范学校。12 月太平洋战争爆发,领导组织新加坡华侨抗敌动员总会。

1942—1945 年 69～72 岁。新加坡沦陷,避居印尼爪哇玛琅晦时园三年,写成《南侨回忆录》,1944 年脱稿,全书近 40 万字。避难期间,还写了《住屋与卫生》和《我国行的问题》两篇专论,以及《生平二十件要事》记述家世及养生八项原则等。

1945 年 72 岁。日本战败投降,重返新加坡。11 月 18 日,重庆各界召开"陈嘉庚安全庆祝大会",毛泽东特送条幅,题"华侨旗帜,民族光辉"八个大字。记述生平 20 件要事。

> 华侨旗帜　民族光辉
>
> 陈嘉庚

1984年邓小平为陈嘉庚诞辰110周年题词（1945年11月18日，重庆各界召开"陈嘉庚安全庆祝大会"，毛泽东送了一幅单条，题"华侨旗帜　民族光辉"八字，成了对陈嘉庚的历史性评价）

1946年　73岁。创办新加坡《南侨日报》，被选为中华总商会第24届董事。

1947年　74岁。为集美各校开拓经费来源，在香港创办集友银行，实行以行养校，是史无前例的创举。召开新加坡华侨大会，反对荷兰殖民军屠杀印尼巨港华侨暴行。6月9日发表《南侨总会第15号通告》"宣布独裁政府罪状"。12月25日在《南侨日报》发表《论美国援蒋必败》文章。

1948年　75岁。在《南侨日报》上发表一系列文章，预见"中华民族大革命胜利"。

1949年　76岁。抗日战争胜利后首次应邀回国，到东北、华中、华东游览参观。10月1日参加中华人民共和国中央人民政府成立大典，被选为中央人民政府委员、华侨事务委员会委员。

1950年　77岁。最后一次出洋新加坡，结束未了事务。当年回国定居故乡集美村，从1950年到1959年，亲自主持集美、厦大两校校舍的大规模修复和重建。

1951年　78岁。10月，由厦门集美到北京参加中国人民政治协商会议第一届委员会第三次会议，发言谴责美帝发动侵朝战争。指挥动工修建集美纪念碑鳌园。

1952年　79岁。题写"集美解放纪念碑征文启事"，分寄中央人民政府各首长和老相识。

1953年　80岁。1月18日被任命为华东行政委员会委员。

1954年　81岁。6月14日出席中央人民政府委员会第30次会议，发言拥护《中华人民共和国宪法草案》。6月27日在《光明日报》上发表《宪法草案鼓舞了华侨爱国热情》一文。9月27日出席第一届全国人民代表大会第一次会议,当选为首届全国人民代表大会常务委员会委员。12月,在全国政协二届一次会议上当选为全国政协副主席。

1955年 82岁。视察东北、华北、西北、西南等地,7月5日出席全国人大一届二次会议,当选为主席团成员。

1956年 83岁。10月12日当选为中华全国归国华侨联合会主席。10月13日由中国新闻社发表回忆文章《孙中山在新加坡的时候》,纪念孙中山先生诞辰90周年。

1957年 84岁。2月到北京出席国务院扩大会议,6月出席全国人大一届四次会议,当选为主席团成员。

1958年 85岁。1月间发现眼眶上长一粒肿物,经诊断为鳞状上皮癌,即到上海华东医院治疗,2月8日转到北京治疗。

1959年 86岁。创立厦门华侨博物院。再次当选为第二届全国人大常委会委员,全国政协副主席。

1960年 87岁。4月15日晚8点多,周恩来总理出席万隆会议前到医院看望陈嘉庚先生,询问治疗经过,请他安心静养。4月发表《厦门供水问题》文章,非常关心家乡建设。

1961年 88岁。8月12日在北京逝世,八子陈国怀、孙儿陈联辉侍奉在侧。国家成立了以周恩来总理为主任委员的"陈嘉庚先生治丧委员会"。毛泽东主席、朱德委员长、宋庆龄副主席、董必武副主席送了花圈。8月15日,首都各界举行公祭大会,2000多人出席,主祭人周恩来,陪祭人朱德、陈毅等13人,由侨委主任廖承志致悼词,颂扬陈嘉庚先生"一生为祖国、为人民、为华侨社会做了不少好事,有卓越的贡献"。8月20日运载灵柩的专车抵达集美。当日下午6时,遗体移集美鳌园安葬。

附录三 陈嘉庚遗教二十则

一、我居星数十年，未尝犯过英政府一次罪。

二、儿孙自有儿孙福，不为儿孙作牛马。

三、宁人负我，毋我负人。

四、怨宜解，不宜结。

五、居安思危，安分自守。

六、饮水思源，不可忘本。

七、家庭之间，夫妇和好，互谅互爱；治家之道，仁慈孝义，克勤克俭。

八、服务社会是吾人应尽之天职。

九、不取不义之财。

十、仁义莫交财。

十一、能辨是非，做事有恒。

十二、服务社会，老而弥坚。

十三、吾人应安分守法，以培后盛。

十四、己所不欲，勿施于人。

十五、不可见利忘义。

十六、世间冥冥中确有因果，不可不信。

十七、凡做社会公益，应由近及远，不必骛远好高。

十八、凡做事须合情合理，如不合情理，应勿为之。

十九、我毕生以诚信勤俭办教育公益，为社会服务。

二十、明辨是非善恶，众人须知之，应如何笃行之。

---

① 摘录自陈嘉庚次子陈厥祥所编撰之《集美志》第117～118页。陈厥祥按："列举上述之先父遗教，系二三十年来，关于家族、社会之处世经验与为人之道，特将其重要者志之，以示我子侄孙辈，并期望集美青年乡亲，知所警惕，互相劝勉焉。"

后记

作为一名厦大人，肯定会无数次经过树立在群贤楼前面的校主陈嘉庚雕像。他身板挺直，拄着拐杖，手持礼帽，眼神执着，表情专注而严肃地注视着前方。

你对这位老人家了解多少呢？

毋庸置疑，陈嘉庚是一个家喻户晓的伟大历史人物。按照今天的网络语言来说，他身上有众多身份标签，我们最耳熟能详的标签是：伟大的教育家、坚定的爱国者、杰出的华侨和政治领袖。更了解陈嘉庚的人，可能还知道他是一位社会改革家、演说家、作家、建筑设计师。

但是，正因为陈嘉庚在教育、慈善、社会活动、爱国精神等方面的光芒太耀眼了，以至于我们往往忽视了陈嘉庚首先是一位经理人、创业者、实业家、千万富翁，甚至很多人可能没有听说过，陈嘉庚被誉为"马来西亚的亨利·福特""橡胶大王""黄梨罐头大王"。

实际上，在陈嘉庚的人生长河中，从17岁第一次下南洋到新加坡开始学习经商，到61岁公司清盘歇业，他从事经济活动44年，演绎了精彩的创业奋斗故事，建立起了一个庞大的商业王国。而且，陈嘉庚经商创业所积累的坚实的经济基础和社会关系，是他成为教育家、慈善家、华侨领袖、社会改革家、政治家的重要基础。

作为一位创造了丰功伟绩的历史传奇人物，陈嘉庚留给世人的精神遗产博大精深，但是，后人对陈嘉庚精神研究和宣传的文献绝大部分集中在倾资兴学、领导华侨、爱国运动等方面。本书聚焦在作为一个创业者、商人、实业家的陈嘉庚，希望能抛砖引玉，关注陈嘉庚在经商创业和经营管理企业方面的宝贵精神遗产。

  本书的成稿出版是集体行动的结果。

  首先，编著本书的起因是学校推动的课程思政建设。为了贯彻"立德树人"的综合教育理念，厦门大学管理学院党委非常英明地提出了"嘉庚精神进课堂"号召，我所在的企业管理系党支部积极响应，多次组织支部学习活动，学习和交流陈嘉庚的思想遗产，鼓励老师们通过课堂思政的形式，传播和弘扬陈嘉庚的管理思想。于是，我开始收集文献，阅读书籍，详细、深入地学习了解陈嘉庚经商创业的历程，并尝试着把陈嘉庚坚苦卓绝的创业故事和熠熠生辉的管理思想引入我主讲的"创业管理"和"管理学原理"两门课程中。后来，我与几位同事萌生了一个想法：专门编写出版一本总结陈嘉庚创业管理思想的书。在这个过程中，我们所开展的工作一直得到了厦门大学管理学院党委、企业管理系党支部的重视、指导和支持，尤其是学院党委邱七星书记和企管系党支部书记、系主任白云涛教授，多次关心和鼓励我们完成这项有意义的工作。在此，衷心感谢邱七星书记和白云涛教授的指导和支持！

  其次，我很荣幸邀请到刘潇肖和石慧霞两位博士一起参与编著本书。她们跟我一样，都是铁杆的"陈嘉庚迷"。石慧霞博士担任厦门大学档案馆馆长、文博中心主任，著有《萨本栋传》《抗战时期的厦门大学》等专著，她对厦门大学历史、文化、校友等颇有研究。在本书，石馆长以深厚的理论功底和广阔的视角，介绍和总结了陈嘉庚的企业社会责任思想。刘潇肖博士是厦门大学管理学院企业管理系副教授，她从新加坡南洋理工大学博士毕业，对陈嘉庚在新加坡留下的巨大声誉感触良多，对陈嘉庚饱含敬仰之情，她非常认真地撰写了本书第一章，详细分析了陈嘉庚经商创业的时代背景：20世纪早期新加坡的营商环境。正因为有刘潇肖和石慧霞两位博士的参与，本书的内容才更完整和多元，非常感谢她们的参与！

再次，在撰写本书的过程中我得到了很多人的帮助。感谢陈毅明教授和郭玉聪教授的指点，他们都是厦门大学研究东南亚华侨华人史的知名学者。尤其要感谢具有传奇色彩的陈毅明教授，她在新加坡出生，幼年吃过很多苦，1953年成为被马来亚驱逐回国的难侨。她曾跟我开玩笑说，她是跟随陈嘉庚脚步回国的。陈毅明教授特殊的经历使她对南洋华侨历史、对陈嘉庚情有独钟，长期在厦门大学从事华侨历史研究和教学，后来担任厦门华侨博物院院长。我带着很多问题数次敲门拜访86岁高龄的陈老师，她老人家都耐心指点，把握不准的问题，常常要不嫌麻烦地找寻翻阅相关书籍手稿，一时回答不了的问题，陈老师还记在笔记本里面，事后帮我想尽办法寻找答案。最令我难忘的是，她老人家身上表现出来的刚毅、独立、睿智、开朗和幽默的气质！感谢陈嘉庚的孙女陈佩仪女士特意为本书撰写序言，我反复阅读这篇序言多次，很受启发，获益匪浅；感谢陈嘉庚长孙陈立人先生的帮助，我向他求教了关于《陈嘉庚公司分行章程》的很多疑惑，他都耐心回复，一一指点；感谢陈嘉庚孙子陈君宝遗孀王理女士的热心帮助，她一直支持鼓励出版本书；感谢新加坡的林建成先生，他克服疫情肆虐带来的麻烦，从新加坡买了很多关于陈嘉庚的书寄给我；感谢陈嘉庚纪念馆翁荣标馆长和林东霞主任的热心支持，授权本书使用了很多珍贵的插图。同时，要感谢厦门大学出版社的领导和老师。感谢出版社社长郑文礼教授，他是我的老师，也是我们企管系的同事，郑社长非常关心本书的编著和出版，给予了很多指点和帮助；感谢陈丽贞和江珏玙两位编辑，她们非常关心本书的撰写过程，在书稿内容结构安排、书名、排版等各个方面给了很多专业而极富价值的建议。

最后，非常感谢"闽都陈嘉庚公益基金会"的鼎力支持！作为一家经福建省民政厅批准的非公募基金会，闽都陈嘉庚公益基金会秉持"大教育、大科研、大公益"的理念，以弘扬"嘉庚精神"为使命，积极资助教育、科研、扶贫、环保等公益项目，截至2021年12月末，历年累计对外公益捐赠近一亿元，成功参与打造了包括"汇爱行动"公益平台、"厦一站·汇团圆"关爱留守儿童全国性公益活动、"常春藤"爱心教育资助计划、中国金融研究杰出贡献奖等多个知名公益品牌或活动，为社会公益事业做出了积极的贡献。

目前，我国的改革开放事业在取得巨大成功之后，进入了一个新时期。未来，我们在进一步坚定地扩大对外开放的同时，要立足国内、立足传统、立足中国文化，传播和弘扬中国故事、中国文化、中国精神。陈嘉庚在经商创业与经营管理方面的表现和成就熠熠生辉，是中国故事、中国文化、中国传统的生动组成部分，是我们商学院生动的管理案例，也是我们厦大学子身边价值连城的精神宝藏，值得我们认真传颂、学习和继承。

作为厦门大学管理学院的一个创业学教授，总结、继承、弘扬和宣传陈嘉庚创业精神和管理思想，我有浓厚的兴趣，任务之神圣令我深感荣幸。但是，由于能力不足、史料不全、分析不妥、方法不当等各种原因，本书肯定有许多疏漏、缺憾和错误，这些不足均由我本人承担。诚恳期待读者的宝贵意见和建议，让我们一起弘扬陈嘉庚的创业管理之道！

木志荣

2022年3月16日